国家双高"铁道机车专业群"系列　立体化教材
——列车运维岗位职业特质培养教材

列车运维关键岗位作业认知理论

主　编　◎　牛　可　牛晨旭　李长留
副主编　◎　赵　慧　席振超　张明康　穆荣果

西南交通大学出版社
·成　都·

图书在版编目（CIP）数据

列车运维关键岗位作业认知理论 / 牛可，牛晨旭，李长留主编. 一成都：西南交通大学出版社，2023.1
ISBN 978-7-5643-8953-6

Ⅰ.①列… Ⅱ.①牛…②牛…③李… Ⅲ.①列车－运动－自动控制系统－维修－岗位培训－教材 Ⅳ.①U284.48

中国版本图书馆 CIP 数据核字（2022）第 192360 号

Lieche Yunwei Guanjian Gangwei Zuoye Renzhi Lilun
列车运维关键岗位作业认知理论

主　编　牛可　牛晨旭　李长留	责任编辑／梁志敏
	封面设计／何东琳设计工作室

西南交通大学出版社出版发行
（四川省成都市金牛区二环路北一段 111 号西南交通大学创新大厦 21 楼　610031）
发行部电话：028-87600564　　028-87600533
网址：http：//www.xnjdcbs.com
印刷　四川森林印务有限责任公司

成品尺寸　185 mm×260 mm
印张　14.5　　字数　364 千
版次　2023 年 1 月第 1 版
印次　2023 年 1 月第 1 次

书号　ISBN 978-7-5643-8953-6
定价　48.00 元

课件咨询电话：028-81435775
图书如有印装质量问题　本社负责退换
版权所有　盗版必究　举报电话：028-87600562

前言

伴随着列车运行密度的不断加大以及运行速度的提高，人工驾驶列车已经很难满足高速铁路对进一步提高运营效率的需求。我国于2017年7月发布的《新一代人工智能发展规划》（国发〔2017〕35号）中，将高速列车驾驶的智能化升级作为重点任务之一。2019年开通的京张复兴号智能动车组首次在世界范围内实现350 km/h自动驾驶，成为服务2022年北京冬奥会的一张靓丽名片。同时，中国国家铁路集团有限公司（简称"国铁集团"）已从2021年开始在成渝、京沪、京哈、京广等高铁线路集中开行一批复兴号智能动车组。可见发展高速列车智能驾驶是响应国家战略的重大举措。

人与自动化交互的经验表明，自动化并不总是令工作变得简单高效，它可能引发诸如列车司机探查关键信号与告警的能力被抑制、驾驶与检修技能发生退化等相关问题，从而导致自动化失效情境下列车运维关键岗位人员的保障作用不能有效发挥。自动化程度的提高可能会引起新的失误模式，导致人员工作负荷的变化，过高或过低的工作负荷会带来新的认知、注意以及训练需求的增加，因此，人作为保证系统安全运行过程中的重要一环在自动化系统中并不能置身事外。同时，由于自动化系统并非绝对可靠，列车运维关键岗位人员在列车运维过程中能在多大程度上依赖自动化和智能化技术成为核心问题，该问题的解决需要结合在此过程中人的认知机理。因此，让学生了解列车司机、调度人员、机械师、站务人员等与列车运用维护直接相关的关键岗位人员的认知原理是提高当前和未来智能列车运用与维护的必然途径。

随着列车运行中智能技术应用不断深化，在正常和非正常任务处理中强调列车司机、随车机械师、行车调度等关键岗位作业交互的有效性，这必须考虑交互过程的认知特性。但是，目前已有的教材没有专门针对列车运行相关人员尤其是未来从事特定岗位的高职院校学生认知理论的教学内容。因此，急需编写一本适合未来走向列车司机、随车机械师及行车调度人员等岗位的学生共同使用的列车运维作业认知理论教材。郑州铁路职业技术学院铁道机车专业群是国家首批"双高计划"项目入选专业群，在多年教学研究积累和探索的基础上，结合行业趋势和实际需求、紧扣国家高技能人才发展战略，首次编写了本教材。在铁路类职业院校未发现同类教材。

本教材共分为8章：第1章列车智能运维发展与认知科学，主要介绍了高速列车智能运维的发展历程、认知机理对运维作业安全的影响、认知心理学和认知神经科学的相关知识；

第2章列车运维作业体力工作负荷，主要介绍了脑力工作负荷定义及影响因素、体力工作负荷及其测定、体力工作时的能量消耗、作业时的耗氧动态、劳动强度与疲劳相关内容；第3章列车运维作业脑力工作负荷，主要介绍了脑力负荷定义及影响因素、脑力负荷的测量方法、脑力疲劳及其消除；第4章人的信息处理，主要介绍了人的信息处理系统模型、感知系统的信息加工、认知系统的信息加工、人的信息输出以及意识；第5章情绪，主要介绍了情绪的认知案例、基本情绪、社会性反应以及情绪脑区映射；第6章社会认知，主要介绍自我知觉和自我知识、对他人的知觉、汇合自我知觉和他人知觉以及社会知识；第7章列车驾驶作业人机适配性，主要介绍列车驾驶界面人因适配性概念及形式化描述、列车驾驶作业任务分析模型、驾驶操纵任务模型、驾驶操纵模式、列车驾驶界面人因适配性模型、列车驾驶界面人因适配性评估方法、动态评价流程与标准以及相关案例；第8章问题解决与创造力，主要介绍问题解决、创造力以及创造性与问题解决。

本书由郑州铁路职业技术学院机车车辆学院牛可、牛晨旭、李长留、赵慧、席振超、张明康和中国铁路郑州局集团有限公司穆荣果共同编写。其中，牛可编写完成本书第1章和第8章，牛晨旭编写第2章，李长留编写第3章，赵慧编写第4章，席振超编写第5章，穆荣果编写第6章，张明康编写第7章。在编写过程中受到了学院领导的大力支持，在此表示诚挚的谢意！

同时，本教材受到国家"双高计划"项目；河南省科技攻关计划课题："高速列车自动驾驶人机信任建模与校准研究"（202102210159）；河南省高等学校重点科研项目："基于信息融合网络的地铁行车团队分布式情景意识建模与应用（21A580006）"；郑州铁路职业技术学院科技创新示范团队："智能化铁路系统关键岗位职业特质研究国际协同创新团队"（20KJCXTD01）；郑州铁路职业技术学院科研平台开放基金项目"中俄铁路运输智能系统构建与人为因素影响对比研究"（2021KFJJ006）、郑州铁路职业技术学院科研项目"基于检修作业复杂度的动车组检修专业实训课程考核方法创新与实践"（2020JG23）和"智能高铁背景下列车司机非技术技能培养研究与实践"（2020JG60）的资助与支持，在此表示衷心感谢！

本教材突出科学性、前沿性、系统性和实用性，可以作为铁路类高职院校铁道机车运用与维护、动车组检修技术、铁道车辆技术、铁道交通运营管理、高速铁路客运服务、城市轨道交通车辆应用技术、城市轨道交通运营管理等专业的教材，也可作为铁路类高职本科专业参考教材，以及铁路类企事业单位相关工作人员的培训教材使用。鉴于编者水平有限，加之时间紧迫，书中疏漏在所难免，恳请广大读者批评指正。

编　者

2021年12月

数字资源目录

序号	资源名称	资源类型	页码
1	高速铁路智能运维发展	微课视频	1
2	售后服务保障体系构建	微课视频	2
3	动车组检修业务能力建设	微课视频	10
4	运维技术体系建设	微课视频	17
5	认知心理学概述（上）	微课视频	32
6	认知心理学概述（下）	微课视频	32
7	认知神经科学概述（上）	微课视频	38
8	认知神经科学概述（下）	微课视频	38
9	人体活动力量与耐力	微课视频	51
10	体力工作负荷及其测定	微课视频	55
11	体力工作时的能量消耗	微课视频	57
12	作业时的耗氧动态	微课视频	59
13	劳动强度与疲劳	微课视频	61
14	脑力负荷定义及影响因素	微课视频	80
15	脑力负荷的测量方法	微课视频	83
16	脑力疲劳及其消除	微课视频	94
17	人的信息处理系统模型	微课视频	98
18	感知系统的信息加工	微课视频	100
19	认知系统的信息加工	微课视频	112
20	人的信息输出	微课视频	123
21	意识	微课视频	133
22	情绪的认知案例	微课视频	149

续表

序号	资源名称	资源类型	页码
23	基本情绪（上）	微课视频	152
24	基本情绪（下）	微课视频	152
25	社会性反应	微课视频	163
26	情绪脑区映射	微课视频	165
27	自我知觉和自我知识	微课视频	170
28	汇合自我知觉和他人知觉	微课视频	175
29	列车驾驶界面人因适配性概念及形式化描述	微课视频	179
30	列车驾驶作业任务分析模型	微课视频	181
31	驾驶操纵任务模型	微课视频	184
32	驾驶操纵模式	微课视频	187
33	列车驾驶界面人因适配性模型	微课视频	194
34	列车驾驶界面人因适配性评估方法	微课视频	194
35	案例研究	微课视频	194
36	问题解决	微课视频	207
37	创造力	微课视频	217
38	创造性与问题解决	微课视频	220

目录

第 1 章　列车智能运维发展与认知科学 ·············· 1
　1.1　高速铁路智能运维发展 ·············· 1
　1.2　认知心理学概述 ·············· 32
　1.3　认知神经科学概述 ·············· 38
　1.4　思考题 ·············· 50

第 2 章　列车运维作业体力工作负荷 ·············· 51
　2.1　人体活动力量与耐力 ·············· 51
　2.2　体力工作负荷及其测定 ·············· 55
　2.3　体力工作时的能量消耗 ·············· 57
　2.4　作业时的耗氧动态 ·············· 59
　2.5　劳动强度与疲劳 ·············· 61
　2.6　思考题 ·············· 79

第 3 章　列车运维作业脑力工作负荷 ·············· 80
　3.1　脑力负荷定义及影响因素 ·············· 80
　3.2　脑力负荷的测量方法 ·············· 83
　3.3　脑力疲劳及其消除 ·············· 94
　3.4　思考题 ·············· 97

第 4 章　人的信息处理 ·············· 98
　4.1　人的信息处理系统模型 ·············· 98
　4.2　感知系统的信息加工 ·············· 100
　4.3　认知系统的信息加工 ·············· 112
　4.4　人的信息输出 ·············· 123
　4.5　意识 ·············· 133
　4.6　思考题 ·············· 148

第 5 章　情　绪 ·············· 149
　5.1　情绪的认知案例 ·············· 149
　5.2　基本情绪 ·············· 152
　5.3　社会性反应 ·············· 163

5.4	情绪脑区映射	165
5.5	思考题	169

第 6 章 社会认知 ·········· 170

6.1	自我知觉和自我知识	170
6.2	对他人的知觉	172
6.3	汇合自我知觉和他人知觉	175
6.4	社会知识	177
6.5	思考题	178

第 7 章 列车驾驶作业人机适配性 ·········· 179

7.1	列车驾驶界面人因适配性概念及形式化描述	179
7.2	列车驾驶作业任务分析模型	181
7.3	驾驶操纵任务模型	184
7.4	驾驶操纵模式	187
7.5	列车驾驶界面人因适配性模型	194
7.6	思考题	206

第 8 章 问题解决与创造力 ·········· 207

8.1	问题解决	207
8.2	创造力	217
8.3	创造性与问题解决	220
8.4	思考题	222

参考文献 ·········· 223

第1章 列车智能运维发展与认知科学

1.1 高速铁路智能运维发展

1.1.1 高速动车组运维体系概况

微课：高速铁路智能运维发展

1.1.1.1 运维保障需求

自 2006 年"和谐号"动车组上线运营以来，时至今日"复兴号"动车组已"奔驰在祖国广袤的大地上"。截至 2020 年 10 月，高速动车组上线运行数量已达 3135 列/3670 组，运营范围覆盖全国 94% 的省级行政区。

高速动车组高效的运输性能对运用安全性、可靠性提出了更为严格的要求，动车组高安全、大体量、高运量的特点对车辆运维体系的系统性、科学性提出了更高要求：一是需要构建动车组售后服务保障体系，为用户提供快捷、高质量的运用安全保障；二是需要科学配置检修资源形成有效检修产能，支撑动车组检修产业发展；三是在确保动车组运行安全的前提下，全面实施检修里程或时间间隔延长试验，不断延长动车组检修里程间隔及检修时间间隔，优化各级修程检修范围和检修标准，既要防止失修，又要避免过度修，最大限度地提高车辆使用效率；四是建立并形成涵盖动车组全寿命周期的运维技术体系，支持产品研发制造持续改进。

1.1.1.2 运维保障能力构成

高速动车组运维体系主要包括完善的售后服务保障体系、强大的高级检修能力和科学的运维技术体系三方面。

动车组造修企业基于合同要求和用户需求，整合企业、铁路局集团公司及部件供应商资源形成运维保障能力，主要涵盖以下方面：一是运维组织架构和服务网络能够确保运维保障工作有序开展；二是高级检修产能能够顺利完成各平台动车组检修计划；三是产业链物资供应与检修计划有效匹配并满足运用修及故障处置需要；四是对用户及售后现场运用故障处置提供全天候技术支持，满足运用故障应急指挥和运维人员技术培训需要；五是运维技术研发并指导实践，形成研发+实践的双向管控能力；六是依托车地数据传输、健康诊断监测等手段实现对运用大数据信息的收集、分析，支撑车辆主动预防性维修和预测性维修，消除故障隐患。

1.1.1.3 运维保障模式

高速动车组引进→消化→吸收→再创新进程中，探索构建了企业与用户协同联动一体化的运维保障模式。

售后服务方面，动车组制造企业对用户的运用、检修、管理和司乘等人员进行细致地培训，提高用户对动车组的使用、维护、保养和检修能力，并成立远程和巡回专家组，提供技术支持和指导。在 200 km 项目的售后服务过程中，由中国国家铁路集团有限公司（以下简称国铁集团）负责战略配件储备，各铁路局动车组运用所负责日常配件储备，制造企业负责基础配件储备并根据售后服务网站的设置建立区域配件储备中心，由此建立了全新的配件储备模式。

动车组检修方面，高速动车组在线运营期间，铁路局集团公司按照运用检修标准承担日常运用修（一、二级修）工作，动车组制造企业在动车组配属所设置售后服务站，配合用户开展质保范围内的售后服务和质保范围外的延伸服务，向用户提供车辆维护技术、服务和资源支持；高级修（三、四、五级修）期间，由承担高级修的铁路局集团公司或动车组制造企业按照检修规程承担检修任务。

1.1.2 售后服务保障体系

动车组售后服务保障体系随着中国高速动车组发展先后历经售后包保服务模式、标准化售后服务体系、数字化售后服务体系三个阶段，对保障动车组运营安全发挥了重要作用。

微课：售后服务保障体系构建

1.1.2.1 售后包保服务模式

1. 发展背景和形势

"和谐号"动车组上线伊始，高速动车组对于国内铁路装备造修企业和各铁路局集团公司来说都是一个全新的产品类型，国内缺少高速动车组运维服务经验，国外亦没有可供借鉴的成熟模式，只能依赖大量的资源保障为动车组安全运用保驾护航，运维服务保障面临的形势异常复杂、困难。

（1）高速度、长交路、大体量、高运量的特点对运维体系的系统性、科学性提出了更高要求。

（2）高速动车组配属分散，例如运行初期 37 列 CRH2 型动车组就配置在上海、北京、郑州、西安、济南、南昌等 6 个铁路局集团公司。

（3）现场售后服务技术团队对车辆结构原理掌握不足，突发运用问题不能够及时判断故障原因并制定有效的处置措施，影响高速动车组使用效率。

（4）售后技能作业人员对车辆结构、生产工艺、故障处置流程等内容掌握不足，影响运用故障处置效率。

（5）现场缺少高速动车组点检、随车添乘、故障处理等标准化作业流程和质量管控标准，运用问题处置后极易发生次生故障。

（6）缺少高速动车组运维数据和运维经验，对各系统、部件故障发生概率及检修性能衰退规律掌握不足，影响现场售后服务配件资源储备的准确性。

（7）高速动车组在既有客运线路上运行，线路条件、运用环境等对安全运用制约严重。

（8）零部件国内配套供应商对提供的设备配件技术原理掌握不足，对部件突发故障不能提供及时、有效的应急处置。

2．主要模式

高速动车组正式上线初期，动车组制造企业在总结既有铁路机车、客车售后服务经验基础上，实施"保姆式"售后包保服务模式，集中设计、工艺、质量、模具制造、售后及供应商等各单位优势人力、配件资源赴运用一线开展售后服务。以中车四方股份为例，主要采取以下机制和模式。

1）领导带队

2007年4月18日全国第六次铁路大提速期间，安排6名公司级领导分别带队驻守上海、北京、郑州、西安、南昌等城市，并各配备1名制造系统中层干部和1名技术系统中层干部，全面负责驻守区域内动车组突发故障处置、应急资源调配、技术方案制定，确保铁路大提速顺利实施和动车组运用安全持续稳定。

2）技术保障

动车组上线初期，企业将优秀的设计、工艺技术人员集中到运用现场，一是负责对用户开展"一对一"帮扶、培训，提升用户对产品结构的掌握程度和运用检修能力；二是针对突发运用故障立即组织分析，现场制定解决方案，并指导操作人员现场处置；三是开展车辆运用技术和环境适应性跟踪，为后续设计、工艺改进提供依据。

3）应急支持

企业组织核心技术专家成立应急专家组并实行集中办公，配备800部电话保持24 h畅通，全天候为用户和驻外服务站提供远程技术支持，必要时随时赴现场解决问题；组建由设计、工艺、调试人员组成的巡回专家组，在各铁路局集团公司间巡回服务，负责动车组模拟试运行及运行初期发生的特殊、疑难问题解决方案的制定，提供现场技术支持和指导，必要时参与解决；根据需要对用户进行现场培训或集中培训，负责对驻外售后服务站工作进行指导和督导检查。

4）作业保障

针对动车组库内日常检修作业，动车组车辆上线首月，由售后服务站负责安排高水平技能员工实施车辆检修作业、动车所地勤机械师跟班学习；次月由售后服务站技能员工和动车所地勤机械师共同作业；第三个月起，由动车所地勤机械师独立开展动车组检修作业，售后服务站技能员工负责技术指导。

5）添乘保障

动车组上线后前三个月，售后服务站负责安排技术人员或调试电工与用户随车机械师一起执行添乘任务，协助解决车辆运行过程中突发运用问题，并向驻站及应急专家反馈和寻求支持。

6）资源保障

企业组织在运用现场储备充足三包配件，并根据配件消耗情况实行动态补充。如发生现场配件不足情况时，企业内部开通配件支持"绿色通道"，优先从生产物料中调用现车物料，满足动车组运用故障处置需要。

7）信息沟通

一是驻守领导每天组织技术专家、供应商人员及售后服务站员工召开包保服务现场会，针对当日发生的问题制定统一的处置方案，确保当日各地运用信息及时共享；二是为应急专家、驻站专家、添乘人员配备专用电话卡，确保信息实时沟通；三是售后总部建立运用问题日例会机制，为驻外服务站提供各类资源及技术支持。

8）供应商服务

一是在新车上线初期，配套供应商安排公司级领导驻站服务，确保配件资源供应及时；二是配套供应商在售后现场配置高水平技术人员长期服务，纳入售后服务站统一管理；三是配套供应商在现场储备充足配件，按照"先更换后分析"的原则优先消除动车组故障、确保动车组运用。

1.1.2.2 标准化售后服务体系

1．发展背景和形势

2011年京沪高铁开通及CRH380型动车组正式上线以后，随着在线运营动车组数量、种类的不断增多，配属范围不断扩大及速度等级的持续提升，用户对动车组的售后服务效率和工作模式不断提出新的要求，既有售后包保服务模式已不适应铁路发展形势需要，主要表现在：一是铁路局集团公司对动车组故障率、上线率要求更高并重视运营经济性；二是既有售后服务模式占用大量资源，工作效率低、响应速度慢；三是售后服务组织体系不完善，缺少专业化的售后团队，售后员工队伍整体水平有待提升；四是缺少系列化的售后作业技术标准和规范的质量管控机制，无法有效保障售后服务作业质量；五是缺少规范的售后服务制度体系和工作流程，影响高速动车组售后服务工作效率。

2．主要模式

以四方股份公司为例，企业以"安全、质量、效率、成本"为核心，通过构建一个组织、一支队伍、三级支持、四个流程、十项制度及系列作业技术标准，打造标准化售后服务模式，为用户提供快速、高效、优质的服务体验，创建良好的售后服务品牌，提高产品核心竞争力。

1）构建售后服务组织体系

动车组售后服务组织体系由"售后服务总部→区域中心→售后服务站"三级架构组成，具体售后服务组织体系如图1-1所示。售后服务总部负责服务体系建设、制度规范建立、资源配置等。主要包括人员管理、物料管理、技术管理、信息管理、生产组织、质量控制、供应商管理等。

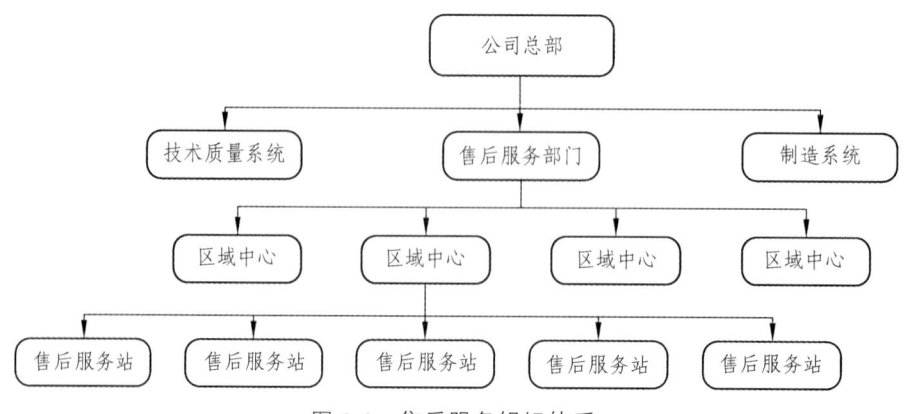

图1-1 售后服务组织体系

区域中心负责区域内各售后服务站日常管理，组织完成区域内售后服务工作，负责区域售后服务工作策划、资源协调、应急处置、用户沟通等工作。

售后服务站负责售后服务信息收集、录入反馈、处理及跟踪；负责组织实施现场产品故障处理、优化升级、问题跟踪、点检、普查等工作；负责服务站人员、物料、资产、现场安全、文件资料及供应商管理，定期组织售后服务站人员技能、安全、制度等方面的培训。

2）打造专业化运维服务团队

建立"三层四级"培训机制，从公司、部门、服务站三个层面对员工进行培训，并将培训内容按照员工水平划分为基础、应知、核心、拓展四个级别。

针对诊断工程师序列，主要从基本原理、常见故障处理、应急故障处置、调试试验等方面开展培训；对于操作员工序列，主要开展基本操作、工具工装、常态点检、重点调试试验、电工技能、管钳技能、车钳技能7类共100多项内容的培训。

3）建立三级应急支持体系

企业建立"远程技术支持中心→主要铁路局集团公司110指挥中心→动车所调度台"三级指挥调度机制，为动车组运用现场提供全方位技术支持。远程技术支持中心安排技术专家24 h值班，动车组运行途中发生超出应急处理指导手册范围故障时，远程技术支持人员在收到信息5 min内为用户提供检查处理建议；在铁路局集团公司应急指挥台安排诊断工程师24 h支持，随时掌握动车组运营状态，为用户提供应急指挥建议；在动车所值班室安排诊断工程师跟班坐台，及时掌握车辆库内检修质量问题，及时组织资源消除运用故障。

4）建立四个售后关键流程

针对售后现场的安全生产、信息反馈、技术改造和故障处理四方面制定标准工作流程。

安全事故报告流程规范事故相关人员工作职责和报告、处置流程，保障当事员工得到有效救治，如图1-2所示。

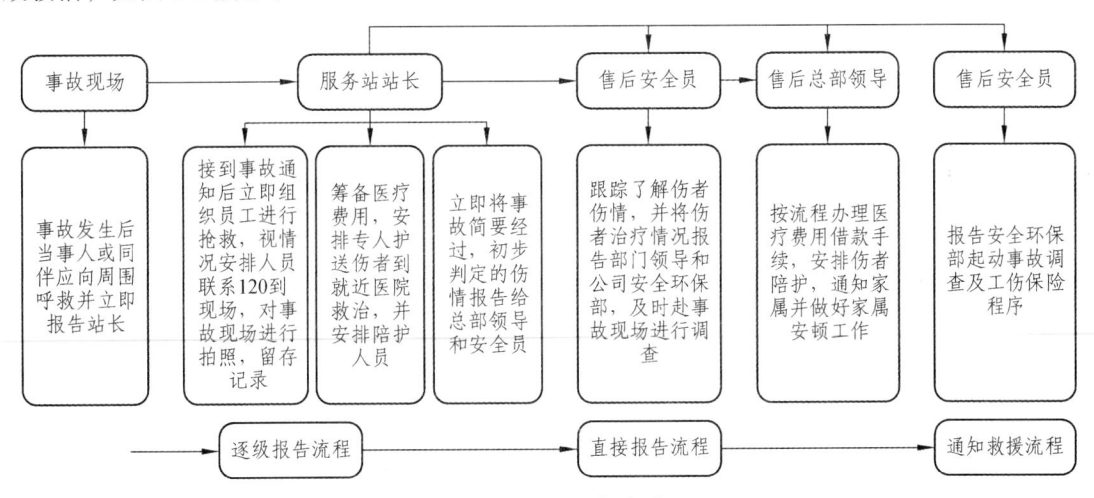

图1-2 安全事故报告流程

运用信息反馈流程对运用信息的接收、处置、反馈、闭环管理等各环节职责进行明确，保障信息反馈渠道畅通，具体如图1-3所示。

技术改造执行流程在有关技术改造通知下发之后，应规范执行单位签审、验证、实施、反馈、闭环、评价等过程，如图1-4所示。

运用故障处理流程规范售后服务人员处理车辆故障流程，包括"汇报→分析→预案→组织→实施→验证→反馈→闭环"的"八步"作业，主要工作如图1-5所示。

图 1-3 运用信息反馈流程

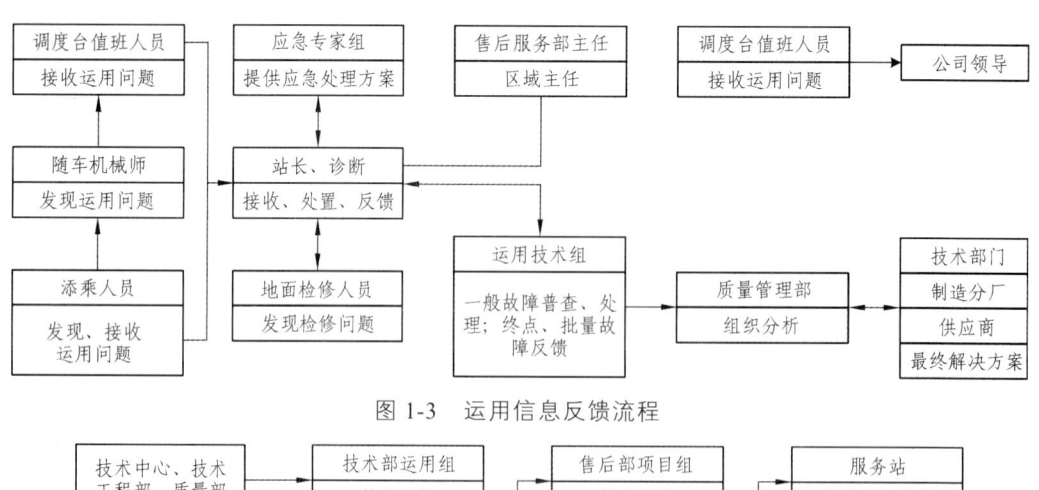

图 1-4 技术改造执行流程

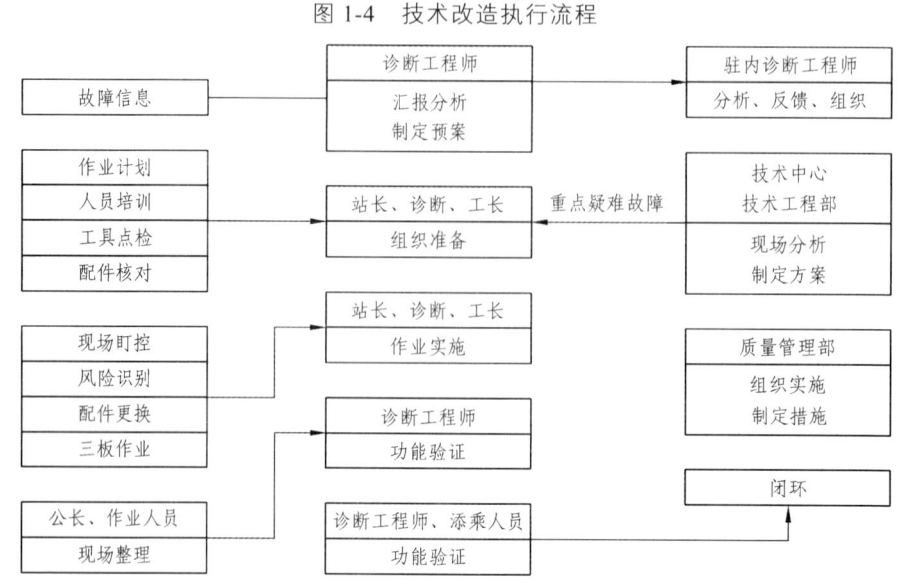

图 1-5 运用故障处理流程

6

5）制定管理制度标准

建立与动车组运维服务相配套的售后服务管理制度，如表1-1所示。

表1-1 售后服务管理制度

序号	管理制度名称	主要内容
1	产品运用信息管理	明确信息传递的标准、流程、范围及方式，对售后工作过程中的各类信息进行收集、统计、反馈及归档，动态闭环管理
2	售后安全管理	主要包括安全教育、安全培训、应急演练、防火预案、危险源识别、意外伤害处置、职业健康防护、危险品使用等
3	售后服务人员管理	规定售后服务人员（包括供应商）行为规范、劳动纪律等方面
4	物料管理	主要包括物料调拨、发运、接收、存储、领用、盘点等内容，售后服务站组织建立物料（包括供应商）管理，确保安全库存
5	售后资产管理	主要包括售后资产配置、使用、保养、返修、校验、报废等内容，售后服务站做好资产日常管理，加强专用工具（工装）、计量工具定期校验
6	现场作业管理	主要包括故障处理、定检普查、优化升级、添乘等内容。售后服务站负责作业计划编制、实施、质量管控等
7	售后服务供应商管理	将配套供应纳入售后服务管理体系，主要包括人员、物料、作业规范、行为、劳动纪律、服务评价等内容
8	售后员工培训管理	主要包括现场安全、行为规范、岗位技能、作业质量、工作流程等内容，售后服务站按照相关要求开展培训工作
9	沟通管理机制	建立"企业总部→铁路局、区域→动车段、服务站→动车所"三级沟通管理机制
10	动车组运营故障应急处置机制	制定应急预案，不定期组织应急预案的宣传教育和应急演练

6）编制系列作业技术标准

针对交付动车组编制应急故障处理手册、现场作业视频培训教材、标准化故障处理流程、部件更换作业指导书、供应商配件更换作业指导书及试验文件等系列售后作业技术文件，实现售后现场作业标准化、规范化。

1.1.1.2.3 数字化售后服务体系

1．发展背景与形势

自2017年"复兴号"动车组上线运营以来，随着用户对动车组产品认知的持续加深和运维经验的积累，以及对售后精细化管理和成本控制等需求的提升，售后服务模式、理念发生变化，标准化售后服务体系与数字化手段相结合成为必然趋势。

1）服务模式转变

产品运维保障模式从"授人以鱼"转变为"授人以渔"，由包保服务、标准化售后服务向"依托数字化手段提供技术支持为主"转变，减少现场服务人员配置，降低运维成本。

2）关注重点转变

产品运维服务关注重点从"仅关注产品运用安全"向"在保障产品运用安全的前提下关注运维成本管控"转变，在保障产品运用安全的前提下持续降低运维资源投入。

3）作业方式转变

现场作业从"不坏不修，坏了才修"的事后被动维修，通过运用列车车载信息感知网络、车地通信以及先进的诊断与预测等技术，向主动预测性维修转变，实现高速动车组安全、可靠、可用、经济的运营。

2．主要模式

围绕全寿命周期管理，构建数字化运维平台，建立高速动车组远程技术支持中心，在运维管理、配件一体化、远程技术指导培训、技术手册发布等方面实现数字化管理和应用。如图1-6所示为四方股份公司数字化售后服务体系框架。

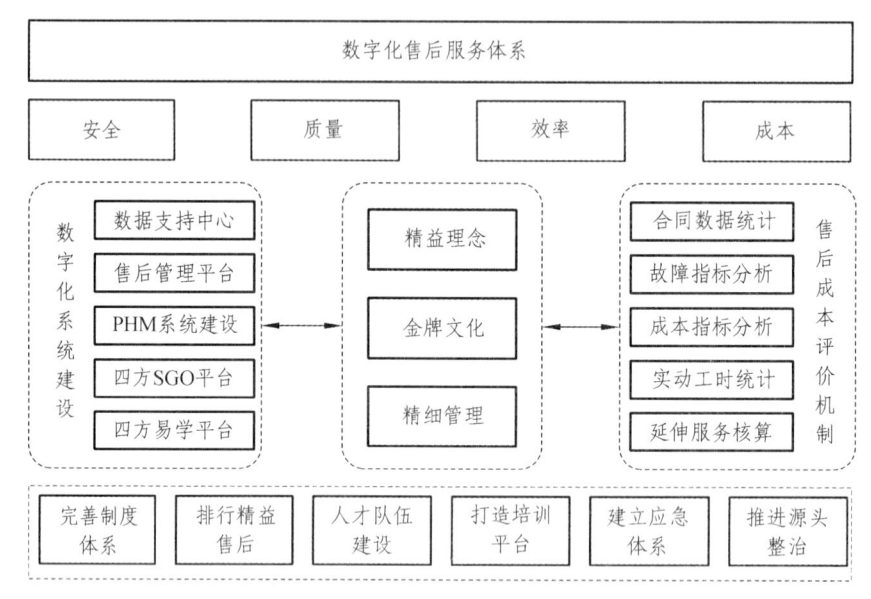

图1-6 四方股份公司数字化售后服务体系框架

1）建立故障预测与健康管理系统

故障预测与健康管理（Prognostic and Health Management，PHM），采用先进的传感器技术获取列车关键系统运行状态信息，应用各种智能推理算法，根据系统历史状态和运营环境因素，进行服役状态监测、故障诊断及预测，评估系统未来的健康状态，提出维修维护建议，为管理决策提供支持。中国中车所属子公司四方股份公司、中车唐山机车车辆有限公司、中车长春轨道客车股份有限公司建立的动车组数字化运维平台，实现了在线运营全部动车组的实时状态监测，开发的130多个诊断预测模型实现了列车关键系统的故障预警。例如：系统报CRH380AL型动车组某列07车总风漏风提示，07车总风压力较其他车厢下降较快。机械师检查发现07车卫生间气控单元红色供风管脱出漏风，临时处置后总风恢复正常，避免了制动用风工况下总风下降过快触发紧急制动停车，总风漏泄模型上线应用后，共报出31起总风异常，其中运行途中处置2起，监控回库处置29起。

2）建立数字化售后服务管理系统

售后服务数字化管理系统通过信息化技术实现售后服务站人、车、任务、物料、安全、工具的精细化管理，执行过程可视管控和执行结果可追溯，以数据驱动的方式实现指标的监控，形成精细化管控，提升服务效率与质量。利用对作业计划，执行故障处理等数据的实时分析，不断提升数据在管理决策中的作用，将服务站现场定性、定量的问题及时反馈到数据上，激励服务站不断提升售后服务效率和质量，降本增效。

建立数字化服务站，通过人员利用率、作业计划执行率、单列售后成本消耗等指标引领，激发基层单元活力，提升价值创造能力。通过数字化服务站建设，在促进服务站不断优化现场管理、满足用户需求、提升服务效能的基础上，实现服务站基层单元管理精细化。

3）运维数据反馈指导设计制造

基于产品全寿命周期，融合产品运用数据和检修经验，系统梳理部件设计的运维检修需求，形成设计优化建议反馈设计部门，在动车组新造或升级改造的设计中考量、落实。建立动车组故障字典和运维数据库，定期组织对不同车型、系统的运维数据和一、二级检修问题进行分类梳理、统计分析，形成设计建议清单和设计优化需求，作为产品设计、加改的输入要素，以此对共性问题、频发问题从源头进行控制和改善，提升产品设计和实物质量，也为后续检修规程的制定和优化提供参考和借鉴。

4）构建培训云平台

充分发挥云平台的技术优势，将现有流行的、成熟的大型开放式网络课程（Massive Open Online Courses，MOOC）模式，以及多媒体视频在线教学方式融入轨道交通专业的行业培训领域，打造轨道交通装备行业"互联网+"售后服务培训体系。发挥云平台培训快速布点、传播和响应的技术优势，解决培训点多、用户多、分布广等平台需求，为轨道交通装备产品相关的售后服务培训提供创新解决方案。

通过培训云平台，利用三维建模与优化、动画、视频、知识碎片化等技术，开发制作专业教学片课程，形象生动地介绍动车组原理、使用、应急处理和检修维护知识，为企业员工和用户自主学习提供便利条件，总体达到产品销售区域实时覆盖，培训过程实时跟踪以及培训系统实时互联的售后培训效果。如图1-7所示为四方股份公司建立的培训云平台，自2017年上线应用以来，现已覆盖北京、广州等10多家铁路局集团公司，学员用户超6000人。

图1-7 四方股份公司培训云平台

5）售后配件一体化供应

建成配件一体化服务平台，构建配件服务互联网化管理模式，实现配件服务的互联网化远程在线查询下单，配件物流的有效跟踪管控。根据配件消耗历史数据，按照满足运用现场故障处置需要原则，预测配件储备需求，确定最低储备标准，建立配件储备预警机制，动态补充配件消耗；在各区域中心储备大型配件，降低在各个服务站对储备空间的占用，同时确保配件使用需求。依托配件供应平台，发挥成网效应，搭建安全、高效、经济的配件供应保障体系，实现本地服务站、配件中心资源 1 h 内到位，异地服务站、配件中心资源 5h 内到位，制造企业内、供应商资源 12 h 内到位，形成超市化运营、智能化物流的高速动车组运维配件供应体系，进一步提升配件供给效率，同时有效降低库存过剩和库存不平衡带来的运维服务消耗，提升运维服务的经济性。

6）建立员工数字技能矩阵

依托数字化服务站建设，构建员工技能矩阵，为技能培养方向和各服务站间技能配置平衡提供数据支撑。对于作业次数较高的技能项目，强化技能的掌握水平，提升相关人员配置；对于作业次数较低的技能项目，加强阶段性测试频率，保证人员技能水平。

1.1.3 动车组检修业务能力建设

1.1.3.1 动车组检修业务构成

动车组检修由一、二、三、四、五级检修构成。其中一、二级修为动车组运用期间的日常检修维护（以下简称运用修），由动车组制造企业编制初稿并提供中国国家铁路集团有限公司（以下简称国铁集团），国铁集团组织相关铁路局集团公司、动车组制造企业制定最终检修标准，由各铁路局集团公司按照检修标准承担日常检修并根据实际检修情况持续优化；三、四、五级修为高级修，由动车组制造企业编制检修规程建议稿后开展检修试修，进行验证和完善，在动车组批量检修前由国铁集团组织行业专家进行规程评审后下发，由高级修铁路局集团公司和动车组制造企业承担高级修任务。动车组高级修是保证动车组长期安全稳定运用的基础。

1.1.3.2 动车组检修业务开展模式

1．动车组运用修

动车组制造交付后，资产转移至铁路局集团公司，检修维护主体责任由铁路局集团公司承担，动车组制造企业负责质保服务以及升级改造。动车组运用期分为一级修和二级修。

1）一级修

一级修为动车组上线运用前的例行安全检查。重点是检查防范走行部、裙底板、受电弓的异常损坏，进行制动系统功能试验，处理运用中发生的故障。

例行检查由铁路局集团公司动车所实施，各铁路局集团公司根据动车组运用检修实际情况自主确定一级修检修范围和标准，同时积极研究利用地面监测设备实施人机分工，经过机检可靠的部位可不再实施人工检查，具备条件时可进一步延长人工技检周期。

2）二级修

二级修为动车组周期性的深度检查、维护保养和功能检测。重点是轮轴探伤、车轮旋修、冷却装置清洁、机械传动装置润滑、油脂性能化验等。

国铁集团制定轮轴探伤周期和标准、车轮运用状态技术标准和检测方法；铁路局集团公司根据实际情况自主确定车轮旋修周期和其他二级修项目的检修周期、范围和标准，并持续优化完善。

3）运用修故障处理及改造

针对动车组运用中发生的故障，首先由铁路局集团公司动车所检修人员进行确认，属于配件质量问题的，由动车组制造企业自主或组织配件供应商进行处置。同时，动车组制造企业根据故障预防检查方案，结合运用修对故障隐患点进行排查，确保动车组的运营安全和秩序。针对动车组设计适应性改造、质量问题整改等升级改造，由动车组制造企业向铁路局集团公司提交改造申请，铁路局集团公司批复后，动车组制造企业结合二级修实施。

2．动车组高级修

动车组运行到一定的里程（或时间）进行的预防性检修称为动车组高级修，也称为周期性高级检修，分为三、四、五级修，目前一般按照"三→四→三→五"周期循环检修，如图1-8所示。

图 1-8 动车组高级修周期循环示意

由于首批上线动车组到达三级修程时铁路局集团公司不具备实施高级检修的技术能力，国铁集团决定由各动车组制造企业承担高级检修任务。2009年部分铁路局集团公司高级修基地陆续建成投产，至2010年底，北京、上海和武汉铁路局集团公司具备三级修能力；至今，成都、西安、广州等多个铁路局集团公司具备三级修能力。目前，动车组三级修基本在动车基地实施，四级修部分在动车基地实施合作检修，四、五级修在动车组制造企业内实施，建立制造企业与用户协同的合作施修模式。

1）动车组高级修范围

三级修主要是对转向架进行检修，包括动车组架车换架台、转向架检修、落车、称重、静调、动调等作业内容。如果进行解编作业，则还需增加解编、编组内容，目前动车基地实行整列架车更换转向架，不需要进行车辆解编，动车组制造企业检修时实行单车抬车更换转向架，需将整列动车组进行解编。

四级修属于动车组大修修程，主要包括：静态通电试验鉴定、动调试验鉴定、外皮清洗、解编（含排水）、架车、转向架检修、车辆设备（车顶、车下、车端、车内）分解与检修、车辆设备组装、油漆及标记、整车落车、称重、保压、编组、静调试验、动调试验、试运行等。

五级修属于动车组最高级别检修，在四级修基础上增加了部分部件的分解检修及更换部分寿命配件等内容。

2）动车组高级修模式

按检修作业场所，分为动车组企业内高级修和异地高级修两种方式。企业内高级修是以动车组制造企业为合同主体在企业内组织进行的动车组三、四、五级检修，企业按照项目管理模式组织动车组高级修投标、合同签订、检修资质管理、技术标准和检修方案制定、配件采购和储备、检修生产和交付等各项工作。

异地高级修是动车组制造企业以项目管理或成立子公司的模式，与铁路局集团公司进行合作修或支持铁路局集团公司自主修（例如北京、上海、成都和西安等地以项目管理模式组建项目组与铁路局集团公司开展合作，武汉地区以设置子公司方式与铁路局集团公司开展合作），将管理、技术、质量、供应链体系延伸到企业在动车段设立的动车检修基地，通过人员培训、技术支持、工艺移植、合作检修等方式，协助动车检修基地形成高级修检修能力，实现厂局合作共赢。主要模式有：

（1）动车段自主修。

铁路局集团公司动车段为合同主体承担动车组三、四级修，动车组制造企业向动车段销售高级修配件，动车检修基地项目组（如北京、上海、成都等）提供技术支持并负责实施技术改造。

（2）动车段合作修。

动车组制造企业为合同主体，在动车段组织实施三、四级修，动车检修基地项目组（如北京、上海、成都等）组织检修生产和技术改造。

（3）子公司检修。

动车组制造企业通过子公司与动车段开展检修合作，三级修以动车段为合同主体实施自主修，动车组制造企业向动车段销售配件，子公司提供技术支持；四级修为合作修，动车组制造企业与铁路局集团公司签订整车检修合同后，委托子公司在动车段实施检修。

3．厂局协同保障

为确保动车组运营安全，国铁集团在动车组运行线路上布置 5T 设备，在线监测动车组运行状态。动车组制造企业充分利用检修运用数据，完善健康监测与管理系统诊断模型，快速诊断及故障预警，双方通过数据共享，强化动车组服役状况的评估。加强厂局间技术合作，通过动车组检修周期延长研究及部件优化各项试验验证，展开部件剩余寿命研究，提出合理的全寿命周期检修要求，降低动车组全寿命周期检修成本，双方共享检修运用经验及修程修制优化成果

1）检修运用数据共享

实现以可靠性为中心的协同国铁集团下设机辆部组织铁路局集团公司通过在线运用监测，收集动车组运维体系中的检修、故障数据。动车组制造企业依托动车组运维管理系统、可靠性统计分析系统，搭建检修数据收集分析平台，对动车组运用信息、故障数据、可靠性数据和检修数据收集分析，建立比较完整的整车履历和关键零部件履历档案并对环境数据和供应商数据等进行收集。

通过运维数据的收集，采用大数据、云平台技术，挖掘数据的关联性，从故障失效模式、可靠性预警报警、修程优化效果、不同平台可靠性对比、环境应力等方面统计分析运用故障数据、检修数据。从故障预防、维修决策、可靠性分析、车辆健康评估等方面开发故障诊断模型，预测关键部件健康状况和性能退化趋势，对整车、系统及关键部件开展可靠性分析评估，完善 PHM 系统；对运用故障进行提前预警，快速诊断及处理运用故障，降低故障发生概率，有效保障高速动车组运用安全和秩序。

通过运维数据分析评估，实现部件可靠性指标评价、技术变更效果评价、部件剩余寿命研究、设计维修成本管控、设计优化、全寿命周期可靠性追踪等数据应用，为动车组后续产品可靠性分析、设计及规程优化奠定基础，实现动车组维修设计"关口前移、全寿命周期覆

盖",从而提升动车组检修质量,降低全寿命周期维护成本。动车组检修运用大数据布局如图1-9所示。

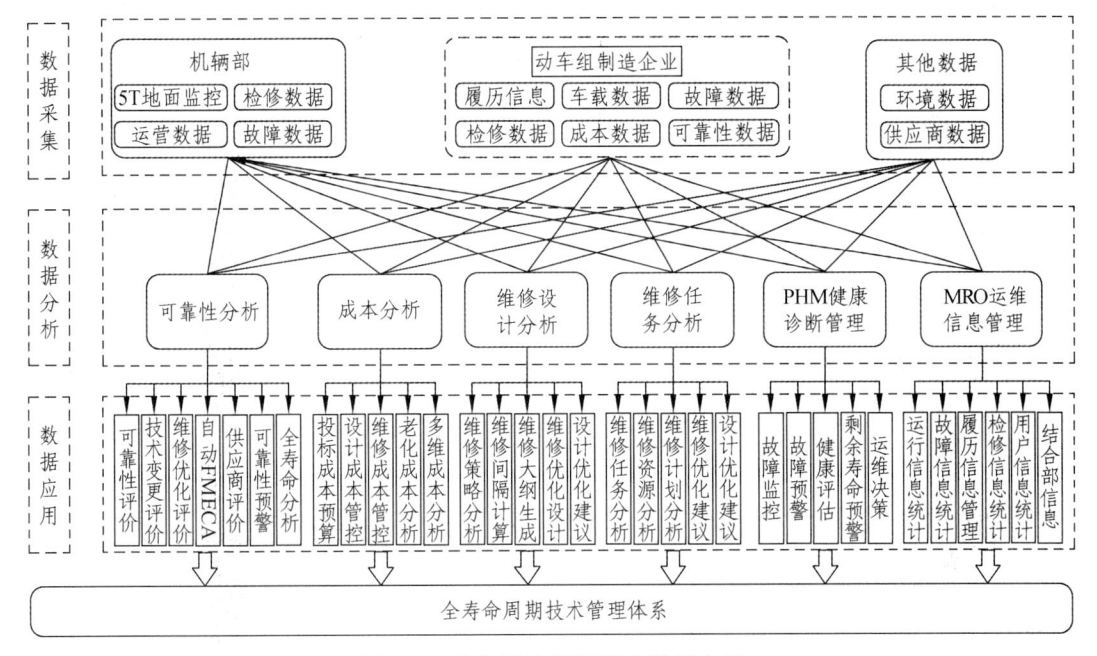

图 1-9 动车组检修运用大数据布局

2)修程优化技术协同

针对动车组产品的多样性及发展需求,为减少检修频次、降低检修成本、提高运用效率,由国铁集团、铁路局集团公司及动车组制造企业组建联合工作团队,开展动车组的修程修制优化和检修运用技术研究工作,具体包含以下方面。

(1)梳理提出动车组检修规程、检修技术条件、检修工艺等优化建议,定期召开由动车组相关配属铁路局集团公司、动车组制造企业及重要部件供应商等单位参加的技术交流会议,共享动车组检修运用经验及修程修制优化成果,每半年将动车组检修维护相关技术手册变更情况进行汇总报备修订。

(2)共同开展动车组检修周期延长验证工作,编制整车高级修周期延长和部件优化验证方案,统筹安排各项试验,做好数据收集、跟踪、分析、评审,评审情况及实施计划报国铁集团机辆部。

(3)共同收集动车组运用、检修过程中发生的典型故障、部件异常报废等问题,定期组织开展技术交流、课题攻关会议,优化动车组检修质量,降低维修成本,缩短检修生产周期。

3)诊断预测协同

动车组制造企业基于十余年的动车组运维经验,结合动车组安全专项改造,逐步完善健康诊断系统,实现对动车组的实时监控、故障预警和报警。目前已启用百余个故障诊断预测模型,涵盖了实时轴温、制动、高压牵引、辅助供电等系统。此外,不断增设线路监测设备,实现了在线运行车辆实时影像、轴承异常监控,有效降低故障发生概率,保障动车组运营安全。

1.1.3.3　动车组高级修发展历程

CRH2型动车组是国内首次投入运营的高速动车组，在运用、维护保养以及定期检修等方面都是一个新课题，没有任何技术积累和经验参考。基于国内无高速动车组运维经验且无检修技术转让的情况，在国铁集团统一指挥下，由动车组制造企业组织配套厂家、国内外科研院所等各方面力量攻克技术难关，充分借鉴和利用动车组产品的新造技术平台，本着"科学、严谨、务实、创新"的理念，完成首批上线运营动车组检修规程编制和工艺开发，逐步积累运维经验、掌握检修技术，开创了在国内实施动车组高级修的先例，填补了国内动车组检修标准及检修工艺空白，探索出高速动车组检修模式并创建高速动车组检修体系。各动车组制造企业从2007年开始相继实施动车组检修，从无到有、从摸索到熟练、从掌握到提升，经过十几年的实践，建立了各自有效的检修服务业务管理模式；通过各种大型投资扩能，持续推进检修技术创新、修程修制优化，提升了动车组高级修检修能力。实现动车组检修市场的辐射和渗透，主要分以下几个阶段。

1. 从无到有，探索起步阶段

首批动车组高级修时铁路局集团公司动车组检修基地尚未建成，国铁集团委托动车组制造企业承担动车组高级修，各动车组制造企业利用动车组新造资源实施动车组三、四级试修，依托动车组制造企业原有机构职能设定，按照项目管理模式推进动车组高级修业务开展，并形成批量检修能力。培养国内首批高速动车组专业检修队伍，积累高速动车组运维经验。动车组高级修具有周期性和叠加性的特点，随着新造动车组不断交付和运营动车组里程不断增加，动车组检修数量呈逐年倍增趋势，高级修业务处于快速发展阶段，动车组检修业务具有良好的成长性和巨大的发展潜力。

2. 优化资源，快速发展阶段

各动车组制造企业创建专门负责动车组检修业务的归口管理部门，统筹动车组制造企业动车组检修业务，设置专项团队实施动车组高级修。提出服务于产品全寿命周期、把维修服务产业做大做强的战略规划，优化资源配置，建立检修生产、售后服务和配件销售三位一体的检修服务体系。通过新建厂区等方式逐步加大检修资源配置，探索、建立动车基地合作检修模式，扩大动车组高级修检修阵地。

3. 职能强化，巩固再规划阶段

根据动车组检修经验积累，各动车组制造企业理顺动车组检修业务，加强职能确定，规范动车组制造企业内和异地检修基地动车组高级修管控模式，规划动车组年高级修能力。例如，四方股份公司在企业内形成四、五级高级修并行180组，北京、上海等动车基地形成月产6~8组的三级修生产能力，提出"致力于轨道交通客运装备制造与服务，产品检修业务成为新的支柱产业"的发展规划。

4. 持续扩能，稳定发展阶段

各动车组制造企业持续扩大动车组高级修能力，通过增建厂区厂房，规划动车组高级修生产节拍等方式，提升检修生产能力。部分动车组制造企业年检修量达到400组。以"致力为用户提供全面解决方案和服务，打造市场领先、技术领先、质量领先和服务领先的国内动客车产品全寿命周期检修服务体系，持续保障产品可靠性"为指导思想，落实规划要求，深化全寿命周期服务能力建设，增设专门统筹负责动车组检修技术、源头质量整治相关工作的职能部门，完善动车组检修技术管理职能，保证动车组高级修持续稳定健康发展。

5．优化配置，提升检修格局阶段

动车组制造企业完善检修项目管理体系，全面推广项目集管理模式，将精益理念融入项目管理，提升项目管理水平，推进动车组制造企业内资源补强和优化配置，如某动车组制造企业可实现 18 辆/天高级修能力。统筹规划厂外资源利用和能力建设，例如在北京、武汉等之外，又开辟中车广东公司、成都公司等为动车组高级修新阵地，形成"厂内＋子公司＋动车段"的检修格局，增强了动车组高级修能力，提升动车组高级修整体布局，实现动车组检修市场的辐射和渗透。

1.1.3.4 动车组高级修业务管理框架

针对快速发展的动车组高级修业务，各动车组制造企业进一步整合资源，成立专项动车组高级修团队，负责动车组高级修、技术升级改造和配件供应。通过实施动车组高级修，形成"设计→制造→运用→检修→设计"的循环迭代工作模式。通过管理创新、流程再造实现检修管理的全覆盖，成为提供产品和服务的造修并举企业。创建 MRO（即：Maintenance 维护、Repair 维修、Opcration 运行）运维管理系统，满足涵盖动车组全寿命周期、全过程的动车组检修及运用维护的信息化管理。

1．高级修业务结构搭建

动车组制造企业为实现动车组高级修业务的系统精准策划，结合动车组高级修开展的源头质量整治、技术加改等技术变更，针对用户提出的产品性能提升，结构改造等延伸服务，高级修配件的采购销售等专项作业，由动车组高级修专业部门统筹进行管控。动车组高级修业务组成如图 1-10 所示。

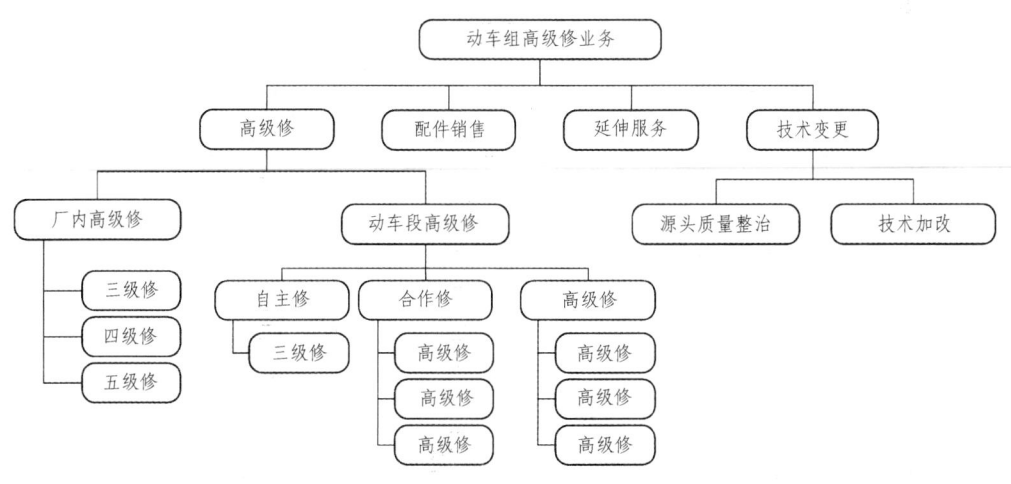

图 1-10 动车组高级修业务组成

2．创建矩阵管理模式

各动车组制造企业筹建专项部门全面负责动车组检修、售后服务和配件供应；建立以项目管理为龙头、以职能部门专业管理为支撑的矩阵管理模式,实现检修服务的重大变革;建立适应动车组检修服务工作需要的组织架构,以挂靠专项部门的项目集和项目组为牵引,以产品技术平台和制造资源平台为基础,以技术系统职能、制造系统职能及信息化系统为支撑,覆盖动车组厂内外高级修、配件销售、延伸服务、技术变更业务全过程的动车组高级修业务管理框架。矩阵管理模式组织结构如图 1-11 所示。

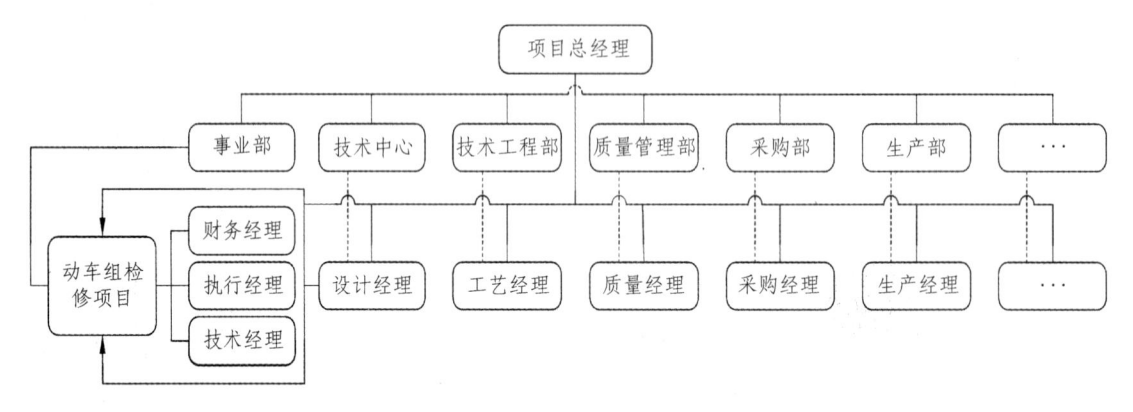

图 1-11 矩阵管理模式组织结构

3．实现动车组运维信息化管理

MRO 是涵盖产品全寿命周期、全过程的动车组检修及运用维护信息管理系统,对动车组及部件全寿命周期的履历信息进行整合汇总,包括:单元构型信息、静态技术参数信息、寿命信息、检修历史信息、故障信息、历史配属信息、技加改历史信息、软件版本信息、关键零部件更换记录、零部件采购历史信息、零部件装车历史记录等,可以快速地获取需要的动车组及部件履历信息,为产品研发和检修技术研究、修程优化提供大数据支撑 MRO 运维管理系统的运用,规范产品检修和售后服务业务流程,提高工作效率,实现"一车一档"履历管理和关键部件全寿命周期追溯,满足多车型、大体量、多项目并行的动车组检修和运维服务一体化管理需求。

MRO 运维信息管理系统数据应用如图 1-12 所示。

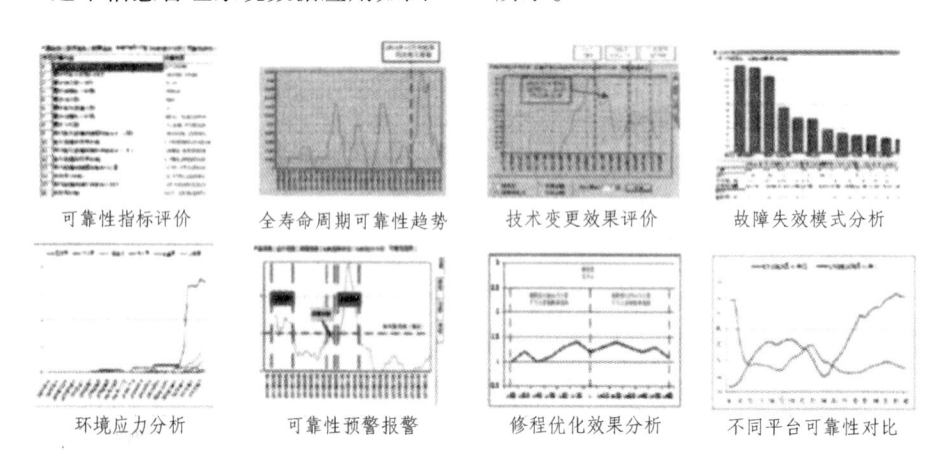

图 1-12 MRO 运维信息管理系统数据应用

1.1.4 运维技术体系建设

1.1.4.1 运维技术体系发展历程

运维技术的发展随着设备故障规律的认知深入不断变革，衍生出不同的维修策略。传统观念认为维修是不得不进行的一种辅助性生产活动，是资源和资金的消耗，强调维修费用的节省；而现代维修被认为是生产力，是发展生产和创造效益的一种必要手段，是可持续发展的一种重要投资方式。随着生产力发展以及装备的日益复杂和科技含量的提升，大数据、云计算、物联网、5G等新兴技术的兴起与成熟，维修已发展成为一门涉及机械、电子、力学、可靠性工程、管理科学、经济学等的综合性科学，出现了以现代维修理论RCM（Reliability Centered Maintenance，以可靠性为中心的维修）、维修资源保障工程（人、机、料、法、环）、故障预测与健康管理（PHM）等为代表的新技术和理论，故障规律认知的发展过程如图1-13所示，维修策略进化过程如图1-14所示。

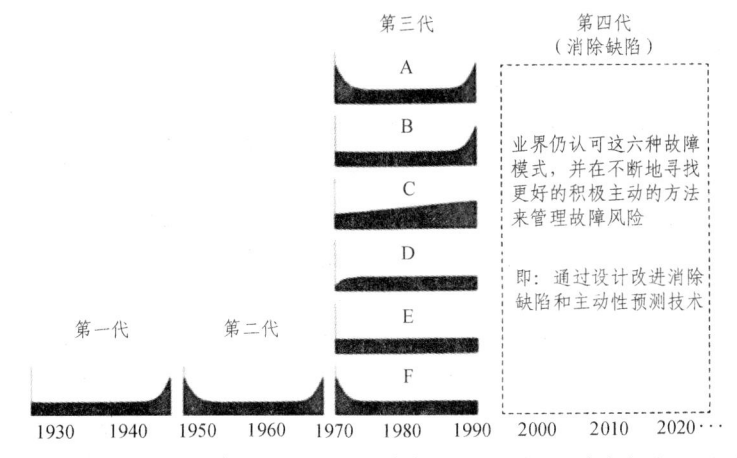

A—浴盆曲线；B—有损耗期；C—故障率稍增加；D—故障率先增加后恒定；
E—随机故障率（故障率不变）；F—高初始故障率后恒定。

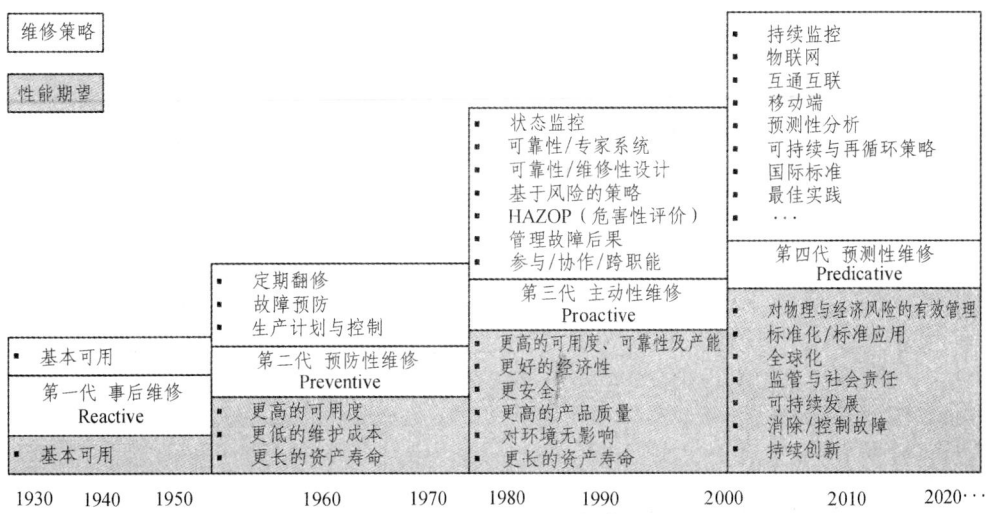

图 1-13 故障规律认知

图 1-14 维修策略进化过程

1. 第一代维修策略：事后维修+到寿命更换

20世纪早期，装备不仅结构简单、维修容易，而且故障后果不严重，故障带来的停工损失不大，该条件下主要采用故障后再修理的事后维修制度。该制度的优点是故障时间、故障部位、修理方式都比较明确，维修的针对性很强，一般不会出现过度维修，因此，对于故障后果可容忍或不严重的产品，事后维修是最佳选择。故障修是"不坏不修，坏了才修"的事后维修策略，适用于失效后不影响安全的设备，是一种被动的维修方式，一般需要停机维修，无法安排维修计划，若故障频发，会影响使用效率。

20世纪50年代早期，普遍认为故障直接和运行时间、运行里程相关，也就是说，故障率随着产品运行时间、运行里程的增加而增大，即认为一个部件持续运用并到达有效寿命，如果继续运用的话发生故障的概率会显著增加，因此在到达有效寿命之前进行大修或更换部件是有意义的且可以预防故障发生。人们相信一个复杂装备及其中的每一个部件都有一个"年龄，时间点"来进行大修，从而保证产品安全和运用的可靠性。

2. 第二代维修策略：预防性维修（定期检修）

20世纪50年代后期，随着电子、液压、气动等大量新技术的引入，由于对新部件没有任何运用经验，也无历史数据可用，所以这些部件的有效寿命也是未知的，但是还必须要进行定期维护，因此沿用既往"到寿更换"的维修策略。到了20世纪60年代早期，已经积累了一定的故障数据和试验数据，实践证明大多数设备的故障率是时间的函数，典型故障曲线称之为浴盆曲线（bathtub curve，失效率曲线），如图1-15所示。浴盆曲线是指产品从投入到报废为止的整个寿命周期内，其可靠性的变化呈现一定的规律。根据浴盆曲线规律采取相应的维修策略，认为部件失效符合"浴盆曲线"规律，失效分为三个阶段：早期失效期、随机失效期和耗损失效期，采用预防性的定期维修，即到寿命更换的方式防患于未然，以预防故障和事故的发生。这种定期维修，在减少事故损失上明显优于故障修，在设备维修中占据了统治地位。定期维修观念认为，部件工作会磨损，磨损到一定程度出现故障，就会影响装备安全，各类装备应当按照一定的时间间隔进行定期的维修，时间间隔越短，维修的次数越多，所维护的装备就越安全。

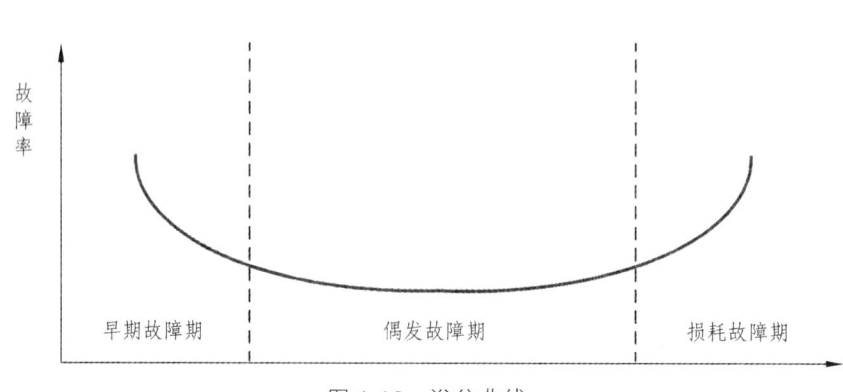

策略进化过程

图1-15 浴盆曲线

根据浴盆曲线故障规律采取不同的维修策略。

1）早期故障期

早期故障期是由于生产制造缺陷、组装不当、配合不良等原因造成的产品使用之初故障率较高的一段时期。一般产品都存在早期故障期，随着产品不断使用，缺陷产品不断暴露剔除，质量合格产品被保留，产品故障率会随着运用时间增加而逐渐减低并趋于稳定。为此对于重要部件和产品需要通过筛选试验将早期缺陷产品剔除，获得故障率低且稳定的产品，也称老练试验。

2）偶发故障期

偶发故障期为产品质量相对稳定，故障率较低的时期，该阶段除对产品进行必要的维护保养外，尽量减少不必要的维修（减少外部激扰）。

3）耗损故障期

耗损故障期为具有疲劳、磨损、老化等耗损故障模式的产品经过长期使用，会出现故障率明显上升的趋势的一段时期。在该阶段对产品进行检修、更换可有效预防故障的发生，这也是计划预防修的理论基础。浴盆曲线的底部长度（偶发故障期）反映了产品的耐久性水平，一般可作为首次检修期、使用期或检修期间隔的基准。但是采用这种传统的维修方式，在投入大量的人力和物力，进行周期性的深度拆卸检修后，仍不能达到满意的维修效果。以浴盆曲线为基础的预防性维修思想要点和问题如表1-2所示。

表1-2 预防性维修思想要点和问题

预防性维修思想要点	遇到的问题
故障的发生与发展都与运用时间或里程相关	定期拆卸的部件，绝大多数设备的有效寿命未充分利用，设备利用率低，浪费较大
任何一个机件出现故障，都可能直接影响产品的安全	产品的可靠性水平与检修期限并无必然联系，使用定期检修的方式，对于许多重要设备和部件的故障，并不能达到预期的效果（保持产品的固有可靠性），保证产品运用安全
通过多做维修可预防故障	维修工时和备件过多，增加维修成本；检修时间长，降低了产品的利用率
每个机件都存在耗损，采用单一的定期维修方式和离位分解检修的方式，可排除和预防故障	针对许多类型的故障，如复杂系统和电子设备，其故障是偶发的，采用简单的定期拆卸分解检修，不能有效防止或减少类似故障发生

3．第三代维修策略：主动性维修策略

为解决早期维修思想带来的问题，20世纪70年代后期统计了许多产品的故障率，找出了不同类型产品的使用时间与可靠性的关系。得出6种曲线，衍生出以可靠性为中心的维修思想，标准IEC 603003-11给出故障规律曲线如图1-16所示。

根据IEC 2001年的统计结果，只有29%的部件（故障模式A/B/C）故障规律为随时间增加而增加，采用定期维修及更换来预防这种模式的故障是可行的。故障模式D/E/F是随机发生的，经过模式D的初期条件性故障率增加及模式F的早期失效期间后，故障模型的概率在设备的剩余间隔期间是基本一致的。因此对于71%的故障模型来说实施定期的预防性维修及更换就没有意义了，因为故障率是基本恒定的，故采用状态修理念来视情况维修。

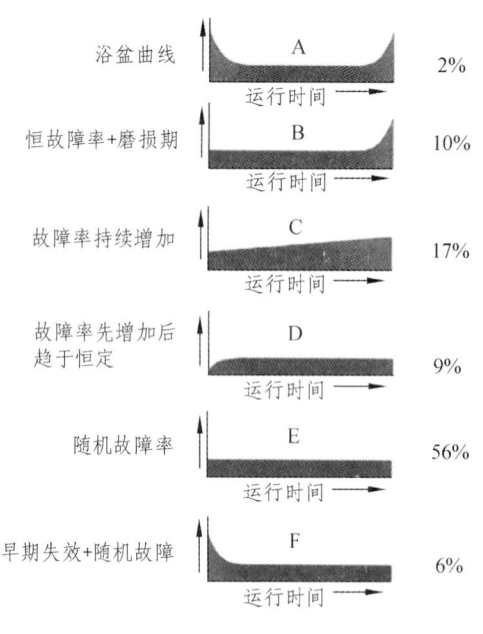

图 1-16　故障规律曲线

　　以可靠性为中心的维修（RCM，Reliability Centered Maintenance）是按照以最少的维修资源消耗保持装备固有可靠性和安全性的原则，通过对装备的故障规律及其影响进行深入分析，应用逻辑决断方法分析其维修范围、维修方式、维修周期和维修级别等，确定出预防性维修大纲，从而达到优化维修的目的。简单讲，RCM 就是针对装备的故障规律和可靠性特点，在安全性、可靠性、经济性综合权衡分析评价的基础上，科学确定维修范围、方法和时机，灵活地运用各种维修方式和策略，实现维修综合效率和效益的最佳化。

　　RCM 基本理念如下：

　　（1）维修只能维持或恢复产品的固有可靠性而不能提高其可靠性，产品可靠性与安全性是由设计赋予的固有属性，频繁维修会带来人为差错或人为损伤并导致早期故障。

　　（2）根据产品功能故障影响后果，结合故障规律，采用不同的维修策略和维修时机。故障后果是否可接受是确定计划维修任务的出发点，对于不影响安全、秩序的故障（尤其采用冗余设计规避了安全或秩序影响时），可从经济性角度加以权衡，采取故障修。而对于没有耗损性故障规律的产品或部件，定期维修或更新并不能预防故障后果，也不能降低故障率，应通过检查或功能检查维修任务，进行视情维修。

　　（3）RCM 提出了潜在故障、隐蔽故障和多重故障的概念。所谓潜在故障，是指对运行中的设备如不采取预防性维修和调整措施，再继续使用到某个时候会发生的故障，也就是说潜在故障是一种功能故障即将发生的可识别的状态。当潜在故障能够识别且与功能故障间具有稳定的间隔（时间、里程、次数等）时，通过对产品潜在故障进行检查和维修，可实现安全且经济的维修。隐蔽故障也叫隐蔽功能故障，是指一个单独的故障模式的影响针对正常操作者来说不是明显的多重故障，即由连贯发生的两个或多个独立故障所组成的故障事件，它会造成其中任何单点故障不能引起的后果。隐蔽故障若没有及时发现则可能导致多重故障，RCM 分析通常会针对隐蔽故障定义故障发现任务来排除隐蔽故障，防止多重故障的发生。

4. 第四阶段：预测性维修

预测性维修以故障预测与健康管理（PHM）技术为基础。PHM 技术是随着维修理念的转变和维修方式的变更而发展起来的一项新技术，诞生于 20 世纪 90 年代末。其有效地实现了由传统的事后维修、计划预防修向状态维修转变，由对故障的被动反应转向故障的主动预防，由传统的事后故障诊断转向基于智能系统的故障预测，实现在准确的时间对准确的部位进行正确的维修活动。

PHM 是指利用各类先进的传感器实时监测设备运行的各类状态参数及特征信号，借助各种智能推理算法和模型（如物理模型、专家系统、神经网络、模糊逻辑等）来评估装备的健康状态，在其故障发生前对故障进行预测，并结合各种可利用的资源信息提供一系列的保障决策，以实现装备的状态维修。PHM 技术发展可分为故障诊断、故障预测和系统集成 3 个阶段。

1）故障诊断阶段

故障诊断就是利用诊断系统的各种状态信息和已有的各种知识，进行信息的综合处理，最终得到关于系统运行和故障状况综合评价的过程。

2）故障预测阶段

故障预测是比故障诊断更高级的维修保障形式，是以当前装备的使用状态为起点，结合已知预测对象的结构特性、参数、环境条件及运行历史（包括运行记录和曾发生过的故障及修复记录），对装备未来任务段内可能出现的故障进行分析、判断和预报，确定故障性质、类别、程度、原因及部位，指出故障发展趋势及后果，向用户及时提出告警。

3）系统集成阶段

随着 PHM 技术的发展和 PHM 系统的研制、使用，现代 PHM 系统的开发人员正在面临一个新的挑战，就是要开发真正能够处理现实不确定性问题的诊断和预测方法，主要包括预计过程中对当前状态的估计和失效时间（或剩余时间）的预测，以及提前采取行动的允许时间的选择（预计未来还剩多长时间）和总体预测方法的选择等。

1.1.4.2 预防性维修为主的运维技术体系

2004—2006 年，中国高速动车组技术引进阶段，高速动车组开行初期运维技术体系主要采用计划预防性维修策略，运维理念是保运用保安全为主，动车组检修规程也秉承该理念。初始检修规程来源于动车组技术引进方，以及零部件供应商推荐，同时由于后期的运用故障增加，把部分部件的质量问题处置也纳入检修规程，造成检修部件越来越多，更换周期较短，检修规程偏于过修，检修成本偏高，部件检修也是如此。

预防性维修理念采取定期维修的策略来预防或减少部件故障。计划预防修以机械磨损理论为基础，在故障发生前采用定期检查、分解检修、部件更换等方式对装备防患于未然。实践中发现计划预防修体制在实际应用过程中也存在不少的弊端和不足。

1. 维修不足

一方面，由于高速动车组高度的集成化、复杂化、一体化，故障规律不再简单地遵循机械磨损理论，简单地按照固定周期进行预防性维修已无法完全防止功能故障的发生；另一方面，由于设备个体及动车组运行环境存在差异，而制定维修周期间隔时考虑的风险失效概率不可能覆盖所有个体，所以计划预防修体制依然存在维修不足的问题。对于关键部件来说，维修不足问题带来的后果是严重的，将直接危害动车组的运行安全。例如：检测动车组蓄电池由于使用频繁，运用工况复杂，运用故障率较高，基本运用到 240 万 km/6 年左右就需要到寿更换了，而一般载客动车组蓄电池由于使用工况较好，运用到 480 万 km/12 年蓄电池才到寿更换。

2．过度维修

鉴于动车组运行工况的差异、部件个体性能和制造的差异等因素，在制定动车组部件维修周期时往往过于保守，以保证动车组的运用安全和足够低的风险失效概率，所以对于动车组大部分部件来说，存在一定程度上的过度维修现象。

3．频繁维修造成的次生灾害风险高

一方面，由于频繁定期维修，人为破坏了设备原有的良好配合，降低了设备可靠性，导致了故障率升高；另一方面，由于维修作业避免不了人力的不可靠性，不必要的过度维修实际增加了作业类问题的发生，在这些年的动车组运维过程中作业类故障或事故并不鲜见。而且根据产品威布尔曲线，部分部件更新容易引入产品早期故障。

4．运用效率低

无论是因为"过度维修"占用预防维修时，还是因为"维修不足"导致故障维修时，或者是诊断监测装置设备的不足，都势必影响动车组的运用效率根据统计数据。2015 年全路动车组平均检修率达 14.22%，这意味着目前全路每天有大量动车组处于检修状态而无法上线运营，加上热备车，我国 75%左右的平均上线率与德国等欧洲国家 90%左右的上线率相比，仍有较大差距。

5．维修成本高

"过度维修"带来的最大影响就是不必要的维修产生的成本浪费，同时导致人力成本的居高不下。根据中国产业信息网数据，和谐号动车组 2015 年至 2020 年间，高级修的市场规模大致测算在 1119 亿，6 年间的复合增速高达 20.77%。

综上，由于动车组运维初期以保证安全性和可靠性为前提，对经济性和全寿命周期成本考虑不足，检修规程的制定缺乏科学的分析过程和分析方法，过多依赖原技术引进、供应商推荐和检修经验，主要采用以计划预防修（定时维修）为主结合故障修为辅的维修策略，造成过度维修，维修周期较长，维修成本较高，并严重制约了动车组的利用率。可见，中国高速动车组的检修体系需要打破现有的检修技术体系，基于我国动车组的运维实际情况，开发出适用的检修技术体系，实现检修技术自主创新，以适应动车组可靠性、运用效率及全寿命周期成本方面的需求。

1.1.4.3　以 RCM 为核心的主动运维风险控制技术体系

近几年来，随着高铁事业的迅猛发展，国内高速动车组配属数量快速增长，运用可靠性、运用检修效率、检修成本效益问题变得愈加突出，运维需求发生转变，强化了经济性需求，要求以较低的运维成本确保动车组安全、可靠地运行。

为响应"安全、质量、效率、成本"的需求,国内动车组转变了运维管理模式,以需求为牵引、对标国外先进的维修模式、进行技术改进和修程修制改革优化工作,在保证高速动车组运用安全的前提下,持续降低检修成本。随着技术发展,高速动车组呈现集成化、复杂化、机电一体化、网络化、智能化等特点,故障规律不再简单遵从磨损理论,修理越勤、检修范围越大、分解程度越深,可能引发的早期故障越多。由此,运用辩证法思想对高速动车组故障规律和机理进行全面、具体分析,引入了RCM(以可靠性为中心的维修)技术体系,强调更加科学地确定维修对象、选择维修方式、控制维修时机。

面向运维支持端,基于ASD、IEC等国际标准,动车组造修企业正在建立以RCM为核心的运维工程技术体系,开发检修支持产品,为用户提供体系化、全方位、多层次运维支持。以RCM为核心的运维支持体系如图1-17所示。

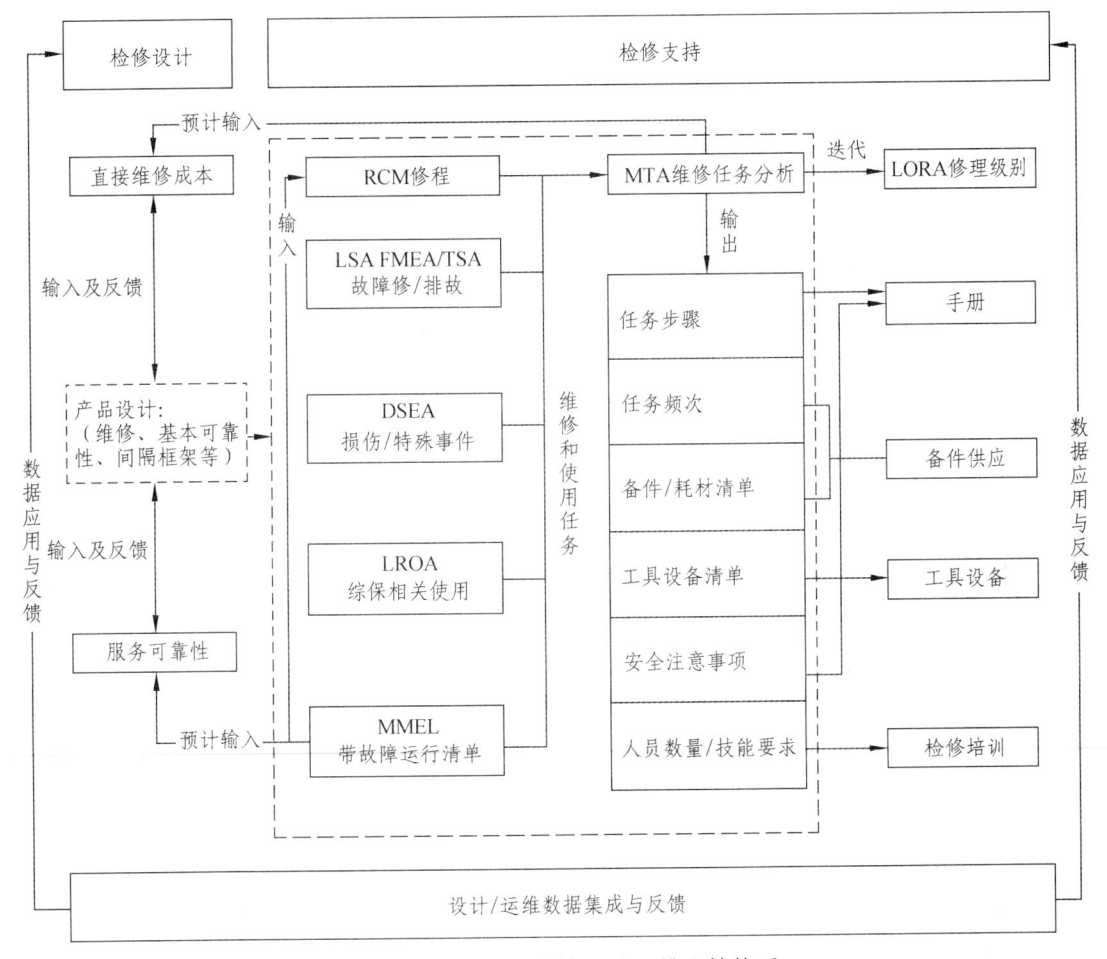

图1-17 以RCM为核心的运维支持体系

面向数据端,依托动车组运维管理系统、可靠性统计分析系统,采用大数据、云平台技术,挖掘数据的关联性,统计分析运用故障数据、检修数据,通过全寿命周期可靠性变化趋势分析,提出合理的全寿命周期检修要求,建立以可靠性为中心的检修体系和检修规程开发方法。以可靠性为中心的数据体系如图1-18所示。

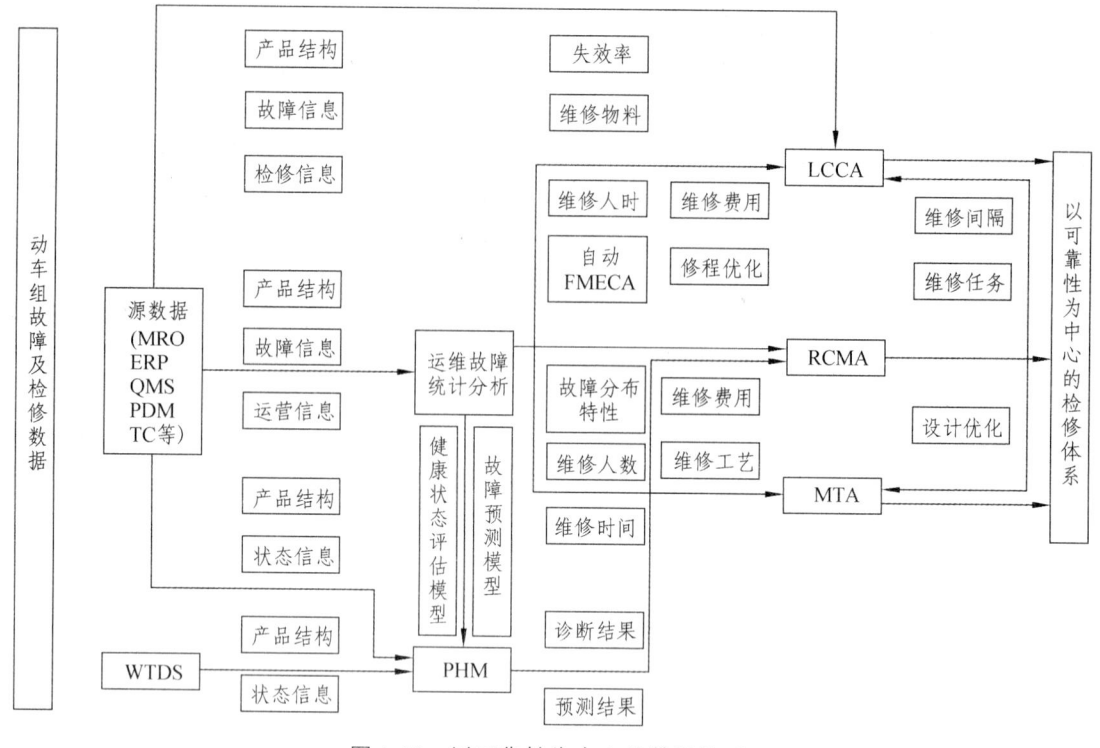

图 1-18　以可靠性为中心的数据体系

以四方股份公司为例，为了探索一条运维技术创新之路，切实提高车辆检修水平，开展了以下运维技术实践。

1．MRO 运维数据积累

建立 MRO 系统，对故障数据、检修数据、履历信息进行收集，为探寻车辆部件的失效规律，对部件性能退化趋势、寿命等进行统计分析，进而为制定科学合理的检修规程奠定基础。

2．维修策略探究对标

借鉴国外动车组及航空业维修实践，学习先进的修程修制制定方法，随着动车组运维数据和维修经验的积累，对车辆及零部件故障机理认知加深，引入以 RCM 为核心的主动风险控制技术，维修策略由原来的定期计划预防修向状态修转变，减少过度修并持续降低全寿命周期检修成本。

3．动车组全寿命周期成本（Life Cycle Cost，LCC）管控

从动车组设计、制造、运用、检修、报废全寿命各个阶段，核算全寿命周期成本，并将检修成本纳入设计考虑，对动车组检修规程进行成本分析，为修程修运维体制优化提供成本数据支撑。

4．PHM（Prognostics Health Management）系统引入

随着状态检测技术的发展，故障检测系统引入可有效监控动车组运用状态，使动车组状态监控、健康诊断和故障预测成为可能，有助于动组维修策略由预防修、故障修向状态修转变，有效保证了动车组运行的服务可靠性和安全性。

5．基于 RAMS（即：Reliability 可靠性、Availability 可用性、Maintainability 可维修性、Safety 安全性）的动车组设计改进

动车组设计充分考虑了安全性、可靠性、维修性和测试性，为实施现代维修制度奠定了技术基础。在产品采购技术条件中均提出了 RAMS 指标要求，在产品研发同时并行开展 RAMS 工程，充分运用了故障导向安全、功能冗余、损伤容限、标准化、模块化、互换性、网络监测、故障定位、故障隔离等 RAMS 设计方法和手段，提前进行故障预警、减轻故障后果、降低故障概率，在不降低整车安全性和可靠性的前提下，可更多地运用故障修、状态修等经济维修方式。

以 RCM 为核心的主动风险控制技术不再以预防部件故障发生为目的，而是主动地控制故障后果，基于设备运维数据探究设备功能故障和潜在故障的规律，通过风险门槛的设置，判断维修的最佳时机进而控制动车组运行风险，具体如图 1-19 所示。

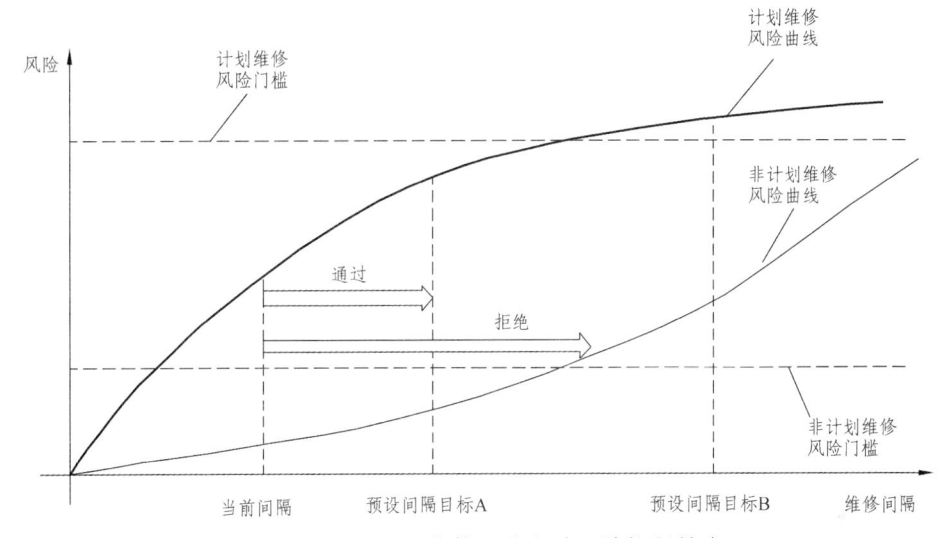

图 1-19 以 RCM 为核心的主动风险控制技术

基于 RCM 的主动风险控制技术是全链条闭环的技术体系，涵盖初始修程的制定、运营后的可靠性监控、修程持续优化、与 PHM 相融合的检修技术等，具体如图 1-20 所示。

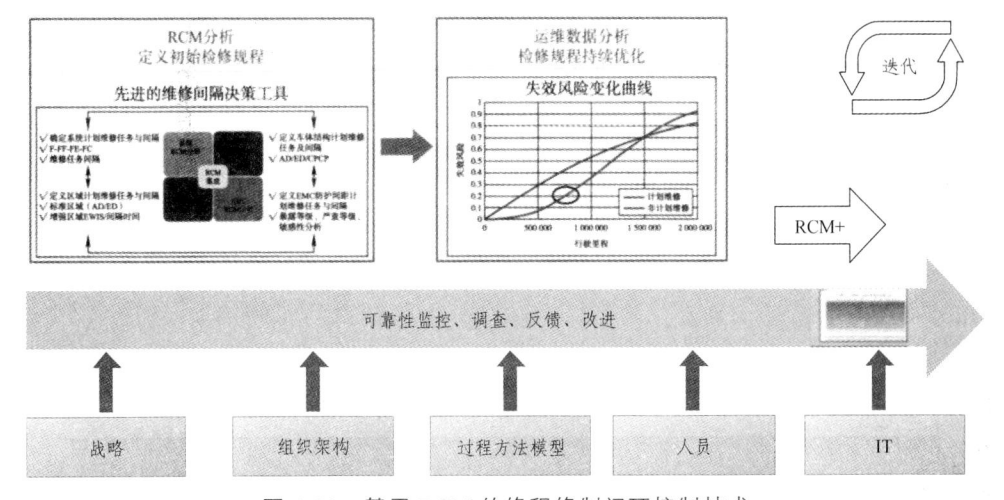

图 1-20 基于 RCM 的修程修制闭环控制技术

结合产品设计及运维特点，建立基于 RCM 的全寿命周期检修规程开发与优化技术体系，降低动车组全寿命周期运维成本，提高利用率，提升产品市场竞争力。一是 RCM 分析，结合逻辑决策与数据分析，优化检修规程中的维修项点，确定更合理的维修间隔；二是运维数据分析，基于运维数据分析，以可靠性、经济性、可用度为约束，持续优化检修任务间隔；三是可靠性管理，通过可靠性监控与调查，持续评估检修规程应用效果，反向驱动检修规程、维修工艺、产品设计等及时改进；四是 RCM+，结合 PHM 技术，使用数据分析任务代替传统物理检查任务，进一步降低成本。RCM 分析及运维数据分析用于确定合理的维修任务和维修间隔。以 RCM 为核心的主动风险控制流程如图 1-21 所示。

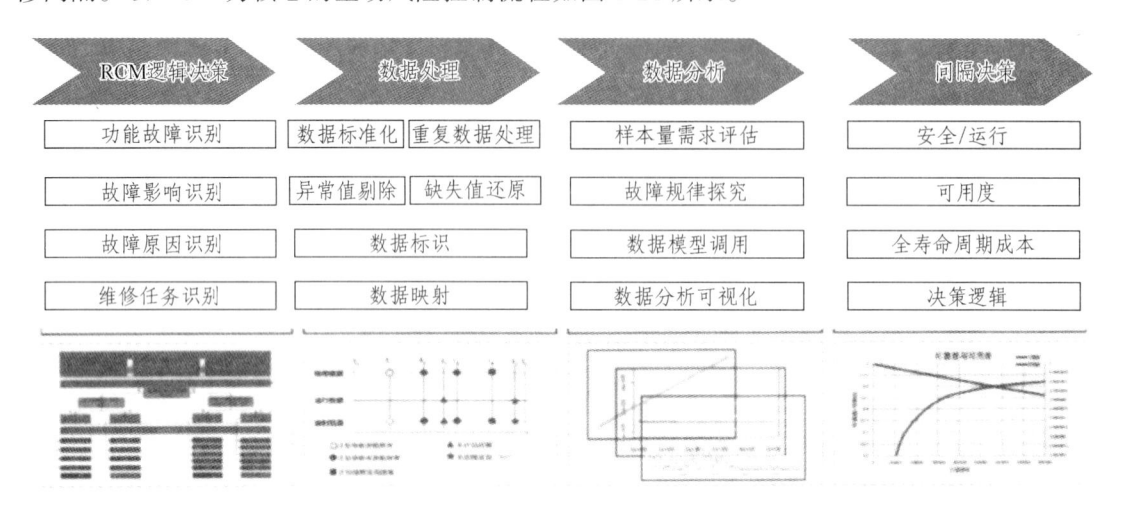

图 1-21 以 RCM 为核心的主动风险控制流程

以 RCM 为核心的主动风险控制流程如下：

（1）RCM 逻辑决策从系统功能故障出发，识别故障影响和故障原因，基于故障后果定义适用且有效的维修任务。

（2）数据处理，基于 RCM 维修任务获取可用数据。将不同来源运用故障数据和检修数据进行清洗处理，含剔除重复数据和异常值、还原缺失值、标识故障属性、故障里程映射等。

（3）数据分析基于数据清洗结果开展数据分析，包括样本量评估、故障规律探究、数据模型调用、数据分析可视化等。

（4）间隔决策基于数据分析结果及维修间隔框架，从安全性、可用性、经济性角度进行权衡决策维修间隔。将以 RCM 为核心的主动风险控制技术和 PHM 技术的引入并融合，标志着我国动车组检修体系迈入第三代检修技术行列。当 RCM 逻辑决策的维修任务能够由 PHM 检查方式替代，可实现由人检到机检的转变，降低维修工作量，提高检查精度。RCM 与 PHM 融合任务判断逻辑如图 1-22 所示。利用可靠性监控与调查体系，持续评估检修规程的适用性与有效性，反向驱动修程优化、工艺改进、设计改进、人员能力提升等，实现动车组检修闭环管理。可靠性监控流程如图 1-23 所示。

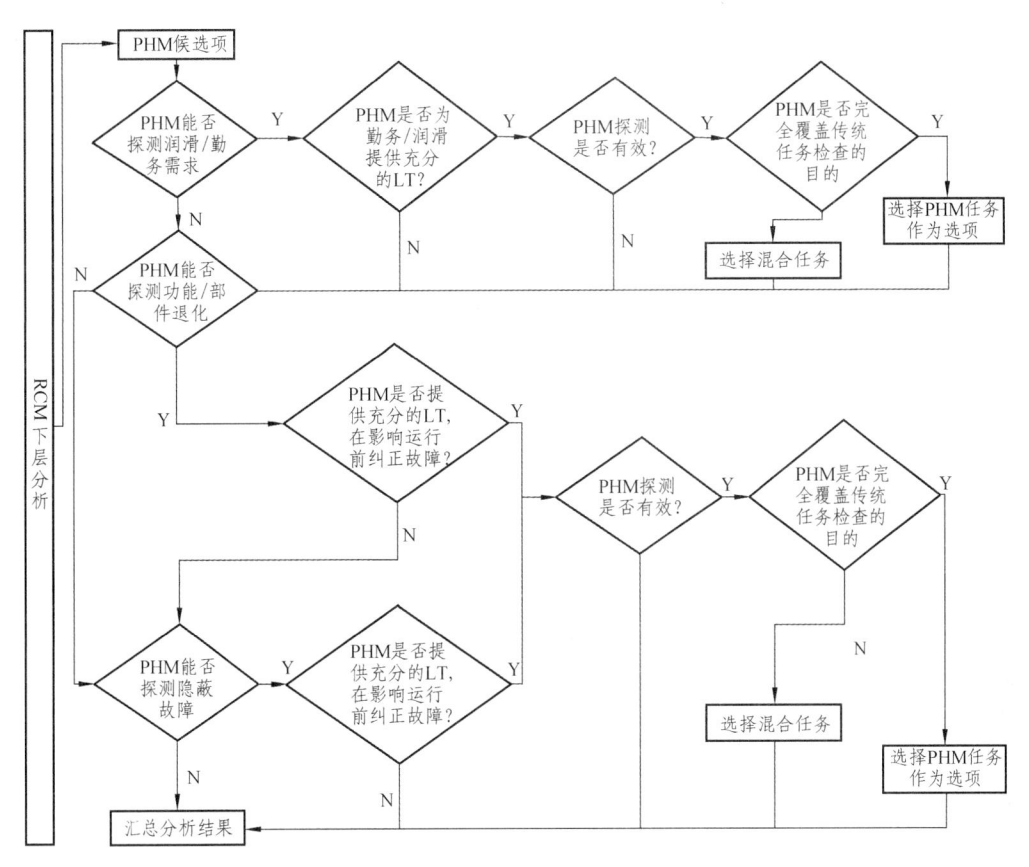

图 1-22　RCM 与 PHM 融合任务判断逻辑

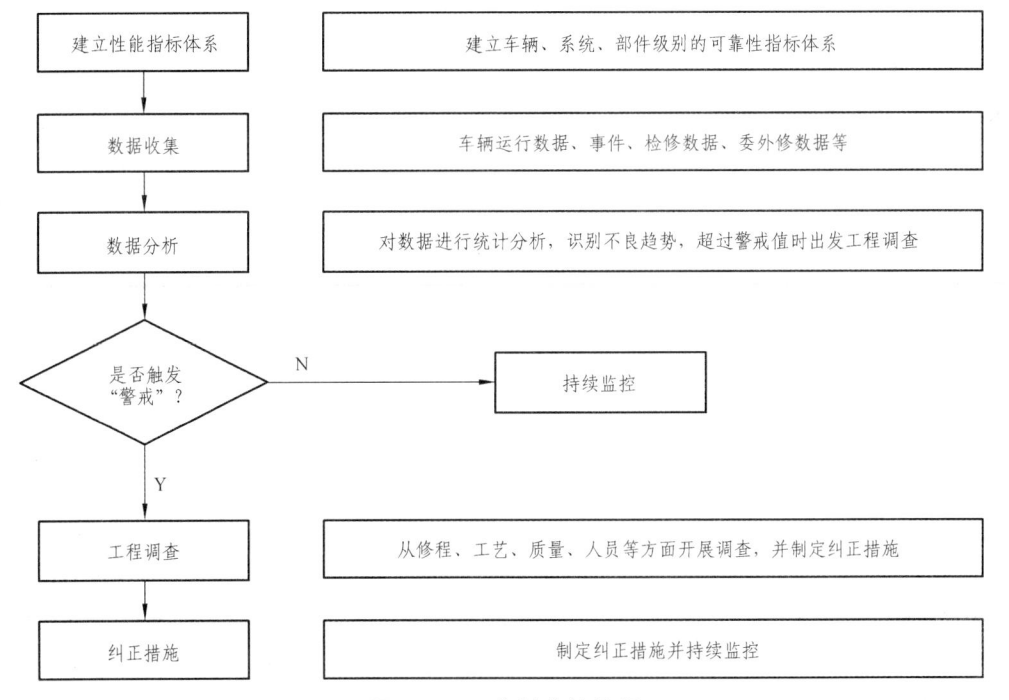

图 1-23　可靠性监控流程

1.1.4.4 以 PHM 为核心的预测性运维技术体系

动车组制造企业 PHM 系统自 2016 年启动建设。PHM 系统通过对动车组的数据记录及无线传输装置（WTD）反馈的数据进行实时分析，实现对状态异常动车组的预警提醒。依托 WTD 数据，整合利用检修、环境关联数据，在梳理历史运用故障及运用维修痛点的基础上，以保障安全、降低故障对运营秩序的影响和提升可维护性为出发点，以实现产品全寿命周期健康管理、修程修制优化、支撑产品设计优化为目标，构建了动车组 PHM 平台。PHM 平台功能如图 1-24 所示，涵盖数据接入、运行监控、时间管理、健康监控、视情维修、系统管理。

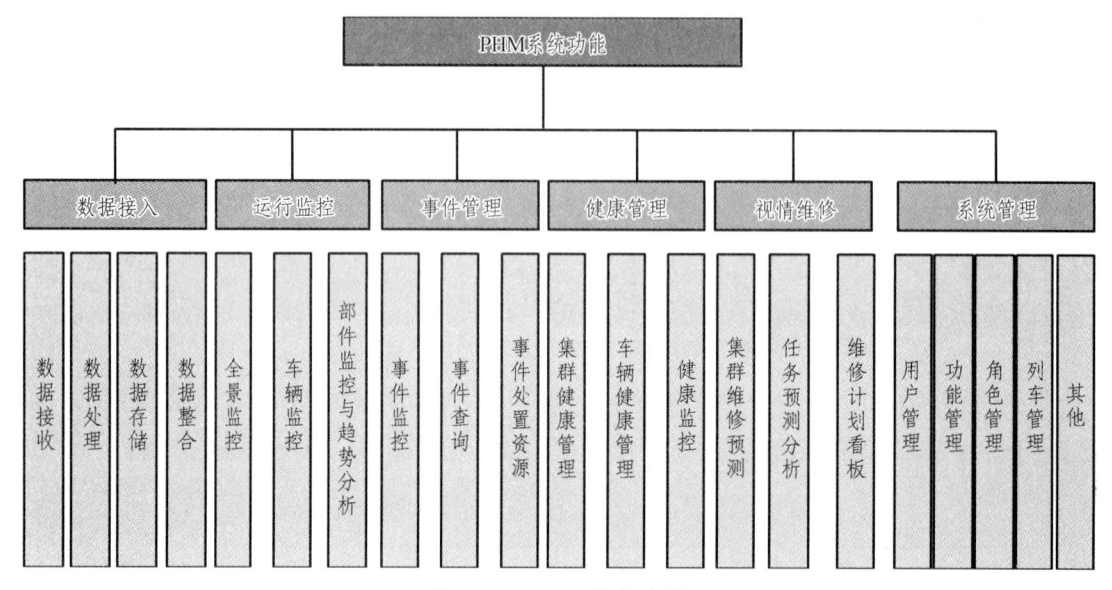

图 1-24 PHM 平台功能

PHM 平台功能在接入层、平台层、应用层展现，具体如下：在应用层，以监控中心、事件中心、资源中心为核心构成了远程技术支持中心，监控中心监控车辆运行状态与总体分布，事件中心进行故障和预防提示弹屏提醒，资源中心提供事件分析、车辆参数趋势分析、车辆档案资料、处置措施、健康管理等功能；在平台层，以大数据平台为核心，对车辆配置信息、实时总线数据、GPS 数据等进行采集处理；在接入层，主要包括车载数据和环境数据、动车组电子履历填报系统（EMIS）数据、企业全寿命周期数据等其他数据。基于动车组运营实时数据建立了实时轴温预判、总风泄漏、空转滑行异常、牵引变流器水温预警、超员提醒、WTD 通信异常等 100 多项成熟预警模型，并已向所有动车组配属路局开放。目前，已实现动车组在线运行监测和部分故障预防提醒，初步开展了视情维修探索，为保障运营安全和提升维护效率提供了支撑。PHM 模型应用实例如图 1-25 所示。

动车组制造企业远程技术支持中心以故障预测与健康诊断系统为核心，同时借助 MRO 系统、视频会议系统等信息化手段实现故障监控、应急响应及处置分析工作。主要优点：一是提高了故障分析处置效率，系统的实时预警功能，可及时掌握动车组异常情况，快速决策，指导售后服务现场检查处置；二是减少隐性问题所带来的安全隐患，系统能监测到一些人工所不能检测到的隐性问题，发现并及时处理，以防问题进一步扩大；三是降低了维修运用成

28

本，通过数据挖掘和模型诊断初步实现了牵引冷却系统滤网清洗等部分维修项目的预测修，在满足使用要求前提下降低了作业频次，节约人力、物力，提高了用户满意度。故障预测与健康诊断系统上线以来，提前发现部分潜在故障，回库处理后车辆状态恢复正常，有效降低了途中故障发生概率，提升了公司技术服务水平，为打造金牌售后服务提高了产品竞争力。

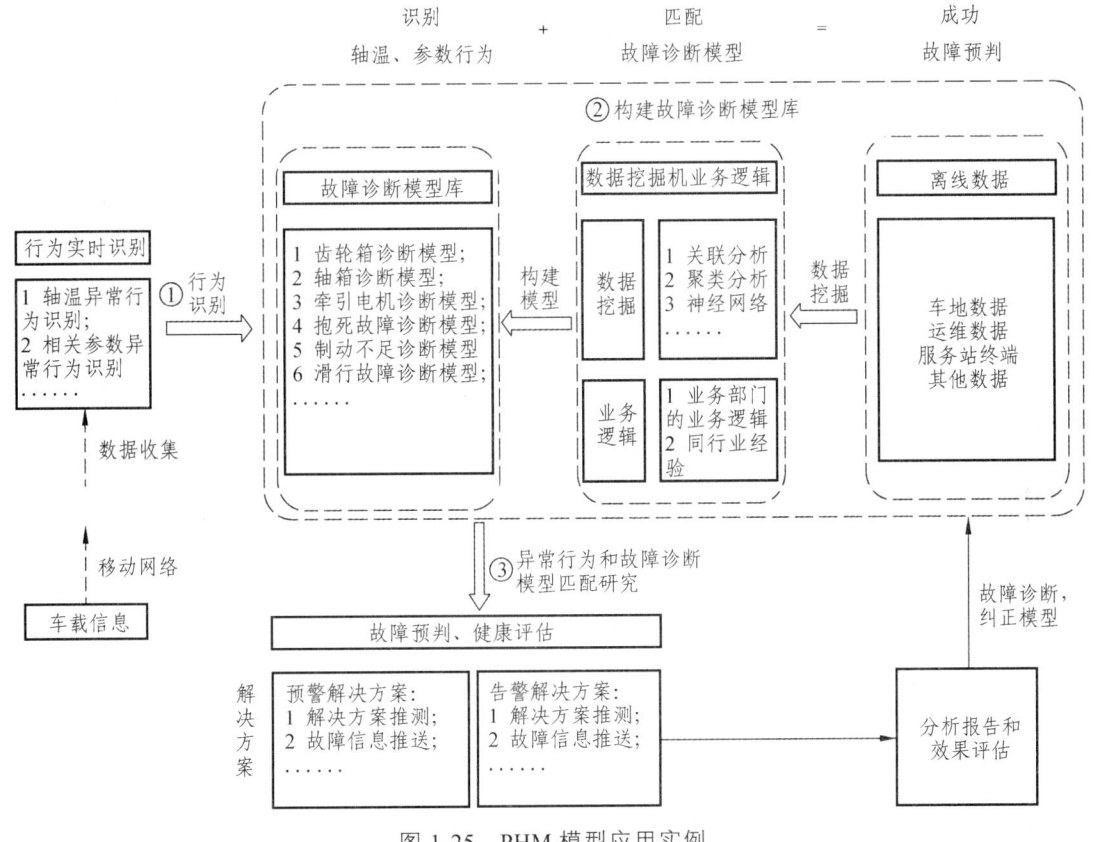

图 1-25 PHM 模型应用实例

1.1.4.5 全寿命周期数字化、智能化运维技术体系

随着车辆技术水平的进步和维修理论的发展，动车组的维修体制也在不断变革。基于 10 余年的动车组检修技术沉淀和运维数据积累，逐步走出了一条适用于我国高速动车组维修特点的检修模式自主创新之路：一方面，构建了以 RCM（可靠性为中心的维修）为核心的检修体系，为修程修制制定提供了科学、标准、闭环的体系方法，实现了从动车组定期预防性维修、故障状态修向主动风险控制的维修策略转变，支持修程修制制定及修程修制优化；另一方面，结合工业 4.0 数字化工厂的系统和框架，全面构建信息物理平台，实现人、机、料、法、环、测的互联互通，深化数据分析和应用，构建数据与知识驱动能力，打造智慧维修体系，基于轨道交通大数据平台建设，将"大数据+人工智能"融入车辆运维体系，为构建高效、快捷的动车组运维新模式奠定基础。实现智能化维修的前提是数字化，包括维修作业及管理数字化、领先的构型与数据管理，以实现维修过程透明化、可视化数据实时化，最终实现车辆运维数字化、智慧化。基于以上研究，结合企业现状数字化建设路径如图 1-26 所示。

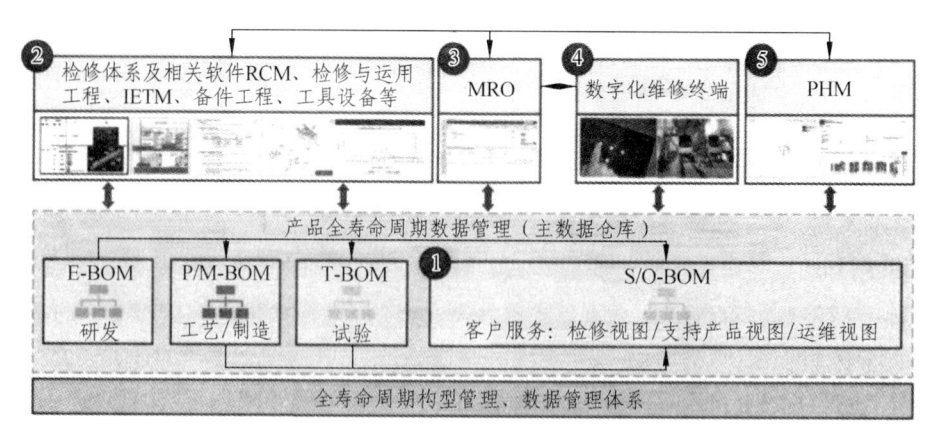

图 1-26 数字化维修建设路径

1．数字化维修建设路径

1）构建全寿命周期数据管理体系

基于设计/制造/试验 BOM（Bill of Material，物料清单），构建服务 BOM 和运营 BOM，实现数据体系规范、同源、标准化。

2）构建检修支持体系

主要包括以 RCM 为核心的检修运用工程分析体系、交互式电子出版物、备件工程、工具设备、培训等。

3）MRO 维修活动数字化

基于构型与数据管理体系、检修支持体系，建立数字化维修与工程管理、维修作业、资源调度、质量与成本管理环境，实现全数字化管理。

4）数字化维修终端

将数字化工卡推送至维修人员，维修人员不需要打印工卡，直接到达维修区域，维修作业记录直接通过终端传回维修控制中心，维修进程、维修资源消耗可视化。

5）PHM 与维修联动

车辆 PHM 故障预警时，维修控制中心根据维修需求，配置维修人员和资源，自动生成工卡并推送至维修人员，实现维修活动数字化、智能化管理。

2．数字化、智能化运维技术研究

未来在全寿命周期数字化、智能化运维技术体系方面需要开展以下方面的技术研究，实现全寿命周期闭环管理。

1）研发阶段的维修规划

维修规划是指研究并制订系统和设备维修方案及要求所实施的过程。动车组维修规划是指在设计研发阶段，依据现代维修思想和理论，按照寿命周期费用最优的原则，通过对动车组可靠性、可用性、维修性和安全性（RAMS）进行综合权衡设计，实现整车、系统及零部件的维修工程设计和规划。通过在研发阶段开展动车组维修规划研究，实现修程修制优生优育，可为其维修保障工作奠定良好的技术基础。

2）科学的维修保障体系

充分利用动车组可靠性、维修性和测试性特点，以确保安全性为前提，在现代维修理论指导下，在计划预防修为主的原则下，合理运用状态修、定期修、换件修、均衡修、委托修等维修方式和策略，科学优化检修范围、周期和级别，以达到提高动车组检修、运用效率和降低寿命周期费用的目的。

3）检修对设计的反馈闭环管理

尽管制造部门在设计研发时充分考虑了动车组的可靠性、维修性，但在检修实践中仍会发现许多不适于检修和运用的设计缺陷，通过对上述缺陷的消除和改进可大幅提高动车组的固有可靠性和维修性。加强动车组检修和设计部门间的技术交流和信息反馈，通过设计优化和改进提高动车组运用可靠性和检修效率。

4）数字化、可视化、智能化的运维体系

数字化、可视化、智能化维修融合了运用、管理、检修等多源数据，利用大数据技术建立基于物理仿真模型和数据驱动模型的混合模型进行特征提取、故障诊断、故障预测，并与维修部门进行大数据交互，提出预测性维修建议，以指导制定合理经济的维修计划和维修任务，既提高了车辆的安全性，也提高了维修经济性。

检修方面，通过采用以可靠性为中心的维修理念以及采用智慧轴承、齿轮箱芯片等新技术，动车组的检修正在由预防性维修向基于状态的检修及预测性维修转变，并呈现出向数字化、可视化维修发展的趋势，从而以最低的维修成本维持产品固有的安全性与可靠性；运用方面，融合云及虚拟可视化技术，建设基于互联网的导航式技术资料系统、基于需求预测的配件一体化系统、基于云的远程培训服务系统、基于虚拟可视化的远程协同指导系统，从而形成一体化综合性远程运维服务技术与支撑平台体系，为我国轨道交通装备制造业提供具有中国特色并可向全球覆盖应用的新技术、新体制与新模式。

1.1.5 运维体系运用效果与实例

在确保动车组运行安全性的前提下，根据实际运用和检修情况，结合检修规程、维修规则的制订，技术人员不断从检修周期、方式、内容、标准等方面进行优化，随着近几年高速铁路事业的迅猛发展，动车组配属数量快速增长，运用检修的效率、效益问题变得愈加突出，目前正在开展以确保质量安全、减少检修频次、优化检修标准、降低检修成本、提高运用效率为目标的修程修制改革。

1. 动车组一级修

一级修根据速度等级分类：时速为 300～350 km 的动车组，检修周期由运用（5000+500）km 或 48 h 延长至（7000+700）km 或 48 h，可根据运行交路实施人机配合交替作业，运用 48 h 利用机检作业方式开展一次一级修，机检正常不需要进入检查库，人工技检一级修的时间周期可由 48 h 延长至 72 h；时速为 200～250 km 的动车组，检修周期由运用（4000+400）km 或 48 延长至（600+600）km 或 72 h；时速为 200 km 及以下的运营动车组，检修周期由运用（4000+400）km 或 96 h 延长至（6000+600）km 或 96 h。特殊季节、特殊天气条件和经由特殊区段（飞絮、冰雪、风沙等），可根据情况适度缩短，铁路局集团公司根据运用实际情况自主确定一级修检修范围和标准。

2．动车组二级修

二级修项目除轮轴探伤周期及标准、车轮运用状态技术标准和检测方法外，由铁路局集团公司根据实际情况自主确定车轮旋修周期和其他二级修项目的检修周期、范围，并持续优化完善。

3．动车组高级修

复兴号动车组正在开展高级修里程周期间隔上限由 132 万 km 分阶段逐步延长到 165 万 km 的实车验证；正在开展 CRH2A/CRH2C/CRH380A 平台动车组高级修周期间隔由 60 万 km/1.5 年延长至 120 万 km/3 年的扩大实车验证，2021 年全面取消 CRH2A/CRH2C/CRH380A 平台动车组 60 万 km 三级修，由铁路局集团公司安排在动车所实施专项修；其他平台和谐号动车组正在开展高级修周期间隔由 120 万 km/3 年延长至 145 万 km/3 年的实车验证。

以四方平台动车组为例，截至目前，CRH380A 型动车组以 0.33 的百万公里故障率保持行业最低；CR400AF 型动车组百万公里故障率由上线之初的 11.91 降至目前的 0.12；动车组售后人员配置数量由 2010 年的 1.2 人/组降至目前的 0.5 人/组等。

1.2 认知心理学概述

1.2.1 认知心理学简史

在心理学的所有领域中，认知心理学可以追溯到古代哲学家对知识源头及其如何得到表征的思考。这些是认知心理学的基本问题，也是萦绕在人类心头的永恒问题。早期的理论是关于思想和记忆位于何处的。从古埃及的象形文字看，它们的作者相信知识位于心脏，古希腊哲学家亚里士多德也持这种看法，不过柏拉图反对此说法，他认为大脑才是知识的所在地。

有关知识在心智中是如何表征的这一问题，提出了两个视角——经验主义和先天主义。经验主义者坚持认为，知识来自一生所获的经验。例如，我们知道的一切都是学习所得。先天主义者则认为知识的基础是大脑的先天特征。也就是说，作为我们生来就有的"硬件"，大脑中装有一些既存的知识。

经验主义者的观点是这样的，例如，我们在高中的时候学过毕达哥拉斯定理：直角三角形的直角边长的平方和等于斜边的平方。毫无疑问，高中几何课上的经验产生了知识。然而，先天主义者会认为，有关三角形的知识可能在我们出生之前就已经存在于大脑中了，这为我们理解毕达哥斯拉定理打下了基础。

从科学的角度看，上述两个主义都无法完全证明自己的正确性，不能确定哪个主义更胜一筹。现在人们已经接受了更加中立的观点，认为从经验中获得的信息会得到与生俱来就具有接受能力的大脑的加工，这可以促进我们对这些经验的理解，从而形成知识。

18 世纪的文艺复兴时期发生了许多技术、社会和政治上的变化。科学开始崭露头角，不再畏惧教会的束缚。当时的哲学治疗（之后被称作心理学）发展到这样一个阶段：科学心理学开始成为一个重要角色。英国的经验主义者贝克莱、休谟以及后来的米勒父子提出，内部表征可以分为三种类型：①直接感觉的事件；②存储于记忆中的事件；③事件在思维过程中的转译形式。休谟在他的著作中谈到哲学家如何看待内部表征："通过想象，构建怪兽的模样，将无关的形状和外观联结起来，那是很容易的，不会比想象最自然的和最熟悉的事物更加困难。"在这段话中，休谟提到了内部表征和转译，并假定内部表征是根据可以定义的规则形成的，这种形成和转译需要时间和努力。尽管这些内容写于19世纪60年代，但都是现代认知心理学的基本假设。

在19世纪，心理学家开始从哲学转向建立一个以可检验的假设和经验数据为基础而不是以哲学思辨为基础的学科。早期心理学家的活动在这一进程中起到了显著的作用。到了19世纪后期，关于知识表征的理论又一次分为两大流派：结构和过程。德国的冯特（Wundt）和他的美国学生铁钦纳（Titchener）基于他们有关内省的研究强调了心理表征的结构，而奥地利的布伦塔诺（Brentano）强调了心理表征的过程或行动。布伦塔诺将内部表征看作心理学中无足轻重的、静态的实体，而把对于比较、判断和感受等认知行动的研究看作是心理学合适的主题。这些针锋相对的理论实际上延续了两千年前柏拉图和亚里士多德之间的争论。然而，与过去哲学家仅仅停留在思辨层面不同，心理学家开始运用实验来验证他们的理论。

几乎在同一时间，威廉·詹姆斯（William James）对蓬勃发展于德国、又被冯特的学生（如铁钦纳）带到了美国的新心理学进行了批判性的分析。詹姆斯在美国的哈佛大学建立了第一个心理学实验室，于1890年写下了心理学的权威著作——《心理学原理》，提出了一个关于心智的非常合乎逻辑的模型。詹姆斯认为，心理学研究的主题是我们对于外界事物的经验。詹姆斯的理论与当代认知心理学最直接的联系也许是他对于记忆的见解，包括了结构和过程。与詹姆斯同时代的唐德斯（Donders）和卡特尔（Cattell）同时正在进行这样的实验：他们让参与者对短暂的视觉呈现产生知觉，以此来研究心理操作所需要的时间。他们发表的众多实验报告都致力于解决我们现在所说的认知心理学中的课题。这些心理科学先驱的实验技术、研究主题、程序和甚至对结果的解释似乎都预示着半个世纪后一个正式的学科分支的诞生。

1.2.2 行为主义兴衰

随着20世纪行为主义的出现，我们曾经使用过的术语——知识的表征其命运发生了急剧变化。关于人类和动物心理学的行为主义观体现在将丰富多彩的经验还原为刺激-反应心理学这一理论框架之中。

结果，19世纪末建立起来的关于心智过程的心理学研究的概念体系突然变得落伍，取而代之的就是行为主义。关于内部心理操作和结构的研究（如注意、意识、记忆以及思维）"被打入冷宫"长达50年之久。那些投身于这类主题的研究者不得不重新构建他们在行为主义领域的工作。对于行为主义来说，内部状态属于"居间变量"的范畴，干扰变量被定义为一种假设结构，可以看作是刺激对行为产生作用的中间过程。由于他们仅对行为（人和动物所做的可以被客观观察的事情）进行观察，而不是考察支撑行为的心智过程，结果忽略了这些内部状态。

1932年，就在认知革命横扫心理学的前几年，加利福尼亚大学伯克利分校的行为主义学爱德华·托尔曼（Edward Tolman）发表了他的著作《动物和人的目的性行为》。在这一开创性工作中，托尔曼观察到老鼠在走迷宫的时候似乎知道迷宫中的位置关系，而不是一系列"刺激—反应"联结。托尔曼进行了一系列独创性的实验：训练老鼠学会通过一条迂回曲折的道路寻找到食物，结果发现老鼠会沿着食物所在方向的捷径行进，而不是一直沿着某条特定的道路走。也就是说，老鼠学会的是食物的相对位置，而不是如何获得食物，这使得老鼠在可以选择的情况下更倾向于走其他新异的（未训练过的）道路。这种不通过直接训练就可以学会的能力是行为主义学家悬而未决的问题。按照托尔曼的解释，动物逐渐勾勒出它所处环境的"图片"，该图片在以后寻找目标时可以派上用场。这种图片就叫作认知地图（见图1-27）。托尔曼实验中的老鼠可以从许多不同的出发点到达一个相同的目的地（那里有食物），表明它们拥有了自己的认知地图。这种"内部地图"实际上是老鼠表征环境信息的方法。他的关于动物认知地图的假说确实预示着当代人对知识在认知结构中如何得到表征这一问题的关注。

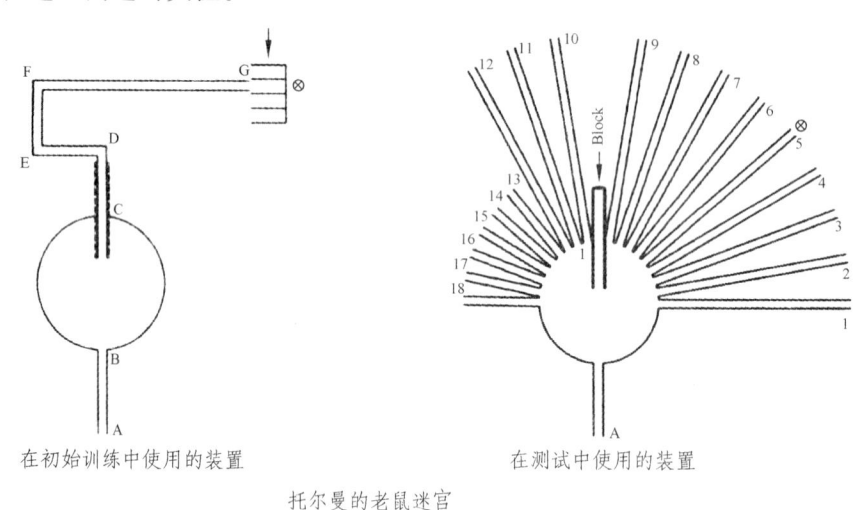

图1-27 托尔曼动物认知地图实验

1932年还发生了另一件重大事件，剑桥大学学者巴特利特（Frederick Bartlett）写下《记忆》一书，他反对当时流行的一种观点：用无意义音节就可以研究记忆和遗忘——这是艾宾浩斯（Ebbinghaus）在前一个世纪提出的。巴特利特提出，欲研究人类记忆，只有在自然条件下使用丰富且有意义的材料而非无意义音节这种人为刺激，才能得到更为有意义的结果。巴特利特要求参与者阅读一则故事，然后努力回忆尽可能多的内容。他发现，故事回忆的一个重要方面是参与者对于故事的态度。用巴特利特的话来说，"回忆在很大程度上是建立在这种态度的基础之上的。而且它的主要作用就是为态度提供辩护。"实际上，你回忆出来的故事内容是建立在故事创造的总体印象之上的。因此，对于具体事实的回忆就会倾向于进一步确证参与者自己的印象，这会导致对事实的扭曲或者填补缺失的部分。

托尔曼用实验动物所做的研究，巴特利特用人类参与者所做的研究，都说明从感觉得来的信息是以抽象表征的形式存储的。他们的观念与20世纪30年代的时代精神是背道而驰的，这种时代精神集中关注着动物和人类的外显行为。由于行为主义无法充分地解释他们的发现，这些研究以及接下来20年的其他研究在行为主义衰落的过程中越来越有影响力，它们对未来认知心理学家的思考具有重大影响。

在20世纪50年代，学者们的兴趣再次开始集中于认知过程。随着心理学家越来越转向对认知过程的研究，新的期刊和专业组织也建立起来。在对认知过程的研究越来越明显地崛起的情况下，人们明白，不同于被行为主义统治的 20 世纪 30、40 年代的时尚，一个的崭新的心理学正在出现。1956 年，乔治·米勒发表了他的里程碑式的论文《神奇的数字 7±2：我们的信息加工容量的某些极限》，它将认知的经验评价带到了最前沿。

在米勒发表论文的那一年，还发生了引爆认知革命的事件。1956 年的夏末，在美国麻省理工学院召开了一个信息理论研讨会。信息通信领域的许多领军人物出席了会议，聆听包括乔姆斯基（Noam Chomsky）（语言学），布鲁纳（Jerome Bruner）（思维），纽威尔（Newell）和西蒙（Simon）（计算机科学），以及米勒（Milly）（信息加工）在内的多位学者的演讲。研讨会对许多与会者产生了不可磨灭的影响，他们普遍感觉到某种新的因素正在诞生，它将显著改变关于心理过程的概念。数年后，米勒在反思这次会议时写道："从研讨会归来时，我产生了一个强烈的信念，这个信念与其说是理智的，不如说是直觉的。我想，人类实验心理学、理论语言学和对认知过程的计算机模拟，都是一个更大的整体的组成部分；未来我们将可以看到这些学科所共同关心之处逐渐完善和相互协调。20 年来，我一直在为建立一门认知科学而工作，而且这种努力在我知道这门学科的名称之前就开始了。"

前面说过，认知心理学的很大一部分内容是阐述知识是怎样在心智中表征的。关于知识表征的活跃研究又使人想起了几个世纪以来同样的基本问题：知识是怎样获得、存储、转译和运用的？什么是意识？意识中的观念是从哪里来的？知觉和记忆指的是什么？什么是思维？上述认知能力是怎样发展起来的？

上述问题体现了表征知识的基本论题——观念、事件和事物在心智中是如何存储的。但是直到 20 世纪 60 年代，奈瑟（Ulrich Neisser）写成第一本认知心理学教科书时，才把能够代表认知心理学新领域的这些分散的主题集合起来。不管是过去还是现在，认知心理学都在不断地对心智过程进行科学探索，通过将这些领域新的方法、学科以及思想结合起来，进一步完善自身的定义。

1.2.3　认知心理学本质——信息加工

认知心理学（Cognitive Psychology）是以信息加工观点为核心的心理学，又可称作信息加工心理学。它兴起于 20 世纪 50 年代中期，其后得到迅速发展。认知心理学以其新的理论观点和丰富的实验成果迅速改变着心理学的面貌，给许多心理学分支以巨大的影响，当前已成为占主导地位的心理学思潮。在此期间，认知心理学在丰富的研究成果的基础上，也逐步形成了自己的内容体系，因而它也被看作心理学的一个新的分支。从世界范围来看，认知心理学的兴起和壮大是近 30 年来心理学中出现的一件大事，对心理学的发展有深远的意义。需要指出，在当前的心理学文献中，有时也将一切对认知（Cognition）或认识过程的研究，包括感知觉、注意、记忆、思维和言语等，都统称为认知心理学。但是，目前所说的认知心理学主要是指以信息加工观点为特征的心理学，即信息加工心理学。

认知心理学运用信息加工观点来研究认知活动，其研究范围主要包括感知觉、注意、表象、学习记忆、思维和言语等心理过程或认知过程，以及儿童的认知发展和人工智能（计算机模拟）。所谓信息加工观点就是将人脑与计算机进行类比，将人脑看作类似于计算机的信息加工系统。但是这种类比只是机能性质的，也就是在行为水平上的类比，而不管作为其物质构成的生物细胞和电子元件的区别。换句话说，这种类比只涉及软件，而不涉及硬件。作为信息加工系统，人与计算机在功能结构和过程上，确有许多类似之处。例如，两者都有信息输入和输出、信息贮存和提取，都需要依照一定的程序对信息进行加工。信息加工观点将计算机作为人的心理的模型，企图对人的心理和计算机的行为作出某种统一的解释，发现一般的信息加工原理。

1.2.3.1 信息加工的一般原理

关于信息加工的一般原理，Newell 和 Simon 提出了迄今最为完整的说明。他们认为无论是有生命的（人）或人工的（计算机）信息加工系统都是以操纵符号（Symbol）的方式，符号是模式，如语言、标记、记号等。在信息加工系统中，符号的功能是代表标志或指明外部世界的事物。一些符号通过一定联系而形成符号结构（Symbol Structure）。符号结构又可称作语句（Expression）。符号和符号结构是外部事物的内部表征。但是，符号不仅可以代表外部事物，而且还可以标志信息加工的操作。一个符号结构可以标志另一个符号结构，或标志某个程序。信息加工系统得到某个符号就可得到该符号所代表的事物，或进行该符号所标志的操作。Newell 和 Simon 进而认为，信息加工系统也就是物理符号系统（Physical Symbol System）或符号系统。之所以冠以"物理"一词，目的在于强调这种符号系统确实存在于现实世界之中，或者在现实世界中是可以实现的。

Newel 和 Simon 认为，包括人和计算机在内，信息加工系统都是由感受器（Receptor）、效应器（Effector）、记忆（Memory）和加工器（Processor）组成的，其一般结构如图 1-28 所示。感受器接收外界信息，效应器作出反应。信息加工系统都以符号结构来标志其输入和输出。记忆可以贮存和提取符号结构。加工器包含 3 个因素：① 基本信息过程（Elementary Information Processes），如制作和销毁符号，制作新的符号结构和复制、改变已有的符号结构，以符号或符号结构来标志外部刺激并依据符号结构作出反应，以及贮存符号结构，进行辨别、比较等；② 短时记忆，它保持基本信息过程所输入和输出的符号结构；③ 解说器（Interpreter），它将基本信息过程和短时记忆加以整合，决定基本信息过程的系列。对基本信息过程系列的规则的说明即构成程序，它是信息加工系统的行为的机制。这也是解说器名称的由来。信息加工系统的上述功能也可概括为输入、输出、贮存、复制，建立符号结构和条件性迁移。照 Newell 和 Simon 看来，凡具有这些功能的系统必然表现出智能行为，同样，凡表现出智能行为的系统必然具有这些功能。这样，以符号操纵为基础的信息加工系统就具有对环境的适应能力，表现出目的性行为。这种系统的加工能力是有限的，加工方式是系列的。

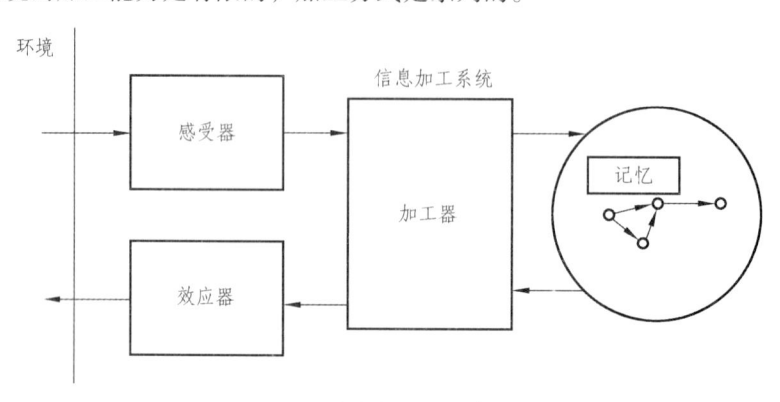

图 1-28 信息加工的一般结构

1.2.3.2 认知心理学的实质

目前，对 Newell 和 Simon 的符号系统的学说存在着争论，但这个学说比较集中地体现了信息加工观点的特色。将这种观点应用于心理学，自然会得出一些重要的心理学结论：第一，心理学应当研究行为的内部机制，即研究意识或内部心理活动；第二，心理过程可理解为信息的获得、贮存、加工和使用的过程，或者一般地来说，经历一系列连续阶段的信息加工过程；第三，可以并应当建立心理过程的计算机模型（计算机程序）。这些结论勾画出心理学的信息加工范式，构成认知心理学的框架，同时显示出认知心理学的特色。

从这些结论可以看出，认知心理学的实质就在于它主张研究认知活动本身的结构和过程，并且把这些心理过程看作信息加工过程。例如，汽车司机在十字路口见到红灯而停车，照认知心理学看来，这个事件经历了一系列连续的信息加工过程，并在不同的阶段有不同的加工。简单地说，首先是红灯及其他有关刺激的信号进入视觉系统而被登记；其次，在注意的作用下，红灯信号得到识别并转到短时记忆，再与从长时记忆中提取来的红色交通灯的信息相匹配；然后根据已经掌握的遇红灯停车的交通规则来作出停车的决定，再进行停车的实际操作。认知心理学对这个事件的解释不仅与取消意识和内部心理活动的行为主义有根本区别，而且比以往任何一个心理学思潮似乎都更好地表明心理活动的特殊性及其内部机制。

在认知心理学出现以前，心理学家主要关心的是心理活动的生理机制或神经机制，在某些情况下，甚至将心理活动的机制归结为生理机制。在行为主义占统治地位的情况下，这种倾向带有反抗行为主义的含义。当然，研究心理活动的生理机制是心理学的重要任务之一，但是，心理活动的机制不能归结为生理机制。认知心理学倡导信息加工观点，实际上是在高于生理机制的水平上来研究心理活动，也就是立足于心理机制研究信息加工过程。人们在认知心理学中看到的各种心理过程的模型就是如此，如众所周知的包含瞬时记忆—短时记忆—长时记忆的记忆信息的三级加工模型。同时，在研究内部心理机制时，认知心理学还强调策略的作用。由于信息加工系统的能力有限，人不能同时应用一切可能的信息，也不能采取一切可能的行动，因此人必须采用一定的行动方案、计划或策略，从而体现出人的主动性和智慧性。认知心理学的这些看法是有道理的，富有启发性。其实，早在认知心理学出现之前，心理学家就曾尝试揭露有别于生理机制的内部心理过程，其中突出的有符兹堡学派的思维研究、格式塔心理学的知觉研究，后来还有英国著名心理学家 Bartlett（1932）的记忆研究。但是，格式塔心理学强调综合而忽视分析，符兹堡学派侧重心理内容，都不可避免地限制了对内部心理机制的研究。它们的有益部分被认知心理学所继承。认知心理学的功绩主要不在于它主张研究内部心理机制，而在于它提出了研究这种机制的新的方向，即信息加工观点。这种观点因强调研究心理活动本身的结构和过程而带有更多的心理学色彩，并能使各种心理过程有机地统一起来。正像人们所指出的，在以往的心理学中，关于知觉是讲格式塔心理学、关于学习是讲条件反射，而记忆和思维则是一个大杂烩，现在认知心理学可用统一的语言对这些概念予以描述。但这并不意味着认知心理学否定生理机制的研究，其实它只不过是强调了内部心理机制的研究而已。生理机制的研究将有助于心理机制的研究，这一点容易被人们理解和接受。但心理机制的研究反过来可以促进生理机制的研究，这却是不易为人们接受的。苏联著名心理学家 Jypn（1973）曾经指出，记忆的脑机制的研究，长期以来之所以进展缓慢，在很大程度上，是由于绝大多数生理学家对近 30 年来心理学家揭示的记忆过程结构的复杂性估计不足。

认知心理学的核心是揭示认知过程的内部心理机制，即信息是如何获得、贮存、加工和使用的。尽管目前一些心理学家对认知心理学的对象有不同的表述，侧重的方面有所不同，但他们所涉及的实际上都还是认知的内部心理机制问题。于是可以进一步说，认知心理学是阐述智力的本质和过程的，它是关于智力的理论。由于认知心理学强调研究意识和心理机制，它被称作心理学中的"心理主义"（Mentalism），并且又由于它强调人的行为受其认知过程的制约，而被看作一种带有强烈的理性主义色彩的心理学理论。

1.3 认知神经科学概述

1.3.1 认知神经科学简史

微课：认知神经科学概述（上）　　微课：认知神经科学概述（下）

认知神经科学（cognitive neuroscience）这一科学领域是19世纪70年代在纽约市一辆出租车的后座上被命名的。当时，MS·Gazzaniga正与杰出的认知心理学家George A·Mler一同乘车去参加晚宴。那个晚宴是为来自洛克菲勒大学和康奈尔大学的一批科学家举办的。他们那时正通力合作致力于研究大脑如何产生心智——这是一个尚未命名的新学科。走下出租车，"认知神经科学"这一术语就诞生了。它来自"认知（cognition）"和"神经科学（neuroscience）"这两个词："认知"即知觉和认识的过程（也就是那些产生意识、感知和推理的东西），而"神经科学"则是研究神经系统的学科。这个术语似乎是对理解"有形大脑的功能如何产生无形心智的思维和想法"问题的完美描述。因此，这个术语得到了科学界的认可。

著名哲学家Soren Kierkegaard在他1846年的日记里写道：

"一个人简单而由衷地说他不懂意识如何产生，这应是再自然不过的事了。而一个人眼睛紧贴显微镜不停观察，观察再观察，却对这些究竟如何发生还是无所知，……如果自然科学在苏格拉底时代就已经像它现在这样发达，那么所有的诡辩家都会是科学家了。人们会在他们的店铺外面挂一台显微镜以招徕顾客，然后贴一幅广告：快来通过一台巨型显微镜了解和见证人是如何思考的吧（如果苏格拉底读到这条广告，他会说：不会思考的人才会干那种事）。"

诺贝尔奖得主Max Delbruck（1986）在他的著作《心智来自物质？》（*Mind from Matter*？）中以上面那段引文开始他关于宇宙演化的引人入胜的描述。Delbruck的观点是开始于19世纪的现代思想的一部分：观察、操作、测量并决定大脑如何完成它的工作。坐在扶手椅上思辨是件奇妙的事情，它产生了诸如理论物理和数学这样令人着迷的科学。但为了了解一个生物系统如何运作，人们必须建立实验室做试验。由内省产生的想法可能很有说服力而且很吸引人，但它们对吗？哲学可以加进它的观点，但那是正确的吗？只有科学的方法可以在确定性的基础之上讨论问题。

1.3.2 认知神经科学与认知心理学的关系

当代的心理学家运用神经科学领域的信息和技术，神经科学家也运用认知心理学的信息和技术，这么做有几个理由：

（1）需要为心灵的理论构想探寻物理上的证据。对人类心灵特性的探索甚至可以回溯到人类历史的起点，但是这种探索因为用以支持其观点的证据本身贫乏无力而频频遭遇挫折。精密设备的开发，使得人们能够从物质层面上确定重要的心理过程的存在，比如语言、知觉、形状识别、思维、记忆，以及其他的认知功能。

（2）神经科学家需要将他们的发现与对脑和认知的更全面的理论模型联系起来。即使能够确认神经的功能的所有细枝末节，单凭这些还是不能使我们了解神经网络和神经系统的属性，而这些知识是理解认知事件，理解我们人类如何完成各种无论琐碎还是重要的日常活动所不可或缺的。

（3）临床上试图探寻脑的病理机制和行为之间的关联。多少年来，神经病学家一直都想了解脑部的外伤、损伤、梗塞、血栓和肿瘤是以怎样的方式来影响行为的，以及应该采用什么样的方法来缓解有关的症状。要解决这些问题，需要对脑的机能和心理学有确切的理解。反过来，想要用心理疗法治疗遭受器质性损伤的病人的心理学家需要更好地理解此类问题行为的生理病因。

（4）神经科学层面上的功能越来越多地参与到心灵的理论模型中。认知心理学家尤其对平行分布式加工（PDP，又称为联结主义或神经网络系统）感兴趣，他们所关注的就是寻找与神经科学层面的结构和功能相一致的心理学模型。

一些计算机科学家试图通过开发与人脑的运行方式相类似的计算机来模拟人类的认知和智能。这种解决脑和计算机问题的方法有时被称为神经网络构造法。其中的一个分支领域是感知器，它是用计算机的构造来模拟神经网络。"感知器"这个词最早于1957年被一位康奈尔航空实验室的科学家罗森布拉特（Frank Rosenblatt）使用。他也建造了最早的神经网络之一。这些计算机的构造和功能的进展取决于对脑的构造和功能有详尽的理解。

技术的进步使得科学家能够深入探究人脑内部并揭示出先前闻所未闻的结构和过程。包括正电子射线断层扫描技术（PET），计算机辅助轴向断层扫描技术（CT）、磁共振成像技术（MRI）和脑电图技术（EEG）。由于计算机技术和大脑扫描技术的进展，运用这些基本上非侵入式的工具成为了可能。

理解我们的祖先所面临的适应性问题可以指引我们搜寻用来解决它们的认知模型，以及那些认知策略背后的神经基础。有四个问题可以用来考虑将认知心理学和认知神经科学绑定在一起的重要性：① 大脑中用来控制特定类型认知功能的神经环路在哪儿？② 什么类型的信息得到这些环路的加工？③ 这些环路具体表现为什么类型的认知策略？④ 这些神经环路（和其所导致的认知功能）在捕猎者群聚的环境中实现什么功能？这些问题可用来驱使我们思考认知的神经生理基础是通过自然选择形成的，并且它是用来为解决我们祖先所面临的困难而服务的。

1.3.3 细胞机制与认知形成

1.3.3.1 心身关系问题

哲学的一个早期问题就是身体究竟是如何运动的。笛卡尔举例说，一个人把手伸进火堆而感受到热能，然后几乎不需要思考就会把手缩回来。为什么身体会如此运作？这究竟是某种机械特征还是有意识的思考过程的一部分？

笛卡尔相信联结手和大脑的"细丝"启动了大脑，从而释放某种流体使手臂得以将手从火堆中缩回。他将这种"细丝"称为反射弧。虽然听上去或许有点可笑，笛卡尔的这个观点是基于当时的现代化机械产生的。在这一时期，巨大的布谷鸟钟正被制造出来，并且通过齿轮和弹簧运动，每到整点就会有小人从钟里吐出。水景园在当时同样流行，其中有类似人类的自动装置利用水力挥动手臂、摆动双腿。通过将这两种技术结合，笛卡尔认为我们的神经系统采用同样的运作模式也是合情合理的。

自从笛卡尔之后，哲学家们就沉浸在有关心身关系的问题中。我们现在知道，任何心理层面上（心）的事件同时也都是神经层面上（身）的。值得注意的是，我们人类同时存在于这两个世界中。

由物质构成的世界，其中的事物存在于特定的时空之中，例如岩石、数目、钟表和机械。这些事物具备物理特征，遵循物理法则，例如：重力法则支配下落物体，离心力法则控制旋转物体。而对于生物来讲，它们同样包含神经科学法则，从而调节着神经冲动从一个神经元向另一个神经元的传递。虽然我们不能说身体和石头（或者树木）是同一类，但它处在物理世界（如石头和树木）中，并且有些人认为身体在根本上就是区别于意识的。

心理的世界是由记忆、思想、观念、想象等构成的。它们也同样受到法则的支配，尽管有时候发现这些法则比发现那些物理世界的法则困难得多。

由于传统上，我们采用了不同的技术分别探寻这两个世界里的规律，很多哲学家和科学家认为它们之间存在根本差异，是相互独立的。二元对立的结论就是建立在这样的假设之上：一个世界关注的是物质的领域，或曰身体；而另一个世界的核心则是精神的领域，或曰心灵。心灵和身体的分离从直观上看是合理的，或者说是不证自明的。但是，这两个世界之间的相互作用也同样是不证自明的。

尽管二元论者相信心和身可以共存，他们仍然面临一个基本问题，即指明意识是如何连接向身体，而反过来又会如何。对于心身关系问题有许许多多的观点。我们谈及意识的时候究竟指什么？我们讨论的是那些由大脑完成的事，如思考、将事物保存在记忆中、感知和做决定，还有认知系统赋予我们的更复杂的经验，如爱、悲恸、谱曲和开玩笑。在这层意义上，意识是由大脑执行的加工构成的。

脑具有处于持续变动的状态之中的物质属性，它由神经元组成。脑从来不会完全静息，而是永远充满着电化学活动。然而，大脑的物理结构是相对稳定的，例如神经元网络、皮层的主要地标位置，以及与诸如感觉经验、运动控制和视觉等功能相关的脑区都很少发生变化。而脑中所发生的处理过程则更易发生变化。心灵似乎比脑更加变化不定。我们可以迅速改变主意而无需脑的结构（构造）发生明显的变化，即使此时电化学传递的模式可能已产生了剧变。我们的意识中的观念可以迅速地从内心世界转向外层空间，所花的时间比阅读你现在看到的这句话还要短。是神经活动的物质变化导致了心灵的变化，当然，那些大脑基本的解剖学结构仍然稳定。

1.3.3.2 中枢神经系统

中枢神经系统（Central Nervous Syste，CNS）是一套比细线和流体更复杂的系统。它由脊髓和脑组成。我们的讨论以脑为中心，尤其关注那些受神经机理启发而提出的认知模型所具有的结构和过程。

神经系统的基本单元是神经元（neuron），是一种特异化的细胞，能够在整个神经系统中传递神经信息（见图 1-29）。人脑由密集排布的神经元构成。有些估算认为其数量达到 1000

亿的数量级（相当于银河系天体的数目）。其中每个神经元都能够接收并传递神经冲动给有时多达数以千计的神经元，这比地球上和宇宙中任何已知的系统都更为复杂。每 1 立方英寸（1 英寸 = 2.54 厘米）的大脑皮质含有大约 1 万英里（1 英里 = 1.6093 千米）长的神经纤维，它们将神经细胞联接起来。图 1-30 展示的是人脑中神经元错综交织的图景。每时每刻，都有大量的皮层神经元处于活动状态，通常认为知觉、思维、意识和记忆等认知功能，就是由于遍布这一复杂神经网络中的神经元同时活动而产生的。同时被激活神经元的数目之庞大，以及支撑这一系统的基础构造之复杂，都是难以想象的（例如，神经元可以展开至 10 000 英里，这个距离可以连接华盛顿和东京），更加超乎想象的是大脑以及其他复杂的事物。这里存在一个悖论：因为脑是如此的复杂，它可能永远都无法充分地理解它自身，无论我们多么地努力。那么，认为我们最终能理解心理如何运作是否过于乐观了呢？或许是吧，但起码我们的确已对大脑的基础材料——神经元有了许多了解。

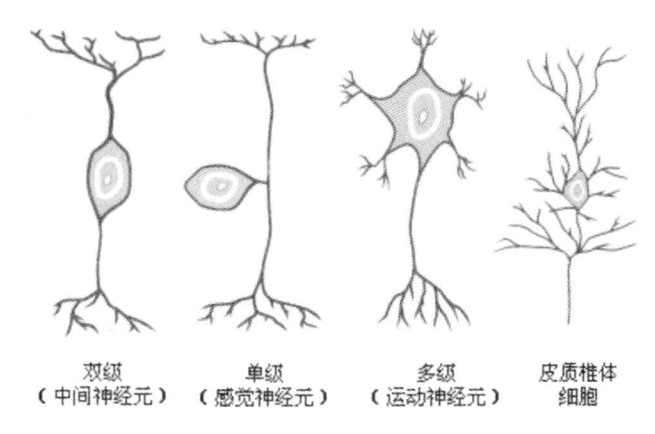

图 1-29　神经元的基本类型

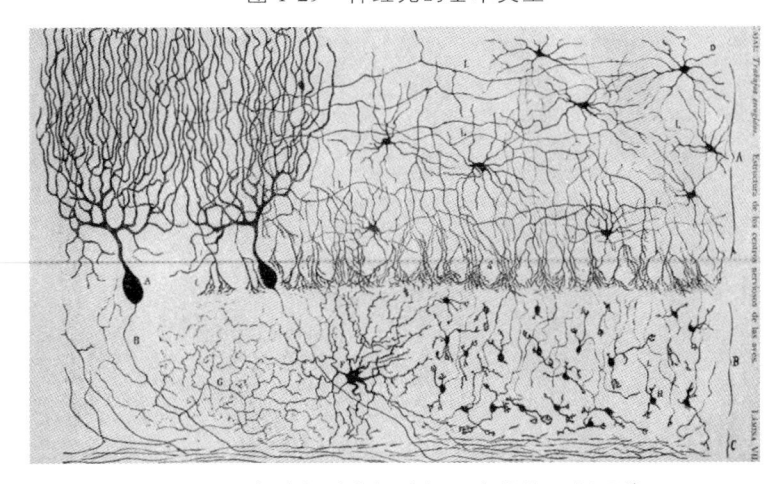

图 1-30　卡哈尔对中枢神经系统的第一版画像

1.3.3.3　神经元

可能存在上千种不同类型的神经元，每一种都在多个位点执行特定的功能。
4 种神经元的主要部分如图 1-31 所示。
（1）树突（dentrites）：从其他神经元处接收神经冲动。树突的分叉极多，就像树的枝丫。

（2）细胞体（cell body）：主要负责"家务活"，它通过具有渗透性的细胞壁摄入营养物质并排出代谢废物。

（3）轴突（axon）：一根长长的管状的传递通道，由这条通道来自细胞体的信号通过称为突触的结合物传递给其他的细胞。脑部的轴突有的极为细微，有的可长达 1 m 甚至更长。长的轴突外包裹着一层脂肪物质，称为髓鞘（myelinsheath），起到绝缘并加速神经冲动传递的作用

（4）突触：轴突止于突触前末梢（presynaptic terminals），它们处在其他神经元用来接收信号的树突表面附近。虽然并未直接连接，突触前末梢和其他神经元的树突组合并形成突触。

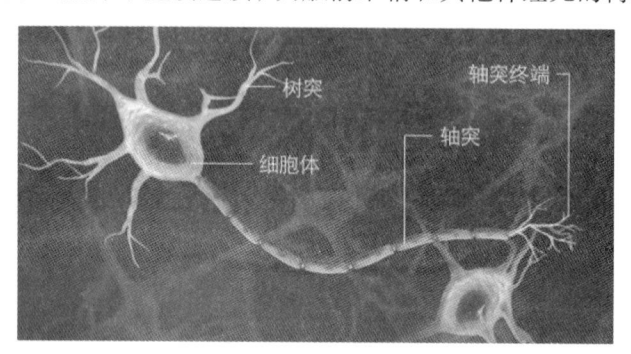

图 1-31　神经元结构

即便突触并非一种实际结构，它可能完成着最重要的工作之一，因为一种被称为神经递质的化学物质于此在不同神经元间交换化学信息。这种化学神经递质会改变接收神经元树突的极性或电位。神经递质（neurotransmitter）是一种作用于接收神经元的树突膜上的化学信号。一类神经递质具有易化作用，使得下游的神经元更容易被激发，如图 1-32 所示；另一类则具有抑制作用，使下游的神经元更不易被激发。目前，确认或疑似具有神经递质功能的化学物质已经超过 100 种。有的递质似乎执行普通功能，比如维持细胞实体的完整性；还有的递质（例如乙酰胆碱）可能与学习和记忆有关。

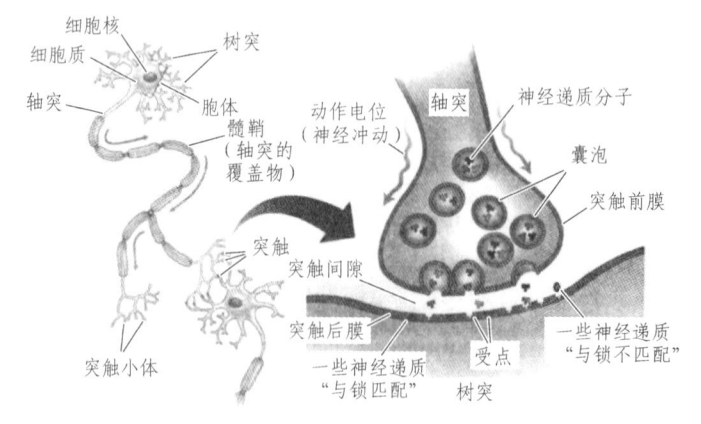

图 1-32　突触传递

在人出生之时，并不是所有的突触联结都已发育完全，也不是所有的神经元都已髓鞘化如图 1-33 所示，然而，不会再有新的神经元生成了。换言之，你出生带有的神经元就是你终生可用的神经元（并且随着自然老化或损伤，你会失去其中一部分）。有人可能假设，我们应该有能力生成新的树突以在神经元之间建立更多联结。实际上，这种可能也仅限于大约 2 岁

前。在成年人身上，突触的数目不再增加，此时每个细胞体和树突通常能够与大约1000个其他神经元建立突触联系，而每条轴突通常也能够与1000个其他神经元建立突触联系。

图 1-33　人出生到 2 岁的神经网络

当然这种现象也并非没有反例。在 20 世纪 90 年代晚期，在非人灵长类实验动物上进行的神经发育的研究表明，灵长类的皮层是可以形成新神经元的。然而，更近的研究又表明这种新神经元的形成实际上并非普遍现象，并且可能仅发生在海马中。

神经冲动在轴突中传导的速度和轴突的长度有关。在最细小的轴突上，神经传递大约以每秒 0.5 m（约合每小时 1 英里）的速度缓慢前行，而在最粗大的轴突上，传导速度达每秒 120 m（约合每小时 270 英里）。与可以用数千倍速度传递信息的现代计算机处理器相比，这个传导速度非常慢。脑内总是活跃地进行着电化学活动，一个兴奋的神经元发放冲动的频率可高达每秒 1000 次。神经元发放的次数越多，它对突触下游细胞的作用就越大。

人类的知识并非编码于任何单一的神经元之中。人类认知被认为以大尺度的神经活动模式发生，这些活动遍布整个脑内，以并行方式运行，并通过易化性和抑制性联结或"开关"的方式来发挥作用。科学家们提出了许多不同的理论，其中包括赫布的颇有影响的理论，它们都强调了不同单元之间联结的强度问题。在一种联结主义模型的简化版本中，对于任何 A 和 B 之间形成突触的神经连接，如果 A 激活 B 会导致一个符合要求的结果（认知的或行为的均可），该连接的权重就会上升，并且未来 A 将有更多机会激活 B。这一过程的意义在于不管 A→B 执行的是什么认知过程，它都是适应性的，并且我们希望它是能重复执行的。然而，如果结果不符合要求，连接的权重就会被降低，最终该结果被抑制。这些神经模型与并行分布式加工模型的基本假设相类似，这一点绝非巧合。

1.3.3.4　大脑的解剖结构

早期解剖学家通过将动物和人类死后进行解剖来探索其身体结构和功能。剖开尸体后，他们能又快又容易地看到不同的结构，并且根据那些结构来推测功能。管状结构（比如肠或者血管）可能被推测用于输送物质。囊状结构（比如胃或者膀胱）可能被推测用于存储物质。这种对于尸体的早期探索为研究身体的结构和功能提供了丰富的信息。然而，早期的大脑科学家也面临着一些挑战。打开颅骨后，最显而易见的就是大脑看起来是由左右两半构成，总体来讲都是些松软的沟回。而大脑深处没有坚硬的结构，也很少有能简单确认的特征。那些可以与其他部位相区别开来的结构并不能立即提供其可推测的功能。然而，在大量研究中的确也发现了一些独立的结构。

脑可以被分为两个结构相似的部分，即左右大脑半球（cerebral hemispheres）。脑半球的表面覆盖着大脑皮层（cerebral cortex），这是一层薄薄的灰色黏稠物质，密布着神经元胞体和短而无髓鞘的轴突。大脑皮层只有约 1.5~5 mm 米（1/4 英寸）厚。因为它深深地卷曲盘绕着，其表面积比看上去的要大。褶皱之间突起的脊称为脑回（gyri，单数形式为 gyrus），凹槽被称为脑沟（sulci，单数形式为 sulcus）。深而明显的脑沟被称为脑裂（fissures）。如果将大脑皮层平铺开来，其面积将达到 324 平方英寸，大约相当于原来看上去的 3 倍。状似核桃的卷曲盘绕的大脑皮层，增加了脑的表面积而无需增加颅骨的大小，这是一种巧妙的生物学解决方法，使得人类这种动物能够保持自身的灵动，却不必顶着一颗硕大的头颅，从而增加了成活率。人类的思维、感觉、语言加工和其他认知功能正是发生在大脑皮层中。

在长达一个多世纪的时间里，大脑皮层一直是被关注的焦点，因为它似乎是思维和认知的所在。虽然脑的许多区域参与认知活动（知觉、记忆、问题解决、语言加工），但是大脑皮层这块充斥着细胞的薄板，通常就被称为"脑"，尽管我们必须注意，很多复杂而必需的身体机能和认知功能都依赖于脑的其余部分。

大脑皮层是进化过程中最晚出现的脑结构。一些生物，如鱼类，根本没有大脑皮层；另有一些动物，例如爬行类和鸟类，大脑皮层的复杂程度较低。另一方面，哺乳动物，例如犬类、牛马、猫类，尤其是灵长类，有着发展完善、结构复杂的大脑皮层。在人类身上，大脑皮层从事知觉、言语、复杂动作、思维、语言加工和生成等加工过程，使得我们与其他哺乳动物有所不同。

1.3.3.5 大脑皮层的脑叶

大脑皮层可通过主要的沟回而被划分成 4 个主要部分。这 4 个区域是额叶、颞叶、顶叶和枕叶（见图 1-34）。虽然各个脑叶与一些特定功能有关，但很可能有许多功能分散在大脑各个部分的。

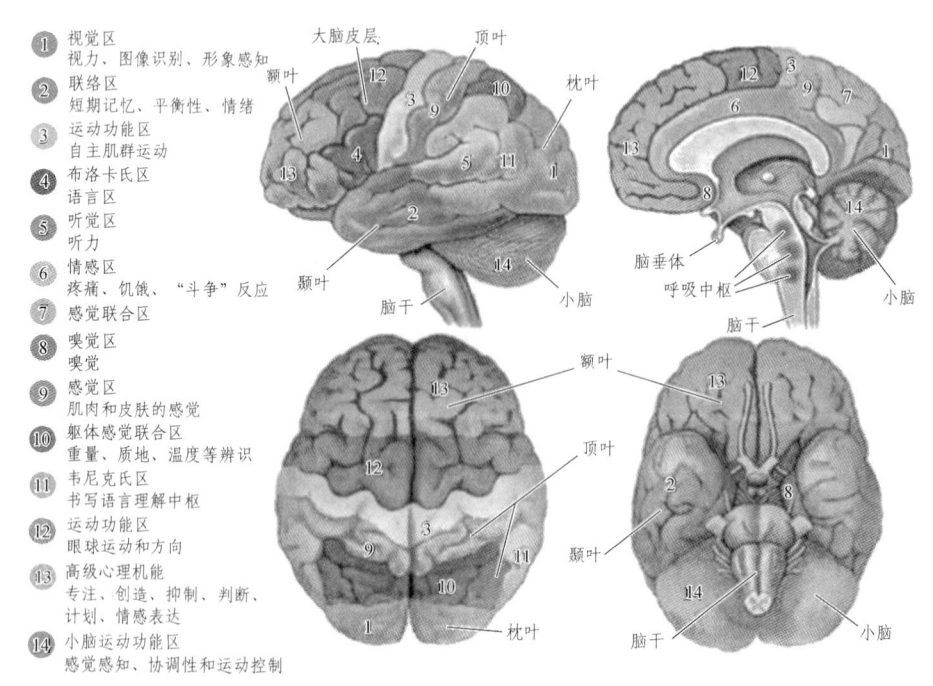

图 1-34　人类大脑皮层的主要分区

额叶：负责冲动控制、判断、问题解决、行为的控制和执行以及复杂组织。

颞叶：加工声音信号、听觉、高水平的声音加工以及面孔识别顶叶，整合各个感觉传递而来的信息，客体的操纵，视觉空间加工。

枕叶：视觉加工，接收从视网膜而来的信息，将信息加工后传递到相关区域，也以纹状皮层著称。

1.3.3.6 感觉运动区

针对大脑运动区的科学研究工作可以追溯到19世纪，当时有些研究将电刺激作用于轻度麻醉的狗的大脑皮层各个区域，结果导致抽搐反应，比如对前额叶施以轻微的电流，可使前肢产生反射性的反应。这些早期研究发现，这些轻微的电流得到对侧加工。也就是说，感觉信息（例如你的手摸到兔子这一信号），从脊髓进入左侧躯体，交叉后最初由右半球进行加工。同样的，每个半球的运动区控制的也是对侧的躯体。后来的加拿大研究者潘菲尔德（Roger Penfield）也为大脑电刺激研究作出了贡献，他在手术前对病人施加轻微电流刺激，使得病人能口头报告出遗忘许久的记忆。紧接着是对包括人类在内的其他哺乳动物脑部的感觉和运动区域的绘制，从而产生了关于脑区形态大小与功能关系的概括性描述。此项功能越重要（如浣熊前爪的操作功能，浣熊依靠前爪的运动来进食和筑巢），分配给该功能的大脑皮层区域就越大。例如，与犬类相比，浣熊与前爪有关的大脑皮层区域就相对较大。对感觉区域的定位研究显示，精确地刺激区域的各个部分，会使得该处大脑皮层被激活，从而产生对侧肢体上相应的感觉体验。例如，刺激手部所对应的躯体感觉区域，会产生对侧手掌麻痒的感觉。与运动皮层的分配一样，诸如人类的舌头这样感觉功能富集的部位，所占据的感觉皮层区域就比较大。

1.3.3.7 功能定位的早期研究

人们已经通过遭受损伤、肿瘤、脑出血、中风和其他伤病的患者了解了一些关于认知和大脑之间关系的知识。最早将大脑与思维联系起来的方法主要是对刚亡故的人进行开颅检查，然后通过发现大脑的异常来重构其行为。而如今，活生生并且功能健全的人可以通过执行特定的认知活动来展现大脑的各部分的作用。

早期的学者认为脑与思想和知觉无关。例如，亚里士多德（Aristotle）就将这些功能归之于心脏。很久以后，一种被称为颅相学（phrenology）的伪科学坚称：品质、个性、知觉、智力等都确切地定位于脑中。

颅相学家得到了神经学者早期科研证据的支持，后者发现，一些大脑功能和特定区域有关。颅相学家也相信大脑就像肌肉一样是可以得到锻炼的。他们相信个体的性格、天资和情绪都可以通过检查颅相以及外部颅骨表面的凹陷进行测量。用他们的肌肉隐喻来说，高度开发的脑区会顶出颅骨，开发程度低的则导致谷底的出现。这些特定的区域决定了与其有关的性格特质。

然而，虽然他们获得了一些支持，并且助推了大脑功能的定位（localization）研究，但颅相学作为一门科学的支持证据很少。颅相学（phrenology）装扮成一门科学，但终究未能得到标准科学研究的支持。这类研究通常被称为伪科学（pseuconscience），实际上指的就是虚假的科学。其他伪科学领域还包括芬芳疗法（用精油进行治疗）、颅骨测量学（宣传头部越大就越聪明）以及相面术（脸部特征可以告诉我们一些有关个体性格特征的信息）。最近，作为进化论的一种对立学——智慧设计论是否也属于伪科学亦引起了激烈的争论。

最早关于功能定位的例子来自一位名叫盖奇（Phineas gage）的患者。盖奇是一个铁路工长，负责用炸药为铺铁轨做准备。铁路工人使用一个巨大的、被称为捣固铁钉的铁器。其诸多功用之一便是将炸药钻入岩石缝隙。一天，炸药爆炸，将捣固铁钉扎入盖奇的下颚，穿过他的额叶皮层并从另一边钻出颅骨一段距离后才停住。尽管盖奇最初能在这场事故中活了下来已经是一个奇迹，但更令人震惊的是，在19世纪后期落后的医疗条件下他挺过了伤口感染活了下来。不过在事故发生前，盖奇被公认为是一位和善、正直的男子汉，然而事故后，他变得对朋友和同事无礼而且目中无人。这一案例使得早期科学家相信额叶负责控制人的性情。

额叶负责控制性情的这一观点催生了20世纪30年代称为精神外科学的实践。该流派受莫伊斯（Antonio mice）研究发现摧毁猴子额叶部分区域会导致镇静效应的影响。在此基础上，弗里曼（Walter freeman）和他的同事发展了对人类额叶进行精神外科手术的技术，从而将他们从不良行为（如攻击性冲动）中解放出来。这门技术又以额叶切除术（lobotomy）闻名，而弗里曼将他的手术技术改进为只需要将冰锥实实在在地从眼窝插入大脑后加以旋转，以此破坏额叶。

精神外科手术（psychosurgery）如今仍在一些罕见的病例中得到采用，来控制一些诸如强迫症、抑郁和严重癫痫的疾病。

显然，颅相学家和切除术医生把出发点弄错了。然而，在对大脑的功能定位感到好奇这一层面上，他们又走在了正确的道路上。法国神经学家弗洛伦斯（Pierre flourens）就认为颅相学毫无意义，因此开始着手对其进行证伪。在研究中，他切除了大脑的一小部分，然后检查手术对行为的影响。他总结认为，运动和感知功能并非像其他学者所认为的那样可在一块特定领域简单定位，而是弥散在大脑其他部分的。大脑的创伤或损伤似乎同等地影响了所有高级功能。

这一观点后来被称为整合场理论（aggregate field theory），用来对抗定位学说，并支持大脑应被看作一个整体的器官来看待，而认知加工是遍布在各区域的。还有一种妥协观点，似乎有更强的兼容性，那就是一些心理属性是可以定位到特定区域或大脑内部的星座区域，包括运动反应、感觉末梢、视觉和一些语言加工等。然而许多功能，特别是高级认知加工（如记忆、知觉、思维和问题解决），会被分解为遍布大脑各个区域的下属任务功能。

早期关于功能定位的支持证据可以追溯到19世纪。尤为重要的研究工作出自法国神经病学家布洛卡（Pierre paul broca）之手，他研究了失语症，这是一种语言障碍，患者难以讲话。这种病症通常见于中风患者。对失语症患者的脑部进行的死后检查，显示了一个脑区的损伤，该区现被称为布洛卡区。1876年，年轻的德国神经病学家威尔尼克（Karl Wernicke）描述了一种新的失语症，其特点不是不能言语，而是不能被正常人理解。事实上，患者的言语是流畅的，但是毫无意义。

威尔尼克赞同先前学者的看法，认为某些心理功能确有定位，但是它们绝大多数仅限于简单的知觉和运动活动。诸如思维、记忆和理解等复杂的心智过程则是感觉和运动区域相互作用的结果。支持这一立场的证据在世纪之交出现了，当时西班牙生理学家圣地亚哥·雷蒙·卡哈尔（Santiago Ramon y Cajal）研究表明，构成神经系统的是离散的基本单元，又称为神经元。

过去曾经认为心灵是像马赛克一样的嵌合体（从概念上来看与颅相学的观点差别并不很大，只不过不需检验头颅上的隆起而已），如今取而代之的是联结主义的概念：复杂的认知功能可被理解为以神经元之间的连接网络的形式发生。威尔尼克进而认为，一些功能是在脑部的不同区域以并行的方式进行的。威尔尼克关于脑及其功能的假说，对现今的认知心理学家来说相当重要。

平行加工理论暗含了对信息的冗余加工，这看似浪费，并且有悖于动物体系都高效贯彻的节俭原则。然而，值得说明的是，复杂的生物系统通常都是冗余的。在生殖繁衍方面就是如此，生产的卵子的数目是实际受精的数目的许多倍，而且在很多物种中，繁殖出的后代数目远远大于实际发育成熟的数目。自然界的冗余现象似乎在生存与适应中具有核心作用。也许人类对神经信息的加工处理中的冗余现象和并行处理增加了我们得以生存繁衍的概率。思维，以及我们现今乐在其中的认知科学，都不过是这些原始功能的机缘巧合的副产品。

弗洛伦斯、布洛卡和威尔尼克关于脑与行为关系的理论，在哈佛大学的美国心理学家拉什利（Karl Lashley）那里得到了拓展。不过，拉什利并不关注人类的失语症，而关注大鼠学习的脑定位。在他颇具影响的著作《脑机制与智能》（*Brain Mechanism and Intelligence*, 1929）中，拉什利描述了他对脑损伤与行为之间关系的研究，目的在于阐明功能的定位说与相对的均势说的问题。为了研究这一现象，他检验了大鼠脑损伤的情况，以确定对大鼠掌握复杂迷宫的能力的影响。小范围的脑损毁不会对走迷宫的成绩造成大的影响。由于没有哪个特定的区域看来与学习存在直接关联，拉什利断言，学习并不局限于特定的神经元。拉什利提出了一个称之为整体活动说（mass action）的理论，该理论淡化了单个神经元的重要性，而认为记忆可能遍布于整个脑。拉什利（1950）总结道："没有哪个特定的细胞是为特定的记忆而预留的。"他的观点的重要之处在于提示了脑的运作是以整体而非区域化的方式。大约与此同时，苏联学者鲁利亚（AlexanderLuria）也逐渐发展出类似的理论。这些发现似乎与潘菲尔德的大脑电刺激结论相悖，因此在随后的一场论战中推翻了潘菲尔德的结果最近关于记忆和血液活动（通常认为它反映了神经活动）的研究表明，记忆功能可能与脑的特定区域存在关联，但是也许没有精确到早期资料所示的程度（Penfield，1959）。这并非说明潘菲尔德的发现就一定是错误的，而是说其很难复现。我们现在相信，脑中包含着与特定功能（如运动反应）有关的区域，但是对此类信息的完全的加工处理也需要动用脑的其余部分。其他的功能（如思维）则似乎广泛地遍布于整个大脑。对于读者而言，可明确的一点是，大脑既以功能定位形式，又以整体活动形式运作。

我们接下来看一个有关大脑结构和加工过程的既有实验和临床研究的例子。

很多心理功能似乎定位于脑内的特定区域或区域集群，如运动区和感觉区。然而，除了汇集这些功能的特定区域以外，进一步的加工处理可能发生于不同的地方。

很多高级心理功能（思维、学习、记忆等）似乎涉及大脑皮层的若干个不同区域。对此类信息的神经加工过程是冗余性的，即此类信息遍布于整个大脑并在不同位置以并行方式进行处理。

对脑的损伤并不总是导致认知功能的衰减。这可能由于多种原因。首先，损伤可能发生于那些与认知功能仅仅存在微弱关联，或者执行冗余功能的脑区。另外，认知功能也可能由于那些完好的联结可以接管原来的功能，或通过某种方式加以重整以完成原来的任务，从而不受影响。

1.3.3.8 双半球记

就像我们之前提到的那样,如果打开人的颅骨,将清楚地看到人脑分为两半,每一半约有拳头大小,它们就是大脑皮层的左右两半球。尽管这两个半球看似一模一样,但在功能上却差别很大。人类身上的这种差异为人所知已经有几百年了,而且在绝大多数哺乳动物和许多脊椎动物身上也观察到了这种差异。

关于脑的最早的文字记载是在公元前17世纪的古埃及象形文字中发现的。专指脑的象形文字如图1-35所示。

图1-35 古埃及脑的象形文字

根据埃及学家布莱斯泰德(James Breasted)的统计,图1-39中的文字在古代典籍中共出现了8次。其中一个出处见于现存在纽约医药研究院(the New York Academy of Medicine)珍本书库的"艾德温·史密斯外科典籍"(The edwinSmith Surgical Papyrus)中,作者描述了两名遭受脑外伤的患者的症状、诊断和预后症状。早期的埃及人已经知道,脑的一侧损伤会导致对侧肢体运动失控。

对侧性的目的何在,目前尚未完全理解,但是它对下述理论颇有助益,即两个半球独立地执行不同的功能。关于大脑两半球的功能,在科学界和大众当中可谓众说纷纭。(有人甚至提出人们可以被划分为"右脑"或"左脑"思维者。)

对侧性传导的临床证据最早是由古埃及人记录的,但是对于对侧功能的科学验证直到20世纪才出现。当时脑外科医生注意到,左半球的脑肿瘤和脑切除,与右半球相应病变所产生的效果并不相同。左半球的损伤导致了言语功能缺损,而右半球受损的病人则难以自行穿衣打扮。功能非对称性的进一步现象出现于20世纪50年代,当时医生对有严重癫痫病的患者采用的疗法是切除胼胝体(corpus callosum)——连接两半球的粗大的纤维束。外科医生希望,切断脑的两个主要部分之间的联系,这种方法称为大脑联合部切开术(cerebral commissurotomy),可以将癫痫发作的影响限制在一个半球之内。显然,这种方法奏效了。(不过,这种激进的手术今天已经很少实施了。)

也是在20世纪50年代,加州理工学院的斯佩里在动物身上研究了所谓裂脑疗法的影响。该研究重点在于确定与每个半球存在关联的不同功能。特别有意义的是迈耶斯和斯佩里(Myers8. Sperry, 1953)的发现:接受这种手术的猫,从其行为表现来看,似乎有两个大脑,每一个都能够独立地对信息加以注意、学习和记忆。

采用这种被称为大脑联合部切开术(cerebral commissurotomy)的方法,斯佩里和他的同事得到一个天赐良机来研究接受这种手术的人类患者。在一项研究中(gazzaniga, Bogen&. Sperry, 1965),他们发现,在患者右手中放一个常见物体,如硬币或梳子,他能够用言语确认该物体,因为来自右侧肢体的信息交叉传导到了左半球,而那里是语言加工的中枢。然而,如果在左手中放一个常见物体,患者就无法用语言加以描述;他能够指出该物体,但是只能用左手。这是因为右侧脑能控制左手,但同时它只能辨别物体而无法说出其名字。

该小组和其他小组所进行的研究表明，左半球确实与语言、概念加工、分析和归类等特定功能有关。与右半球相关联的则是跨时间的信息整合，例如艺术与音乐、空间处理、脸与形状的再认，以及了解我们周围的城市道路以及穿衣打扮等等日常任务。这些发现倾向于支持功能定位的观点。然而，后续的研究工作表明，与先前的看法相比，右半球能够进行的言语加工比原来认为的更多，尤其是对书面语言。此外，较年轻的患者两个半球都表现出了充分发展的加工能力（Gazzaniga，1983）。总体而言，这些观察结果表明，发育过程中的人脑具有相当的可塑性，并且脑功能并不像人们当初认为的那样截然分开，而是由不同区域和半球共同承担的。

由于对大脑实施侵害性手术过于激进，科学家们找到其他方法探索大脑的功能，其中就包括大脑半球特异化研究。当前在大脑半球特异化的研究领域中，很多研究工作探讨的是视觉，其有一套独特的处理对侧信息的系统。

视觉系统的独特结构使我们得以研究半球的特异性。每只眼睛都被构造成这样的效果：你读到的左侧视野的文字印到了视网膜的右侧，而右侧视野的文字则印到了视网膜左侧。这里我们再次看到了对侧化原则。该原则对双眼都通用如图1-36所示。眼睛中的视网膜通过很长的轴突联结外侧膝状体核。后者是视觉系统的中间加工中心。每只眼睛左侧的轴突都联结大脑左半球，而相应的，右侧轴突都联结大脑右半球。在图1-36中也能看到，这种对侧化也导致一些视觉信息必须通过视交叉来到达其被分配到的半球。由于眼睛的左侧接收到的都是来自右侧视野的视觉信息，左半球加工的也都是右侧视野文字的信息。

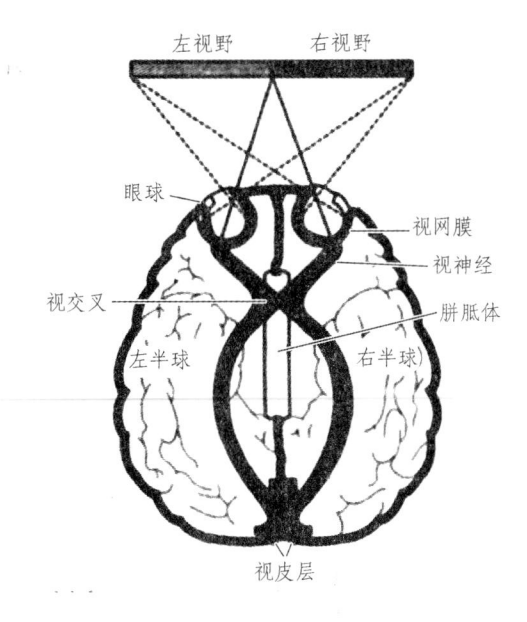

图1-36 视觉通路

如果我们在计算机屏幕的一侧快速呈现刺激（一个物体），并且使其呈现速度比眼睛运动的速度更快，视觉信息就只会印照在视网膜一侧，并且传递到一个半球。如果对象在屏幕上呈现时间更长，眼睛就有机会运动，在双侧视网膜上捕获到图像，并且传递到双侧半球。我们能通过在眼睛运动之前去除图像刺激，使得只有某个半球获得了视觉信息。

如果胼胝体在裂脑手术中被切除了，右眼右侧视网膜侦测到的信息就会被困在右侧半球。类似的，左侧视网膜侦测到的信息也会被局限在大脑左半球。

1.4 思考题

1. 什么是浴盆曲线？
2. 认知心理学的实质是什么？
3. 简述中枢神经系统的构成及各部分功能。
4. 什么是 PHM？

第 2 章 列车运维作业体力工作负荷

2.1 人体活动力量与耐力

微课：人体活动力量与耐力

在列车运用与维护工作中，作业者不断地输出各类动作以实现列车系统的运输目的。人体活动是列车人机系统正常运行中不可缺少的组成部分。

2.1.1 人体活动力量

人体力量在人体活动中起着很重要的作用。但人体用力有一定的限度。人能够发挥出的大小，决定于人体的姿势、着力部位以及力的作用方向。在人机系统设计时，为节省体力和减轻疲劳，机器、设备的设计应使操作者尽可能地采用合适的姿势、最佳用力部位和用最小的力完成操作要求。但是，在某些控制器设计中，为保证操作的精度，特地在控制器上附加了适量的阻尼。这样，不仅可以减少操作中的惯性效应，而且操作过程中身体克服阻尼的感觉反馈可为人体操作调整和控制提供重要的信息。在人机系统设计中，必须根据实际情境，确立适合操作者的用力要求。

根据施力部位可把人体力量分为手部力量、脚（含腿）部力量、背部力量和颈部力量等。一般来说，人的操作是由手和脚来完成的。因此，手部力量和脚部力量在所有各类力量中起着重要的作用。

2.1.1.1 手部力量

1．握力

握力是一种重要的手部力量。握力的大小在很大程度上反映手的用力能力。同时，握力与手部的其他力量有较大的关系。在许多有手部力量要求的场合，常常可通过对握力大小的测量来挑选操作者或对操作者的用力状况加以评定。握力大小因年龄、性别等因素的变化而有很大的差异。表 2-1 是国家体育总局于 2015 年 11 月发布的《2014 年国民体质监测公报》中各年龄段男女握力的平均值数。从表 2-1 可以看出，人体的年龄和性别对力量有很大的影响。

表 2-1　男女握力平均值（单位：N）

年龄/岁	男性	女性	年龄/岁	男性	女性
7	104	91	19	426	261
8	125	108	20～24	449	263
9	143	126	25～29	453	263
10	161	148	30～34	453	269
11	190	177	35～39	454	273
12	229	200	40～44	449	271
13	287	222	45～49	436	265
14	334	235	50～54	424	256
15	374	244	55～59	403	248
16	399	251	60～64	373	232
17	419	256	65～69	350	223
18	430	259			

2．手的操纵力

手的操纵力与人的作业姿势、用力方向等因素有关。下面给出人在坐姿、立姿、卧姿情况下，不同方向、左右手用力的情况。

1）坐姿手操纵力

图 2-1 所示为坐姿工作时不同角度的臂力测定。坐姿手操纵力的一般规律为：右手力量大于左手；手臂处于侧面下方时，推拉力都较弱，但其向上和向下的力较大；拉力略大于推力；向下的力略大于向上的力；向内的力大于向外的力。表 2-2 为坐姿时不同角度上测得的臂力数据。这些数据一般健康的男子都能达到。因此，根据这些数据设计的操纵装置，适合绝大多数男子的操纵力。

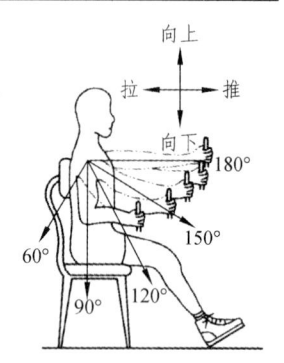

图 2-1　坐姿工作时不同角度的臂力测定

表 2-2　坐姿时不同角度测得的臂力（单位：N）

手臂的角度	拉力		推力	
	左手	右手	左手	右手
	向后		向前	
180°	516	534	560	614
150°	498	542	493	547
120°	418	462	440	458
90°	456	391	369	382
60°	270	280	356	409
	向上		向下	
180°	182	191	155	182

续表

手臂的角度	拉力		推力	
	左手	右手	左手	右手
150°	231	249	182	209
120°	240	267	226	258
90°	231	249	218	235
60°	195	218	204	226
	向内侧		向外侧	
180°	191	222	133	151
150°	209	240	129	146
120°	199	235	133	151
90°	213	222	146	164
60°	220	231	142	186

2）立姿手操纵力

图 2-2 所示为立姿操纵作业时，手臂在不同方位角度上的拉力和推力。由图中看到，手臂的最大拉力产生在肩下方 180° 的方位上。手臂的最大推力则产生在肩上方 0° 的方向上。所以，以推拉形式操纵的控制装置，安装在这两个部位时将得到最大的操纵力。

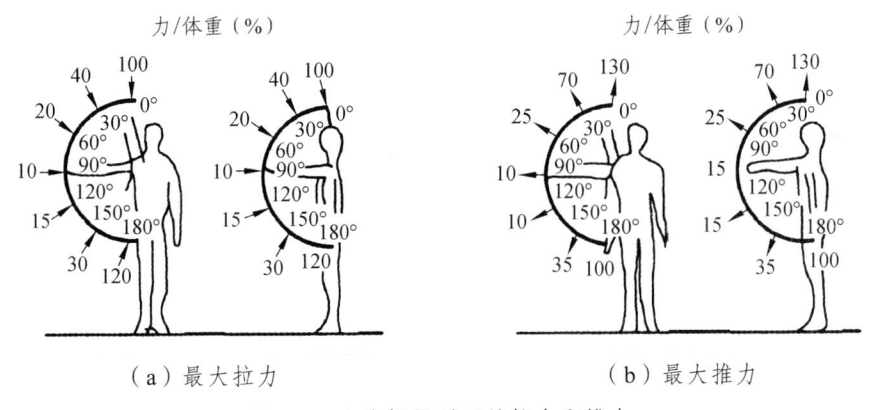

（a）最大拉力　　　　　　（b）最大推力

图 2-2　立姿操纵时手的拉力和推力

3）卧姿手操纵力

图 2-3 所示为卧姿时不同肘角伸臂的臂力测定，表 2-3 为卧姿时不同肘角手的最大臂力。

图 2-3　卧姿时不同肘角伸臂的臂力测定

表 2-3 卧姿时不同肘角手的最大臂力（单位：N）

手型	肘角	推	拉	向左	向右	向上	向下
左手	60°	231.8	253.82	106.82	197.96	155.82	133.28
	90°	240.1	294	89.18	178.36	178.36	138.18
	120°	280.28	334.18	89.18	169.54	178.36	139.18
	150°	289.1	311.64	89.18	150.92	138.18	124.46
	180°	297.92	271.46	89.18	138.18	80.36	111.72
右手	60°	294.0	271.46	217.56	133.28	192.0	150.92
	90°	285.18	324.38	204.82	124.46	231.28	159.74
	120°	324.38	382.2	213.64	124.46	222.46	155.82
	150°	329.28	360.64	199.92	124.46	182.28	150.92
	180°	306.74	306.74	164.64	111.72	101.92	128.38

4）常见手部操作动作及其力量极限

人体力量存在着很大的个体差异，有些操作力量要求可能只适合一部分个体，制定一个适合于所有个体的操作力量标准是不容易的。但是，可以为特定的工作场合确立一个大多数个体都能达到的力量极限，将那些无法达到该要求的个体筛选出该工作。图 2-4 所示为常见手部操作动作及其力量极限推荐值。

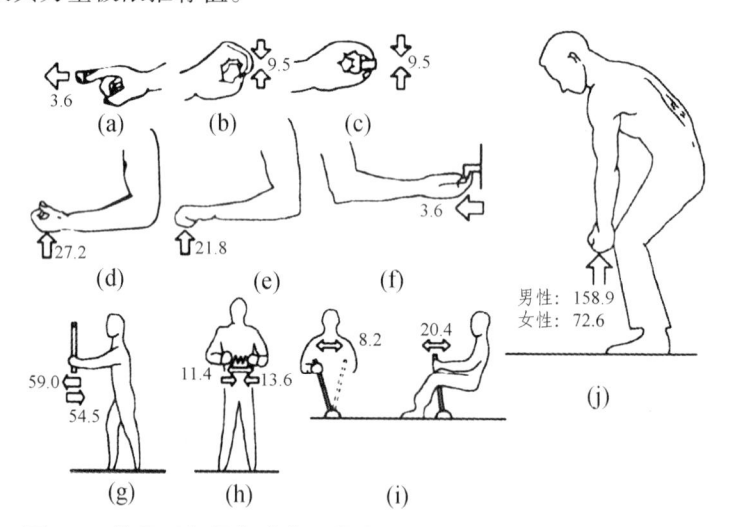

图 2-4 常见手部操作动作及其力量极限推荐值（单位：9.8 N）

2.1.1.2 脚部力量

在作业中，用脚操作的情况也是很多的。最常见的是汽车离合器的踏板和制动踏板。脚产生的力的大小与下肢的位置、姿势和方向有关。下肢伸直比下肢弯曲时脚产生的力大，有靠背支持时，脚可产生更大的力；立姿脚用力比坐姿时大。一般坐姿时，右脚最大蹬力平均可达 2568 N，左脚为 2362 N；膝部伸展角度在 130°～150° 或 160°～180° 时，脚蹬力最大。

一般来说，右脚脚力大于左脚；男性脚力大于女性脚力。脚力控制器的操纵力最大不应超过 264 N，否则易疲劳。对于需要快速操纵的踏板，用力应减小到 20 N。右脚使用力的大小、速度和准确性都优于左脚，操作频繁的作业应考虑双脚交叉作业。

2.1.2 人体耐力

人体耐力也是人体活动分析中相当重要的内容。在工作设计中，不仅应考虑力量要求的适合性问题，而且也必须考虑人体活动能力随时间下降的问题。一般把人体能够在较长时间内保持特定工作水平的能力称为耐力。

研究表明，耐力时间的一般形态为工作中所需要静态施力大小的函数，如图 2-5 所示。从图中曲线可以发现：机体只能维持最大施力相当短暂的时间，而当施力大小在个人最大肌力的 25%或以下时，则可维持较长的时间。这表明当机体必须维持较长时间的施力状态时，施力的大小应远小于机体的最大肌力。

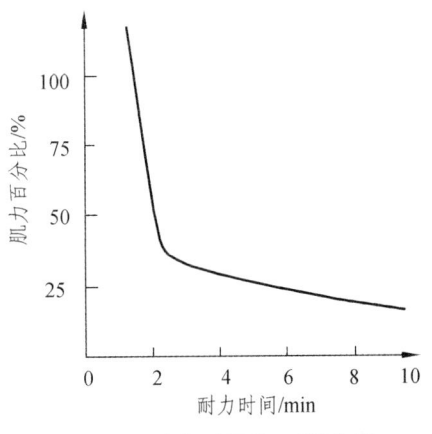

图 2-5 耐力时间的一般形态

2.2 体力工作负荷及其测定

2.2.1 体力工作负荷的定义

体力工作负荷是指人体单位时间内承受的体力工作量的大小。工作量越大，人体承受的体力工作负荷强度越大。人体的工作能力是有一定限度的，超过这一限度，作业效率就会明显下降，同时其生理和心理状态也会出现十分明显的变化，严重时会使操作者处于高度应激状态，导致事故发生，造成人员财产的损失。对操作者承受负荷的状况进行准确评定，既能保证工作量，又能防止操作者在最佳工作负荷水平外超负荷工作，是人机系统设计的一项重要任务。

2.2.2 体力工作负荷的测定

体力活动时，人的各种身心效应随活动强度的变化和活动时间的长短显示出规律性的变化。人体由休息状态转为活动状态的初期，兴奋水平逐渐上升，生理上表现为心率加快、血压增高、呼吸加剧，人体内各种化学酶和激素的活性或数量增加。劳动强度越大，这种变化的幅度也就越大。同时随着活动时间的持续，人体内许多代谢产物逐渐积累起来，导致内环境发生改变。例如，乳酸的积累使得内环境酸化，pH 下降。因此，可运用上述生理指标和生化指标的变化测定人体工作负荷水平。体力工作负荷可以从生理变化、生化变化、主观感觉三个方面进行测定。

2.2.2.1 生理变化测定

生理变化测定主要通过吸氧量、肺通气量、心率、血压和肌电图等生理变量的变化来测定体力工作负荷。另外,能量消耗是衡量工作负荷的一项重要指标。

在体力工作负荷变化时,心肺功能是最容易引起变化的生理变量。大量的研究表明,吸氧量、肺通气量、心率及血压随着工作负荷水平的增加而增加。生理变化的测定也可以使用某些派生的吸氧量和心率指标,如氧债指标、活动结束后心率恢复到活动前水平所需的时间等。一般来说,体力负荷越大,人体在活动中氧债越大,心率恢复到活动前水平所需的时间越长。

2.2.2.2 生化变化测定

人体持续活动伴随着体内多种生化物质含量的变化。在这类变化中,乳酸和糖原的含量是较重要的,也是较常被测定的项目。安静时,血液中乳酸含量为 10~15 mg/100 mL;中等强度作业开始时血液中乳酸含量略有增高;在较大强度作业时,血液中的乳酸含量可增加到(100~200)mg/100 mL 或更高。

人在安静时,机体血糖含量为 100 mg/100 mL。在轻度作业时,血糖可保持在稳定水平;中等强度作业时,开始血糖稍有降低,但很快会使血糖含量维持在较高水平,直到作业停止后一段时间;若作业强度较大或持续时间过长,或肝糖原储备不足,则可出现血糖降低现象,当血糖降低至正常含量的一半时,人不能继续作业。人体内糖原储量约为 300~400 g,其中约一半存储在肝脏。若作业时氧需为 1.5 L/min,持续作业 4~6 h 就会引起糖原耗竭。

体力负荷对人体尿蛋白含量有明显的影响,即所谓的"运动性尿蛋白"现象。正常情况下,健康人的尿中虽有微量的蛋白质成分,但含量极微,无法用常规方法测出。然而在较强的体力活动后,人尿中的蛋白质含量会大幅度上升,用常规方法就可以测出。活动后人尿中蛋白质的含量及其种类与人体活动状况有很大的相关性。

2.2.2.3 主观感觉测定

主观感觉测定是测定体力工作负荷最方便同时也是较常用的方法。该方法通过如图 2-6 所示的自认劳累分级量表(The Scalefor Ratings of Perceived Exertion,RPE)进行评价。经过多次修改,目前普遍使用的是 15 点(6~20 点)量表,该量表的特征是要求操作者根据工作中的主观体验对承受的负荷程度进行评判。图中的 RPE 值与工作负荷和心率都具有较高的相关性。该方法具有较高的信度和效度。

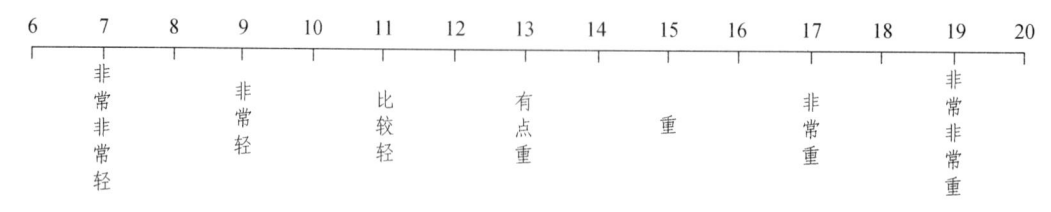

6	7	8	9	10	11	12	13	14	15	16	17	18	19	20
	非常非常轻		非常轻		比较轻		有点重		重		非常重		非常非常重	

图 2-6 自认劳累分级量表

2.3 体力工作时的能量消耗

人体为维持生命、进行工作和运动所需的能量都是来源于体内物质的分解代谢。营养物质在体内分解所放出的能量一部分用于对体内、体外做功，其余部分直接转化为热能，用于维持体温。体内能量的产生、转移和消耗称为能量代谢。能量代谢按机体所处状态，可以分为三种，即基础代谢量、安静代谢量和能量代谢量。

2.3.1 基础代谢量

基础代谢量是人在绝对安静下（平卧状态）维持生命所必须消耗的能量。人体能量代谢的速率随人所处的条件不同而不同。为了进行比较，生理学上规定了人所处的一定的条件称为基础条件，即人清醒而极安静（卧床）、空腹（食后 10 h 以上）、室温在 20 ℃ 左右。之所以这样规定，是因为肌肉活动、精神活动、进食以后、室温低于 20 ℃ 或高于 20 ℃ 等都可引起能量代谢的加速。而睡眠时，能量代谢减弱。在上述基础条件下的能量代谢称为基础代谢，用单位时间消耗的能量表示。它反映人体在基础条件下心搏、呼吸和维持正常体温等基本活动的需要，以及人体新陈代谢的水平。

为了表示方便，将单位时间、单位面积的耗能记为代谢率，它的单位是 kJ/($m^2 \cdot h$)。基础代谢率的符号记为 B。

实际测定结果表明，基础代谢率随着年龄、性别等生理条件不同而有差异。通常，男性的基础代谢率高于同龄的女性。幼年比成年高，年龄越大，代谢率越低。我国正常人基础代谢率的平均值见表 2-4。

表 2-4 我国正常人基础代谢率的平均值 [单位：kJ/($cm^2 \cdot h$)]

性别	年龄/岁						
	11～15	16～17	18～19	20～30	31～40	41～50	51 以上
男性	195.5	193.4	164.9	157.8	158.7	154.1	149.0
女性	172.5	181.7	154.1	146.5	146.9	142.3	138.6

正常人的基础代谢率比较稳定，一般不超过平均值的 15%。我国正常人体表面积的计算公式为

$$体表面积（m^2）= 0.0061 \times 身高（cm）+ 0.0128 \times 体重（kg）- 0.1529$$

基础代谢量可由下式计算：

$$基础代谢量 = 基础代谢率平均值（B）\times 人体表面积（S）\times 持续时间（t）= BSt$$

2.3.2 安静代谢量

安静代谢量是指机体为了保持各部位的平衡及某种姿势所消耗的能量。一般测定安静代

谢量是在工作前或工作后，被检查者安静地坐在椅子上进行。由于各种活动都会引起代谢量的变化，所以测定时必须保持安静状态，可通过呼吸数或脉搏数来判断是否处于安静状态。安静代谢量包括基础代谢量和为维持体位平衡及某种姿势所增加的代谢量两部分。通常以基础代谢量的 20% 作为维持体位平衡及某种姿势所增加的代谢量，因此，安静代谢量应为基础代谢量的 120%。安静代谢率记为 R，$R = 1.2B$。安静代谢量的计算公式为

$$安静代谢量 = RSt = 1.2BSt$$

式中，R 为安静代谢率 [kJ/(m²·h)]；S 为人体表面积（m²）；t 为持续时间（h）。

2.3.3 能量代谢量

人体进行作业或运动时所消耗的总能量称为能量代谢量。能量代谢量包括基础代谢量、维持体位增加的代谢量和作业时增加的代谢量三部分。也可以表示为安静代谢量与作业时增加的代谢量之和。能量代谢率记为 M。对于确定的个体，能量代谢量的大小与劳动强度直接相关。能量代谢量是计算作业者一天的能量消耗和需要补给热量的依据，也是评价作业负荷的重要指标。能量代谢量的计算公式为

$$能量代谢量 = MSt$$

式中，M 为能量代谢率 [kJ/(h·m²)]；S 为人体表面积（m²）；t 为测定时间（h）。

2.3.4 相对代谢率

体力劳动强度不同，所消耗的能量也不同。但由于作业者的体质差异，即使同样的劳动强度，不同作业者的能量代谢也不同。为了消除作业者之间的差异因素，常用相对代谢率这一相对指标衡量劳动强度。相对代谢率记为 RMR，RMR 可由以下两个公式求出

$$RMR = （能量代谢量 - 安静代谢量）/基础代谢量 \tag{2-1}$$

或

$$RMR = （能量代谢量 - 安静代谢量）/基础代谢量 = (M - R)/B \tag{2-2}$$

由式（2-1）可推出

$$能量代谢量 = RMR \times 基础代谢量 + 1.2 \times 基础代谢量$$

$$= (RMR + 1.2) \times 基础代谢量$$

由式（2-2）可推出

$$M = B \times RMR + R = B \times RMR + 1.2B = (RMR + 1.2)B$$

能量代谢量的测定方法可分为直接法和间接法。直接法是通过热量计测定在绝热室内流过人体周围的冷却水升温情况，再换算成代谢量；间接法是通过测定人体消耗的氧量，再乘以氧热价求出能量代谢量。某种物质氧热价是指该物质氧化时，每消耗 1 L 的氧产生的热量。此外，也可通过 RMR 间接计算作业时的能量消耗。

【例 2-1】 某高铁司机身高 1.7 m，体重 70 kg，基础代谢率平均值约为 158.7 kJ/(m²·h)，

连续作业时,当 $RMR=4$ 时,能量消耗为多少?作业时增加的代谢量为多少?

解:体表面积(m^2)= 0.0061×身高(cm)+ 0.0128×体重(kg)- 0.1529
= (0.0061×170 + 0.0128×70 - 0.1529)m^2 = 1.7801 m^2

能量消耗量 =(RMR+1.2)×基础代谢率平均值×体表面积×作业时间
= (4+1.2)×158.7×1.7801×2 kJ = 2938.02 kJ

作业时增加的代谢量 = RMR×基础代谢量
= RMR×基础代谢率平均值×体表面积×作业时间
= 4×158.7×1.7801×2 kJ = 2260.01 kJ

2.4 作业时的耗氧动态

能量产生和消耗可以从人体消耗的氧量上反映出来。作业时人体所需的氧量取决于劳动强度大小,劳动强度越大,需要氧量也越多。因此,以体力为主的作业,可以利用人在作业中的耗氧量计算作业时耗能量。

2.4.1 氧债及其补偿

单位时间所需的氧量称为氧需。氧需能否得到满足主要取决于循环系统和呼吸系统的功能。血液在单位时间内所能供应的最大氧量称为氧上限。成年人的氧上限一般不超过 3 L/min,有锻炼者可达到 4 L/min。作业时人体的耗氧量是变化的,在作业开始的 2~3 min 内,呼吸和循环系统的活动不能马上满足氧需,肌肉是在缺氧状态下活动的。这种氧需和供氧量之差称为氧债,如图 2-7(a)中的 A 部分所示。此后,呼吸和循环系统的活动逐渐加强,氧的供应得到满足,即进入稳定状态,这种状态一般能维持较长时间。若劳动强度过大,氧需超过最大摄氧量,机体将继续处于供氧不足的状态工作,这种作业就不能持久[见图 2-7(b)]。作业停止后,机体的耗氧量并不能马上降到安静状态水平,机体还要继续消耗较安静时更多的氧,以补偿氧债[见图 2-7(b)中的 B 部分]。恢复期长短依氧债的多少而定,一般约需 2~10 min,长者可达 1 h 以上。

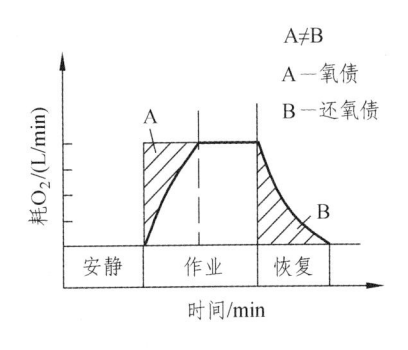

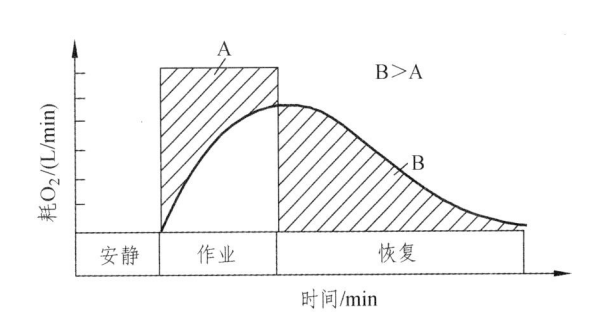

(a)氧需小于氧上限　　　　　　(b)氧需超过氧上限

图 2-7　氧债及其补偿

2.4.2 静态作业氧需

体力劳动时，由于肌肉收缩而作用于物体的力称为肌张力，而物体的重量加于肌肉的力称为负荷。静态作业时，人体维持不动，运用肌张力将负荷支持在某一固定位置，此时肌肉的长度不变，这种肌肉收缩称为等长收缩。依靠肌肉等长收缩来维持一定体位所进行的作业称为静态作业。在劳动中，静态作业所占的比重与劳动的姿势及熟练程度有关。任何作业均含有静态作业成分，它可随着劳动姿势的改变、操作熟练程度及工具的改进而减少。

静态作业的特征是能量消耗水平不高，但容易发生疲劳。即使劳动强度很大，氧需也达不到氧上限，通常每分钟不超过 1 L。但在作业停止后数分钟内，氧耗不像动态作业那样迅速降低，而是先升高，然后再逐渐降低到安静水平。具体如图 2-8 所示。

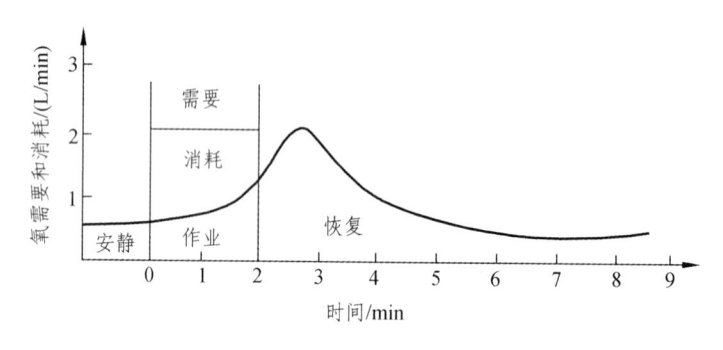

图 2-8 静态作业耗氧的动态

2.4.3 氧耗量测定与计算

作业中人体的能耗与氧耗量有直接关系。因此相对代谢率（RMR）指标也可以通过作业中氧耗量来计算，即

$$RMR = （作业时的耗氧量 - 安静时的耗氧量）/基础代谢耗氧量$$

作业时氧的消耗量可以在作业中直接测定。测定时让被测者背着储气袋，通过面罩把劳动时呼出的气体引入袋中。根据储气袋的容量，通常测定 5~10 min。呼气的化学成分可使用肺功能测定仪器分析，呼气量通过仪器来测量。测定的呼气量要按温度和气压换算成标准状态下的，然后计算该作业的氧耗量。计算时要注意，对恢复期还氧债部分的氧耗量不能忽略。

基础代谢氧的消耗量可以通过由体重、身高计算的体表面积值查表求出。表 2-5 为男子基础代谢氧耗量与体表面积的关系。表中人体表面积保留 2 位小数，查表举例如下：体表面积为 1.41 m² 的男性，首先在体表面积栏查 1.4 所在行，再在表中 0~9 所在列中找 1 所对应的列，可查出对应数据为 176 mL/min。女子的基础代谢氧耗量为男子的 95%。安静时氧的消耗量一般以基础代谢氧耗量的 1.2 倍来计算。

表 2-5　男子基础代谢氧耗量与体表面积的关系（单位：mL/min）

体表面积/m²	1/100									
	0	1	2	3	4	5	6	7	8	9
1.4	175	176	178	179	180	181	183	184	185	186
1.5	188	189	190	191	193	194	195	196	198	199
1.6	200	201	203	204	205	206	208	209	210	211
1.7	213	214	215	216	218	219	220	221	223	224
1.8	225	226	228	229	230	231	233	234	235	236
1.9	238	239	240	241	243	244	245	246	248	249
2.0	250	251	253	254	255	256	258	259	260	261

2.5 劳动强度与疲劳

微课：劳动强度与疲劳

2.5.1 劳动强度分级

2.5.1.1 以相对代谢率指标分级

依作业时的相对代谢率（RMR）指标评价劳动强度标准的典型代表是日本能率协会的划分标准，它将劳动强度划分为 5 个等级，见表 2-6。

表 2-6　劳动强度分级

劳动强度分级	RMR	作业的特点	工种举例
极轻劳动	0~1.0	1. 手指作业 2. 精神作业 3. 坐位姿势多变，立位时身体重心不移动 4. 疲劳属于精神或姿势方面的疲劳	电话交换员 电报员 修理仪表 制图
轻劳动	1.0~2.0	1. 手指作业为主以及上肢作业 2. 以一定的速度可以长时间连续工作 3. 局部产生疲劳	司机 在桌上修理器具 打字员
中劳动	2.0~4.0	1. 几乎立位，身体水平移动为主，速度相当于普通步行 2. 上肢作业用力 3. 可持续几个小时	油漆工、车工 木工 电焊工
重劳动	4.0~7.0	1. 全身作业为主，全身用力 2. 全身疲劳，工作 10~20 min 就想休息	炼钢、炼铁工 土建工
极重劳动	7.0 以上	1. 短时间内全身用强力快速作业 2. 呼吸困难，工作 2~5 min 就想休息	伐木工 大锤工

作业的 RMR 越高，规定的作业率应越低。一般来说，RMR 不超过 2.7 为适宜的作业；RMR 小于 4 的作业可以持续工作，但考虑精神疲劳也应安排适当休息；RMR 大于 4 的作业不能连续进行；RMR 大于 7 的作业应实行机械化。

为了使劳动持久，减少体力疲劳，人们从事的大部分作业氧需都应低于氧上限。极轻作业氧需约为氧上限的 25%；轻作业为氧上限的 25%~50%；中作业为 50%~75%；重作业大于 75%；极重作业接近氧上限，RMR 大于 10 的作业，氧需超过了氧上限。作业最多只能维持 20 min。完全在无氧状态下作业，一般不超过 2 min。

2.5.1.2 以能耗量指标分级

不同劳动强度的能耗量与相对代谢率指标对照资料见表 2-7。该资料是由日本科学劳动研究所发表的。

表 2-7 劳动强度与能耗量

性别	等级	主作业的 RMR	8 h 劳动能耗量/kJ	一天能耗量/kJ
男	A	0~1	2 303~3 852	7 746~9 211
	B	1~2	3 852~5 234	9 211~10 676
	C	2~4	5 234~7 327	10 676~12 770
	D	4~7	7 327~9 085	12 770~14 654
	E	7~11	9 085~10 844	14 654~16 329
女	A	0~1	1 926~3 014	6 908~8 039
	B	1~2	3 014~4 270	8 039~9 295
	C	2~4	4 270~5 945	9 295~10 970
	D	4~7	5 945~7 453	10 970~12 477
	E	7~11	7 453~8 918	12 477~13 942

2.5.1.3 以劳动强度指数分级

我国于 2007 年实施的国家标准《工作场所物理因素测量第 10 部分：体力劳动强度分级》（GBZ/T 189.10—2007）中规定了工作场所体力作业时劳动强度的分级测量方法，是劳动安全卫生和管理的依据。该项标准中以计算劳动强度指数的方式进行劳动强度分级。

表 2-8 列出了体力劳动强度分级标准。体力劳动强度分为 4 个等级。根据计算的劳动强度指数分布的区间可查相应的劳动强度对应的级别，劳动强度指数越大，反映体力劳动强度越大。

表 2-8 体力劳动强度分级

体力劳动强度级别	体力劳动强度指数
Ⅰ	≤15
Ⅱ	15~20
Ⅲ	20~25
Ⅳ	>25

体力劳动强度指数计算公式为

$$I = 10R_t MSW \tag{2-3}$$

式中，I 为体力劳动强度指数；R_t 为劳动时间率（%）；M 为 8 h 工作日平均能量代谢率 [kJ/（min·m²）]；S 为性别系数（男性 = 1，女性 = 1.3）；W 为体力劳动方式系数（搬 = 1，扛 = 0.40，推拉 = 0.05）；10 是计算常数。

为了更好地理解该标准，下面具体介绍劳动强度指数各影响因素的含义及计算方法。

1. 定义

（1）能量代谢率（M）：某工种劳动日内各类活动和休息的能量代谢率的平均值，单位为 kJ/（min·m²）。

（2）劳动时间率（R_t）：工作日内纯劳动时间与工作日总时间的比，以百分率表示。

（3）体力劳动性别系数（S）：在计算体力劳动强度指数时，为反映相同劳动强度引起男女性别不同所致的不同生理反应，使用了性别系数。男性系数为1，女性系数为1.3。

（4）体力劳动方式系数（W）：在计算体力劳动强度指数时，为反映相同体力劳动强度由于劳动方式的不同引起人体不同的生理反应，使用了体力劳动方式系数。搬方式系数为 1、扛方式系数为 0.40、推拉方式系数为 0.05。

2. 能量代谢率、劳动时间率的计算方法

1）平均能量代谢率 M 的计算方法

根据工时记录，将各种劳动与休息加以归类（近似的活动归为一类），按式（2-4）、式（2-5）等求出各单项劳动与休息时的能量代谢率，分别乘以相应的累计时间，最后得出一个工作日各种劳动、休息时的人体单位面积能量消耗值，再把各项能量消耗值总计，除以工作日总时间，即得出工作日平均能量代谢率 [kJ/（min·m²）]。其计算公式见式（2-6）。

2）单项劳动能量代谢率计算

每分钟肺通气量为 3.0 ~ 7.3 L 时采用式（2-4）计算：

$$\lg M = 0.094\ 5x - 0.537\ 94 \tag{2-4}$$

式中，M 为能量代谢率 [kJ/（min·m²）]；x 为单位体表面积气体体积 [L/（min·m²）]。

每分钟肺通气量为 8.0 ~ 30.9 L 时采用式（2-5）计算

$$\lg(13.26 - M) = 1.164\ 8 - 0.012\ 5x \tag{2-5}$$

每分钟肺通气量为 7.3 ~ 8.0 L 时采用式（2-4）和式（2-5）的平均值。

肺通气量的测量使用肺通气量计测量，按照式（2-6）换算肺通气量值，即

$$Q = NA + B \tag{2-6}$$

式中，Q 为肺通气量；N 为仪器显示器显示数值；A、B 为仪器常数。

基于单项能量代谢率计算结果平均能量代谢率计算为

$$M = \frac{\sum_{i=1}^{n} t_i M_i + t_j M_j}{T} \tag{2-7}$$

式中，M 为工作日内平均能量代谢率 [kL/(min·m²)]；M_i 为第 i 项劳动能量代谢率 [kJ/(min·m²)]；t_i 为第 i 项劳动占用的时间（min）；t_j 是工作日内的休息时间（min）；M_j 为休息时的能量代谢率 [kJ/(min·m²)]；T 为工作日总时间（min）；作业时间与休息时间之和为工作日总时间。

3）劳动时间率 R_t 的计算方法

每天选择接受测定的工人 2 或 3 名，记录自上班开始至下班为止整个工作日从事各种劳动与休息（包括工作中间暂停）的时间。每个测定对象应连续记录 3 天（如遇生产不正常或发生事故时不做正式记录，应另选正常生产日，重新测定记录），取平均值，求出劳动时间率（R_t）。

R_t =（工作日总工时 – 休息时间 – 持续 1 min 以上的作业暂停时间）/工作日总工时 × 100%

2.5.2 疲劳的产生与积累

1．根据疲劳积累状况划分工作过程

体力疲劳是随工作过程的推进逐渐产生和发展的。按照疲劳的积累状况，工作过程一般分为以下 4 个阶段：

（1）工作适应期。工作开始时，由于神经调节系统在作业中"一时性协调功能"尚未完全恢复和建立，造成呼吸循环器官及四肢的调节迟缓，人的工作能力还没有完全被激发出来，处于克服人体惰性的状态。这时，人体的活动水平不高，不会产生疲劳。

（2）最佳工作期。经过短暂的第一阶段后，人体各机构逐渐适应工作环境的要求。这时，人体操作活动效率达到最佳状态并能持续较长的时间。只要活动强度不是太高，这一阶段不会产生疲劳。

（3）疲劳期。最佳工作期之后，作业者开始感到疲劳，工作动机下降和兴奋性降低等特征出现。作业速度和准确性开始降低，工作效率和质量下降。这一阶段中，疲劳将不断积累。进入疲劳期的时间与活动强度和环境条件有关。操作强度大、环境条件恶劣时，人体保持最佳工作效率的时间就短；反之，操作者维持最佳工作时间就会大大延长。

（4）疲劳过度积累期。操作者产生疲劳后，应采取相应措施加以控制，或者进行适当的休息，或者调整活动强度；否则，操作者就会因疲劳的过度积累，暂时丧失活动能力，工作被迫停止。许多事故的发生，大都是由疲劳过度积累造成的，疲劳的积累还会逐渐演化为器质性病变。

2．影响疲劳的因素

疲劳的积累过程可用"容器"模型来说明，图 2-9 所示为"容器"模型示意图。从图中可以看到，操作者的疲劳受很多因素影响，最典型的是以下 5 个方面：

1）劳动强度与工作持续时间

劳动强度是决定疲劳出现时间以及疲劳积累程度的主要因素。劳动强度越大，疲劳出现越早。例如，大强度作业只需工作几分钟，人体就出现疲劳。因此，降低劳动强度有利于延缓疲劳的出现。另外，工作持续时间越长，疲劳积累的程度越高。相关研究表明，若工作时间以等差级数递增，则消除疲劳所需的休息时间就以等比级数递增。所以，应科学地确定工作时间。

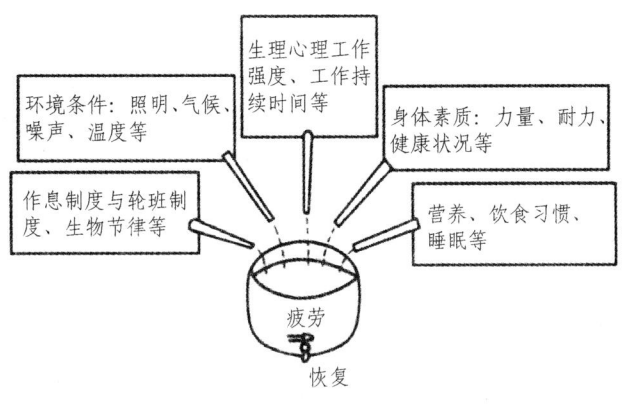

图 2-9 "容器"模型示意图

2）作业环境条件

环境条件包括许多方面，如照明、噪声、振动、微气候、空气污染、色彩布置等。照明环境中照度与亮度分布不均匀，高噪声、高污染的环境，不良的微气候条件等，都会对人的生理及心理产生影响，随着时间的推移不断积累将引发疲劳。

另外，机器设备和各种工具设计或布置是否合理，也影响操作者的疲劳程度，如控制器、显示器的设计不符合人的生理、心理要求，也会加剧人的疲劳。

3）作息制度与轮班制度

不合理的作息制度与轮班制度不利于人体保持最佳工作能力，如不合理的工作时间及休息时间（作业时间过久、恢复时间较短）、作业速度过快、轮班频率过低等易使疲劳提早出现，长时间重复性的单调作业等使操作者兴奋性降低，而趋向于一种压抑状态。

4）身体素质

不同的作业者身体素质不同如力量素质的差异、耐力素质的差异、主要系统生理指标的差异、身体健康状况的差异等，使作业者表现为体力作业能力上的差异，会对操作者的疲劳产生和积累过程产生不同的影响。身体较弱的个体较易疲劳。

5）营养、睡眠等

营养和睡眠是影响操作者疲劳状况的另一类因素，生活条件差、营养不良、长期睡眠不足的个体，其工作能力受到明显的影响，容易产生疲劳。常用的睡眠评价方法有匹兹堡睡眠质量指数量表、Epworth 嗜睡量表和斯坦福嗜睡量表等。匹兹堡睡眠质量指数（Pittsburgh Sleep Quality Index，PSQI）量表是美国匹兹堡大学精神科医生贝塞（Buysse）等人于 1989 年编制的，适用于睡眠障碍患者、精神障碍患者的睡眠质量评价，同时也适用于一般人睡眠质量的评估。PSQI 一般用于评定患者最近 1 个月的睡眠质量，量表由 19 个自评和 5 个他评条目构成，自评条目中参与计分的 18 个条目组成 7 个成分（睡眠质量、入睡时间、睡眠时间、睡眠效率、睡眠障碍、催眠药物与日间功能障碍），每个成分按 0～3 分计分，累积各成分得分为 PSQI 总分，总分范围为 0～21，得分越高表示睡眠质量越差。Epworth 嗜睡量表（Epworth Sleepiness Scale，ESS）是由澳大利亚 Epworth 医院的医生约翰斯（Murray Johns）于 1991 年设计出来的，常用于评价患者白天的嗜睡程度。该量表给出了日常生活中经常遇到的 8 个情境，患者按照自己的情况对每个情境进行打分（0～3 分，"0"代表不会打瞌睡，"1"代表打瞌睡的可能性很小，"2"代表打瞌睡的可能性中等，"3"代表很可能打瞌睡），见表 2-9。

将 8 项得分累加得到一个总分，分值越高则越嗜睡，正常人的评分分值应在 9 分以内。斯坦福嗜睡量表（Stanford Sleepiness Scale，SSS）也是实验研究和临床诊断中常用的一种量表，主要用于患者在某一特定时间的嗜睡程度评估；该量表将患者从"沉睡"到"充满生机与活力"之间可能的状态分为 7 种，患者依据自身情况选择一种来表示当前自己所处的状态。

表 2-9　Epworth 嗜睡量表

编号	情境	得分			
1	坐着阅读书刊时	0	1	2	3
2	看电视时	0	1	2	3
3	在沉闷公共场所坐着不动时（如剧场、开会）	0	1	2	3
4	连续乘坐汽车 1 h，中间无休息时	0	1	2	3
5	条件允许情况下，下午躺下休息时	0	1	2	3
6	坐着与人谈话时	0	1	2	3
7	未饮酒午餐后安静地坐着时	0	1	2	3
8	遇到堵车，在停车的几分钟里	0	1	2	3

此外，其他作业者本身的因素，如熟练程度、操作技巧、对工作的适应性、年龄以及劳动情绪等影响因素也都会带来生理疲劳。但是机体疲劳与主观疲劳感未必同时发生，有时机体尚未进入疲劳状态，却出现了疲劳感，如对工作缺乏兴趣时常常这样。有时机体早已疲劳却无疲劳感，如出于对工作具有高度责任感、特殊爱好的情境等。

"容器"模型把操作者的疲劳看作是容器内的液体，液面水平越高，表示疲劳程度越大。容器排放开关的功能相当于人体在疲劳后的休息——如果没有将排出开关打开，液面水平将持续上升，最终液体溢出容器。随着时间延续，疲劳程度不断地加大，犹如各疲劳源向容器内不断地倾倒液体一样。液体的增多导致液面水平的升高，升高到一定程度，必须打开容器的排放开关，让液体从开关处流出以使液面下降。容器大小类似于人体的活动极限，"溢出"意味着疲劳程度超出人体极限，从而给人体造成严重危害。只有不断地、适时地进行休息，人体疲劳的积累才不至于对身体构成危害。

2.5.3　疲劳测定方法

2.5.3.1　疲劳测定方法应满足的条件

为了测定疲劳，必须有一系列能够表征疲劳的指标。作为测定疲劳的方法应满足：① 测定结果应当是客观的表达，而不能只依赖于作业者的主观解释；② 测定的结果应当定量化表示疲劳的程度；③ 测定方法不能导致附加疲劳，或使被测者分神；④ 测定疲劳时，不能导致被测者不愉快或造成心理负担或病态感觉。

2.5.3.2　疲劳特征及测定方法

疲劳可以从三种特征上表露出来：① 身体的生理状态发生特殊变化。例如，心率、血压、呼吸及血液中的乳酸含量等发生变化。② 进行特定作业时的作业能力下降。例如，对特定信号的反应速度、正确率、感受能力下降,工作绩效下降等。③疲劳的自我体验。

鉴于疲劳的上述特征,疲劳的测定方法包括四类,即生化法、工作绩效测定、生理心理测试法和疲劳症状调查法。表2-10比较详细地列出了疲劳测定方法。下面介绍几种主要方法。

表2-10 疲劳测定方法

测定内容	测定法
呼吸机能	呼吸数、呼吸量、呼吸速度、呼吸变化曲线、呼气中 O_2 和 CO_2 浓度、能量代谢等
循环机能	心率数、心电图、血压等
感觉机能	触二点辨别阈值、平衡机能、视力、听力、皮肤感等
神经机能	反应时间、闪光融合值、皮肤电反射、色名呼叫、脑电图、眼球运动、注意力检查等
运动机能	握力、背力、肌电图、膝腱反射阈值等
生化检测	血液成分、尿量及成分、发汗量、体温等
综合机能	自觉疲劳症状、身体动摇度、手指震颤度、体重等
其他	单位时间工作量、作业频度与强度、作业周期、作业宽裕、动作轨迹、姿势、错误率、废品率、态度、表情、休息效果、问卷调查等

1．生化法

通过检查作业者的血、尿、汗及唾液等体液中乳酸、蛋白质、血糖等成分含量的变化来判断疲劳,该方法的不足之处是测定时需要中断作业活动,并容易给作业者带来不安。

2．工作绩效测定

随着疲劳程度的加深,操作者的工作能力明显下降。这样,操作者的工作绩效,包括完成产品的数量、质量以及出现错误或发生事故的概率等都可作为疲劳评定的指标。操作者处理意外事件的能力,对光、声等外界刺激的反应也可归入这一类测定方法中。

3．生理心理测试法

该方法包括膝腱反射机能测定法、触二点辨别阈值测定法、皮肤划痕消退时间测定法、皮肤电流反应测定法、心率值测定法、色名呼叫时间测定法、勾销符号数目测定法、反应时间测定法、闪光融合值测定法,以及脑电图、心电图、肌电图测定法等。

1）膝腱反射机能测定法

膝脏反射机能测定法是通过测定由疲劳造成的反射机能钝化程度来判断疲劳的方法。它不仅适于体力疲劳测定,也适于判断精神疲劳。

让被试坐在椅子上,用医用小硬橡胶锤,按照规定的冲击力敲击被试者膝部,测定时观察落锤(轴长为15 cm,质量为150 g)落下使膝腱反射的最小落下角度(称为膝腱反射阈值)。当人体疲劳时,膝腱反射阈值(即落锤落下角度)增大,一般强度疲劳时,作业前后阈值差5°～10°;中度疲劳时为10°～15° 重度疲劳时可达15°～30°。

2）触二点辨别阈值测定法

用两个短距离的针状物同时刺激作业者皮肤上两点,当刺激的两点接近某种距离时,被试者仅感到是一点,似乎只有一根针在刺激。这个敏感距离称为触二点辨别阈或两点阈。随着疲劳程度的增加，感觉机能钝化，皮肤的敏感距离也增大，根据两点阈限的变化可以判别疲劳程度。

测定皮肤的敏感距离，常用一种叫作双脚规的触觉计，可以调节双脚间距，并从标识的刻度读出数据。身体的部位不同，两点阈也不同。

3）皮肤划痕消退时间测定法

用类似于粗圆笔尖的尖锐物在皮肤上划痕，即刻显现一道白色痕迹，测量痕迹慢慢消退的时间，疲劳程度越大，消退得越慢。

4）皮肤电流反应测定法

测定时把电极任意安在人体皮肤的两处，以微弱电流通过皮肤，用电流计测定作业前后皮肤电流的变化情况，可以判断人体的疲劳程度。人体疲劳时皮肤电传导性增高，皮肤电流增加。

5）心率值测定法

心率，即心脏每分钟跳动的次数。心率随人体的负担程度而变化，因此可以根据心率变化来测定疲劳程度。采用无线生理信号测定仪中的心电模块可以使测试与作业过程同步进行。正常的心率是安静时的心率。一般成年男人平均心率水平为 60~70 次/min，女人为 70~80 次/min，生理变动范围在 60~100 次/min 之间。吸气时心率加快，呼气时减慢；站立比静坐时快。在作业过程中，作业者承受的体力负荷和由于紧张产生的精神负荷均会导致心率增加。甚至有时体力负荷与精神负荷是同时发生的，因此心率可以作为疲劳研究的量化尺度，反映劳动负荷的大小及人体疲劳程度。

可以用下述三种指标判断疲劳程度：作业时的平均心率、作业中的最高心率、从作业结束时起到心率恢复为安静时止的恢复时间。德国的勃朗克研究所提出：作业时，心率变化值最好在 30 次以内，增加率在 22%~27% 以下。

6）色名呼叫时间测定法

色名呼叫时间测定法是通过检查作业者识别颜色并能正确呼出色名的能力，来判断作业者疲劳程度的方法。测试者准备 100 张不同颜色的纸板，在每个纸板上随机写上红、黄、蓝、白、黑五个表示颜色的汉字中的一个让被试者按照纸板排列的顺序进行辨认并迅速呼出纸板的颜色，记录被试者呼出全部色名所需要的时间和错误率，以此来判断疲劳程度。

在这项测试中，反应时间的长短受神经系统支配，当疲劳时精神和神经感觉处于抑制状态，感官对于刺激不十分敏感，于是反应时间长、错误次数多。

7）勾销符号数目测定法

将 5 种符号共 200 个随机排列，在规定的时间内只勾掉其中一种符号，要求正确无误。这是一个辨识、选择、判断的过程，敏锐快捷程度受制于体力、脑力状态。因此，从句销掉符号数目的多少可以判别疲劳程度。

8）反应时间测定法

反应时间是指从呈现刺激到感知，直至做出反应动作的时间间隔。其长短受许多因素影响，如刺激信号的性质，被试者的机体状态等。因此，反应时间的变化，可反映被试者中枢神经系统机能的钝化和机体疲劳程度。当作业者疲劳时，大脑细胞的活动处于抑制状态，对刺激不十分敏感，反应时间就长。利用反应时间测定装置可测定简单反应时间和选择反应时间。

9）闪光融合值测定法

闪光融合值是用以表示人的大脑意识水平的间接测定指标。人对低频的闪光有闪烁感，当闪光频率增加到一定程度时，人就不再感到闪烁，这种现象称为融合。开始产生融合时的频率称为融合值；反之，光源从融合状态降低闪光频率，使人感到光源开始闪烁，这种现象称为闪光。开始产生闪光时的频率称为闪光值。

融合值与闪光值的平均值称为闪光融合值，亦称为临界闪光融合值（Critical Flicker Fusion，CFF）。闪光融合临界频率一般为 30～55 Hz。人的视觉系统的灵敏度与人的大脑兴奋水平有关。疲劳后，兴奋水平降低，亦即中枢神经系统机能钝化，视觉灵敏度降低。虽然 CFF 值因人因时而异，不可能有一个统一的判断准则，但人在疲劳或困倦时，CFF 值下降，在紧张或不疲倦时则上升。一般采用闪光融合值的如下两项指标来表征疲劳程度：

日间变化率 = 休息日后第一天作业后值/休息日后第一天作业前值 × 100% − 100%

周间变化率 = 周末作业前值/休息日后第一天作业前值 × 100% − 100%

在较重的体力作业中，闪光融合值一天内最好降低 10% 左右。若降低率超过了 20%，就会发生显著疲劳。在较轻的体力作业或脑力作业中一天内最好只降低 5% 左右。无论何种作业，周间降低率最好在 3% 左右。

格兰德等人于 1970—1971 年，利用闪光融合值（CFF）等方法曾对瑞士苏黎世航空港的 68 名机场调度员进行疲劳测定，平均每间隔 2.5 h 测一次（24 h 测 9 次），延续 3 周。结果表明，各项指标在工作 4 h 后有中度下降，7 h 后明显下降。这种下降与中枢神经活动水平低下引起疲劳有关。因此，对那些要求时刻保持高度警惕的作业，必须合理安排操作人员的休息时间，以保证操作者的疲劳程度不足以引起事故危险性的增加。

10）心电图测定法

心电图（Electrocardiogram，ECG）记录了心脏在每个心动周期中，由起搏点、心房、心室相继兴奋而引起的生物电位变化。在体力活动的过程中，心血管神经系统和体液会做出相应的调节，交感神经和副交感神经活动性也会随之发生显著改变，因此常将心电指标作为体力负荷以及体力疲劳的评判方法之一。常用于表征疲劳的心电指标有心率（HR）、心率变异性（HRV）、RR 间期标准差（SDNN）、交感神经活性（LF）、副交感神经活性（HF）等。研究表明随着疲劳的产生与积累，心率、RR 间期标准差、交感神经活性均呈现出上升趋势，心率变异性、副交感神经活性则逐渐下降。图 2-10 所示为心电图的一个完整周期。

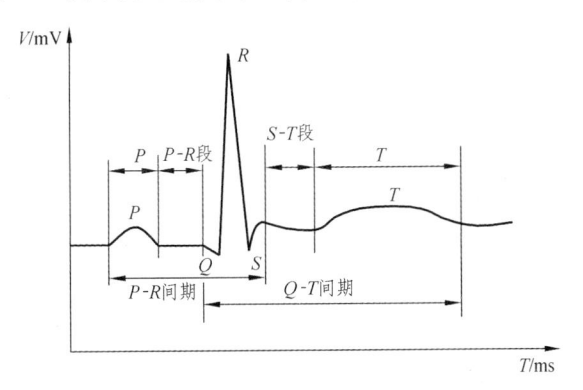

图 2-10 心电图的一个完整周期

11）肌电图测定法

肌电（Electromyogram，EMG）信号是神经肌肉系统活动时的生物电变化经电极引导、放大、显示和记录所获得的一维电压时间序列信号，而表面肌电（surface Electromyogram，sEMG）检测具有非损伤性、实时性、多靶点测量等优点，常用于身体局部肌肉负荷以及疲劳程度的评估。大量的实验研究表明，肌肉活动时，随着肌肉疲劳程度的增加，sEMG时域指标平均振幅（aEMG）、积分肌电值（iEMG）和均方根振幅（RMS）逐渐上升；而频域指标中位频率（MF）和平均功率频率（MPF）则逐渐下降。图2-11（a）所示为美国Bipoac公司生产的Mp150多导生理记录仪，图2-11（b）所示为其测得的竖脊肌肌电信号（上）与心电信号（下）。

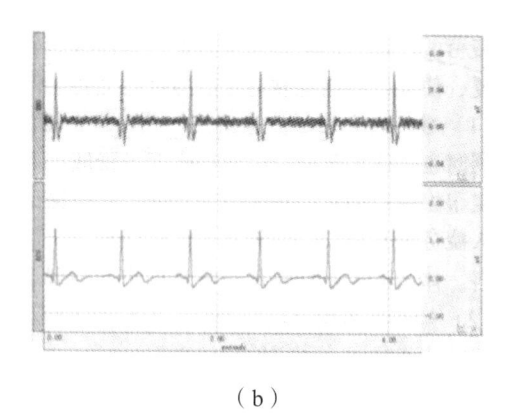

（a）　　　　　　　　　　　　（b）

图2-11　Biopac Mp150多导生理记录仪与肌电、心电信号

4．疲劳症状调查法

该方法通过对作业者本人的主观感受即自觉症状的调查统计来判断作业者疲劳程度。其简易、省时，不仅切实可行，且具有较高的精确性。值得强调的是，调查的症状应真实，有代表性，尽可能调查全作业组人员。另外，选择量表时应注意量表的信度和效度。

日本产业卫生学会提出的疲劳自觉症状的调查内容（见表2-11）。将疲劳症状分为身体、精神和神经感觉三项，每一项又分为10种。调查表可预先发给作业者，对作业前、作业中和作业后分别记述，最后计算分析A、B、C各项有自觉症状者所占的比例。

各项自觉症状出现率 =（A，B，C各项分别主诉总数）/10 × 被调查人数 × 100%

表2-11　疲劳自觉症状的调查表

姓名：	年龄：	记录　年　月　日
作业内容：		
种类	身体症状（A）	精神症状（B）	神经感觉症状（C）
1	头重	头脑不清	眼睛疲倦
2	头痛	思想不集中	眼睛发干、发滞
3	全身不适	不爱说话	动作不灵活、失误
4	打哈欠	焦躁	站立不稳

续表

种类	身体症状（A）	精神症状（B）	神经感觉症状（C）
5	腿软	精神涣散	味觉变化
6	身体某处不适	对事物冷淡	眩晕
7	出冷汗	常忘事	眼皮或肌肉发抖
8	口干	易出错	耳鸣、听力下降
9	呼吸困难	对事不放心	手脚打颤
10	肩痛	困倦	动作不准确

在调查疲劳自觉症状的基础上，还应根据行业和作业的特点，结合其他指标的测定，对疲劳状况和疲劳程度进行综合分析判断。

2.5.4 降低疲劳的途径

2.5.4.1 改善工作条件

1．合理设计工作环境

工作环境条件直接影响操作者的疲劳。照明、色彩、噪声、振动、微气候条件、粉尘及有害气体等环境条件不良，都会增加肉体和精神负担，容易引起疲劳，使作业能力降低。因此，要创造合适的工作环境，搞好安全管理和劳动保护工作。

2．改进设备和工具

采用先进的生产技术和工艺，提高设备的机械化、自动化水平，是提高劳动生产率，减轻工人劳动强度，彻底改善劳动条件的根本措施。

工具和辅助设备的改进，可以减少静态作业，减轻工人劳动强度，提高工作效率。例如，机器、作业台、工作椅等的高度及其他尺寸，如果符合操作者的操作要求，可减少静态作业成分。采用进口机器设备时也应注意这一点。此外，椅子应有舒适的靠背和扶手，以减少静态紧张。机器的各种操纵装置，如手把、踏板、旋钮等的形状、高低和远近，应考虑到人体生理解剖结构，以使操纵便利、省力；仪表等显示装置的大小、样式及排列顺序等也应考虑人体的功能，以免引起疲劳和误读。

合理的工具设计有助于预防人体的累积损伤。事实上，不合理的工具往往使操作姿势不符合人因工程的原理。以下探讨手握式工具设计时应遵循的原则：

1）避免静肌负荷

当使用工具时，臂部上举或长时间抓握，会使肩、臂及手部肌肉承受静负荷，导致疲劳，降低作业效率。例如，传统的电烙铁是直杆式的，如图2-12（a）所示，当在工作台上操作时，如果被焊物体平放于台面，则手臂必须抬起才能施焊。改进的设计是将烙铁做成弯把式，如图2-12（b）所示，操作时手臂就可以处于较自然的水平状态，减少抬臂产生的静肌负荷。

（a）直杆式电烙铁　　　　　　　　（b）弯把式电烙铁

图 2-12　烙铁把子的设计与手臂姿势

2）保持手腕伸直

一般情况下，手腕处于中立位置是最佳的，而且保持手腕的伸直状态手心的力量也要大一些。所以在设计工具时，如果要用到手腕的力量，尽量使工具弯曲而不要使手腕弯曲，避免手腕的侧偏。例如，钳子设计有两种方案，如图 2-13 所示。在使用第一种直柄钳子时，手在用力时需要手腕的弯曲来配合；而在使用第二种有一定弧度的钳子时，可借助手柄的弧度，保持手腕的水平。结果表明，使用第一种钳子的工人比使用第二种钳子的工人得腱鞘炎的比例要大得多。

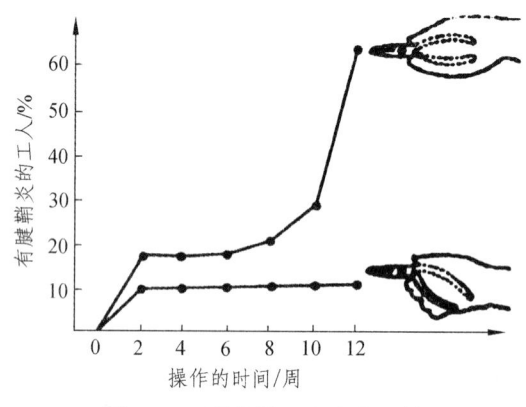

图 2-13　两种钳子方案的比较

3）使组织压迫最小

手在操作工具时，有时需要用力较大。所以，在工作时要尽量分散力量，如增大手和工具的接触面积，以减小对血管和神经的压力。例如，传统涂料刮具的手柄是直的，在手握紧工具操作时，对尺骨动脉造成了一定的压力，如果对手柄稍做改进，增加一个垂直的短柄，就可依靠拇指和食指之间的坚硬组织来操作，工人就会舒适得多，如图 2-14 所示。

4）减少手指的重复活动

拇指的活动是由局部的肌肉控制的，所以重复拇指的动作，其危害性比重复食指的动作要小，过多重复食指的动作会引起手指的腱鞘炎。所以，在设计工具时要尽量减少食指的重复作业，对拇指要尽量避免过度伸展。因此，多个手指操作的控制器显然比只用拇指操作的控制器要优越，如图 2-15 所示，可分散手指用力，又可利用拇指握紧并引导工具。

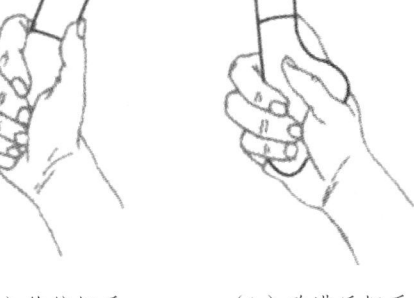

（a）传统把手　　　（b）改进后把手　　　（a）拇指开关　　　（b）四指开关

图 2-14　避免掌部压力的把手设计　　　　图 2-15　避免单指操作的设计

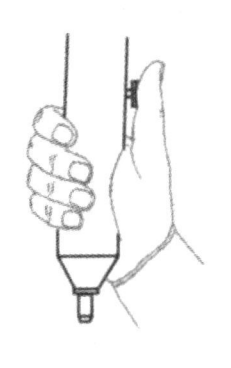

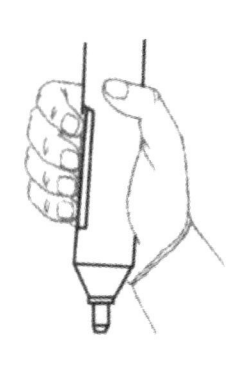

5）其他因素

此外，工具的设计还要考虑其他一些因素，如安全性。工具的设计必须避免尖锐的边角，对于动力设备要安装制动装置；设计中还要防止对工具的错误使用，如强化功能的标识，减少按钮的误操作等；另外，工具的设计必须满足不同人群的需要，操作者可能是男性也可能是女性，可能习惯于使用右手也可能习惯于使用左手。女性的手较男性的手握力要小一些，所以，工具的设计要考虑女性的生理特点。目前，左撇子已接近世界总人口的 8%~10%，工具的设计也要考虑到这一因素。

3．改进工作方法

改进工作方法包括改进工作姿势、作业速度、作业方法和操作的合理化。

1）采用合适的工作姿势

工作姿势影响动作的圆滑度和稳定度。工作场地狭窄，往往妨碍身体自由、正常地活动，束缚身体平衡姿势，造成工作姿势不合理，使人容易疲劳。因此，需要设计合理的工作场地和工作位置，研究合理的工作姿势。目前还没有统一评价工作姿势的指标，通常以工作面高度、椅子高度，以及所使用的机器、工具、材料的形状和距离是否合适作为判断指标。

设备、工具的安置要合理，如设备、机器等的安置要适合于人的操作，消除不良姿势和操作不便。需要作业者来回走动的作业，固定设备的配置应考虑如何缩短行程。放置各种手工工具及被加工物应有一定顺序，存放地点方便。

在改进操作方法和工作地布置时，应当尽量避免下列不良体位：① 静止不动；② 长期或反复弯腰；③ 身体左右扭曲；④ 负荷不平衡，单侧肢体承重；⑤ 长时间双手或单手前伸等。

2）采用经济作业速度

体力作业时，不同的作业速度，人的能量消耗不同。这就存在经济作业速度。所谓经济作业速度，就是进行某项作业时消耗最小能量的作业速度。在这个速度下，作业者不易疲劳，持续工作时间最长。例如，负重步行的劳动者，测定其以不同速度步行百米的耗氧量，结果如表 2-12 所示。

表 2-12　不同步行速度步行百米的耗氧量

步行速度/(m/min)	10	30	40	50	60	70	80	90	110	130
步行百米耗氧量/L	1.4	0.8	0.7	0.65	0.5	0.6	0.67	0.8	1.25	1.75

由表 2-12 可见，步行速度为 60 m/min 时耗氧量最少。速度过快，不易持久；速度过慢，肌肉收缩时间变长，易疲劳。因此，研究生产线上具体作业的最佳速度很有实际意义。

负重行走研究还证明，当负荷重量对劳动者体重的比率低于 40% 时，单位劳动量（步行 1 m，搬运 1 kg 重物）的耗氧量变化不大，只有负重超过体重的 40% 时，单位劳动量的氧耗量才急剧上升。对于负重搬运劳动而言，最佳负重限度应为体重的 40%。

3）选择最佳的作业方法

应根据方法研究技术，对现有的操作方法进行分析改善，去掉无效、多余动作，使人的动作经济、合理，减轻操作者的疲劳。

搬运作业是企业经常进行的作业，如果由人进行搬运，则是很重的体力劳动。合理的搬运方式能减轻人的疲劳。例如，同样重的物体，如果用肩扛，耗氧量为 100%，用手提为 144%，双手抱则为 116%。用车搬运可以比徒手搬运更重的物体。

4）操作的合理化

操作者作业过程中的用力原则是：将力投入到完成某种动作的有用功上去。这样可以延缓疲劳的到来或者在某种程度上减少疲劳。例如，向下用力地作业，立位优于坐位，可以利用头与躯干的重量及伸直的上肢协调动作获得较大的力量。另外操作者要注意使动作自然、对称而有节奏，不断改进动作，降低动作等级。

2.5.4.2　合理确定休息时间和休息方式

1．疲劳后身体的恢复

人的活动一停止，恢复过程就开始了。疲劳恢复过程包括体内产能物质及体液等其他成分的恢复；疲劳物质的消除等。研究表明：恢复过程是渐进的，恢复时间长短与劳动强度及恢复期环境条件是否适宜有关；不同的个体恢复过程存在差异，同等强度作业，身体素质好、营养水平较高及进行锻炼者，恢复时间短，反之，恢复时间较长；另外，恢复过程存在"超量恢复"现象。即经过恢复后，人体的能量储备水平在某一时期内可能达到比活动期更高的水平。因此，安排休息时间对疲劳恢复具有重要作用。

2．休息时间的确定

工作时间与休息时间安排得是否合理，直接影响工人的疲劳及作业能力。本部分介绍两种确定方法：

1）以能耗指标确定

德国学者 E·A·米勒对一个工作日中，劳动时间与休息时间各为多少以及两者如何配置进行了研究。他认为，一般人连续劳动 480 min 而中间不休息的最大能量消耗界限为 16.75 kJ/min，该能量消耗水平被称为耐力水平。如果作业时的能耗超过这一界限，劳动者就必须使用体内的能量储备。为了补充体内的能量储备，就必须在作业过程中，插入必要的休息时间。米勒假定标准能量储备为 100.47 kJ，要避免疲劳积累，则工作时间加上休息时间的平均能量消耗不能超过 16.75 kJ/min。据此，能量消耗水平与劳动持续时间以及休息时间的关系如下：

设作业时实际能耗量为 M，工作日总工时为 T，其中实际劳动时间为 $T_{劳}$，休息时间为 $T_{休}$，则

$$T = T_{劳} + T_{休}$$

$$T_r = T_{劳}/T_{休}，T_w = T_{劳}/T$$

式中，T_r 为休息率；T_w 为实际劳动率。

因为在一个周期中，实际劳动时间为 100.47 kJ 能量储备被耗尽的时间，所以

$$T_{劳} = 100.47/(M - 16.75)$$

由于要求总的能量消耗满足平均能量消耗不超过 16.75kJ/min，所以

$$T_{劳}M = (T_{劳} + T_{休}) \times 16.75$$

$$T_{休} = (M/16.75 - 1)T_{劳}$$

$$T_r = T_{劳}/T_{休} = M/16.75 - 1$$

$$T_w = T_{劳}/T = 1/(1 + T_r)$$

计算出一个工作周期的劳动时间与休息时间后，就可确定工作日内的休息时间及休息次数。该种方式的休息时刻就是 100.47 kJ 的能量被消耗尽的时刻。按照此方式工作，不会产生疲劳积累。

目前有许多重体力作业，其能量消耗均已超过最大能耗界限，如铲煤作业，能量消耗为 41.86 kJ/min；拉钢链工，能量消耗为 36.42 kJ/min。对于此类作业，必须根据作业时的能量代谢率，合理安排工间休息，以保证灿的总能耗不超过最佳能耗界限。

2）综合各因素考虑确定

上述方法是以能耗指标（劳动强度）为基准确定时间的，除此之外，休息时间的长短、次数和时刻，还与作业性质、紧张程度、作业环境等因素相关。如果劳动强度大、工作环境差，则需要更长的休息时间、更多的休息次数；若体力劳动强度不大（低于 16.75 kJ/min，则不需要休息时间），而神经或运动器官特别紧张的作业，应实行多次短时间休息；一般轻体力劳动只需在上、下午各安排一次工间休息即可。在高温或强热辐射环境下的重体力劳动，需要多次的长时间休息，每次大约 20~30 min；精神集中的作业持续时间因人而异，一般可以集中精神的时间只有 2 h 左右。之后人的身体产生疲劳，精神便涣散，必须休息 10~15 min。

一般情况下，工作日开始阶段的休息时间应比前半日的中间阶段多一些，以消除开始积累的轻度疲劳，保证后一段时间作业能力的发挥。工作日的后半日特别是结束阶段休息次数应多一些。另外，在设计强制节拍流水线时，应适当使作业者在每一节拍的劳动中有一个工间暂歇，即在作业时各动作间的暂时停顿，形成作业宽放。这样可以保证大脑皮层细胞的兴奋与抑制、耗损与恢复以及肌细胞能量的补充。

3．休息方式

休息方式可分为积极休息和消极休息。

1）积极休息

积极休息也称为交替休息。例如，脑力劳动疲劳后，可以做些轻便的体力活动或劳动，使过度紧张的神经得到调节；久坐后，站立起慢走，可解除坐位疲劳；长时间低头弯腰，颈部前屈，流入脑部的血液减少而产生疲劳，伸腰活动可改变血液循环的现状，使脑部得到更多的养料和氧气，及时排除废物，腰部肌肉也能得到锻炼。上述种种交替作业或活动，其原理都是共同的，可使机体功能得以恢复，解除疲劳。生理学认为，积极休息比消极休息可使工作效率恢复提高约 60%～70%。

积极休息可以运用在企业现场的作业设计中，例如：作业单元不宜过细划分；要使各动作之间、各操作之间、各作业之间留有适当的间歇；可使双手或双脚交替活动；在劳动组织中进行作业更换。脑体更换及脑力劳动难易程度的更换，可使作业扩大化，工作内容丰富化，以免作业者对简单、紧张、周而复始的作业产生单调感。适时的工间休息、做工间操也会缓解疲劳。工间操应按各种不同作业的特点来编排。另外，还要适当配合作业进行短暂休息，如动作与动作、操作与操作、作业与作业间的暂时停顿，要注意工作中的节律。

2）消极休息

消极休息也称为安静休息。重体力劳动一般采取这种休息方式，如静坐、静卧或适宜的文娱活动等，都能令人轻松愉悦。可以根据具体情况划分为：以恢复体力为主要目的者，可进行音乐调节；弯腰作业者，可做伸展活动；局部肌肉疲劳者，多做放松性活动；视、听力紧张的作业及脑力劳动，要加强全身性活动，转移大脑皮层的优势兴奋中心。

2.5.4.3 改进生产组织与劳动制度

1．休息日制度

休息日制度直接影响劳动者的休息质量与疲劳的消除。在历史上，休息日制度经历了一定的变革。第一次世界大战以后，许多国家都实行每周工作 56 h。第二次世界大战初期，英国将 56 h/周延长至 69.5 h/周，由于人民的爱国热情，生产在初始阶段上升 10%，但不久又从原水平降低了 12%，随之缺勤、发病、事故也频频增加。第二次世界大战后，许多国家实行 40 h/周的工作制度。目前，发达国家的休息日制度的发展趋势是多样化和灵活化，有些国家的周工作时间缩短到 40 h 以下。我国目前采用每周工作 5 天（40 h/周），休息 2 天的制度。

2．轮班制度

轮班制作业是指在一天 24 h 内职工分成几个班次连续进行生产劳动。根据我国《国务院关于职工工作时间的规定》，从 1995 年 5 月 1 日起实行每天工作 8 h、每周工作 40 h 的新标准工作制，但同时也有补充法律条文。《中华人民共和国劳动法》第 39 条规定：企业因生产特点不能实行每日 8 小时工作时间的，经劳动行政部门批准，可以实行其他工作和休息办法。但从机体的生理学角度考虑，在制定轮班制度时应遵循以下五条原则：① 连续性的夜班天数不宜过多；② 早班开始时间不宜太早；③ 一班时间的长短应取决于脑力和体力负荷状况；④ 从一种班更换到另一种班的中间间隔时间不宜太短（至少相隔 24 h）；⑤ 更换的班种应遵循早、中、夜班的顺序。目前国内外较为常见的轮班制度有以下几种。

1）8 h 作业轮班方式

对于 8 h 作业，广泛采用的是四班三运转法，即每天有三个班依次上早、中、晚班，另一个班轮休，每天每班工作时间为8h；轮班的顺序为：两个早班、两个中班、两个夜班，后连休两天（又称"二四制"）。具体排班方式见表2-13。

表2-13 四班三运转法轮班制作业排班表

班种	一	二	三	四	五	六	日	一	二	三	四	五	六	日	…
早班	1	1	4	4	3	3	2	2	1	1	4	4	3	3	…
中班	2	2	1	1	4	4	3	3	2	2	1	1	4	4	…
晚班	3	3	2	2	1	1	4	4	3	3	2	2	1	1	…

注：1. 表中阿拉伯数字代表工人组别。
2. 早班：7:00 a.m.—3:00 p.m.；中班：3:00 p.m.—11:00 p.m.；晚班：11:00 p.m.—7:00 a.m.。

这种8h作业轮班制度使每个班组在各班种都连续工作两天，班种切换具有一定的稳定性，符合人体生物节律的特点。经过有关实践证明，这种轮班方式受到职工的广泛认同。

2）12h作业轮班方式

在12h作业中，使用较多的为以下三种轮班方式：

（1）一一二轮转法。一一二轮转法是指每班工作时间为12h，先上一个白班，接着上一个夜班，后连休两天。具体排班方式见表2-14。

表2-14 一一二轮转法轮班制作业排班表

班种	一	二	三	四	五	六	日	一	二	三	四	五	六	日	…
白班	1	3	4	2	1	3	4	2	1	3	4	2	1	3	…
夜班	2	1	3	4	2	1	3	4	2	1	3	4	2	1	…

这种轮班制度中，对每一班组而言，班种的切换速度过快，夜班后休息48h后就要开始下一个白班。有学者通过研究指出，48h的间隔休息并不能有效调节职工的生物节律，夜班的疲劳不能有效恢复，长此以往，疲劳累积可能导致睡眠障碍、消化系统功能紊乱、心脑血管病变等疾病。

（2）二二四轮转法。二二四轮转法是指每班工作时间为12h，每班组先上两个白班，接着上两个夜班，后连休4天。具体排班方式见表2-15。

表2-15 二二四轮转法轮班制作业排班表

班种	一	二	三	四	五	六	日	一	二	三	四	五	六	日	…
白班	1	1	2	2	3	3	4	4	1	1	2	2	3	3	…
夜班	4	4	1	1	2	2	3	3	4	4	1	1	2	2	…

这种轮班制度的最大的优点是夜班后可连续休4天职工可以安排宽余的业余时间进行学习、外出旅游等活动对年轻人更为合适。但是，职工的工作时间集中在4天内，后续较长的休息时间也导致管理的不方便，易出现职工从事其他工作，而妨碍正常工作。

（3）二一二三轮转法。二一二三是指每班工作时间为12h，先上两个白班，休息一天，接着两个夜班，后连休三天。具体排班方式见表2-16。

表 2-16　二一二三轮转法轮班制作业排班表

班种	一	二	三	四	五	六	日	一	二	三	四	五	六	七	…
白班	L	1	2	2	3	3	4	4	1	1	2	2	3	3	…
夜班	3	4	4	1	1	2	2	3	3	4	4	1	1	2	…

这种轮班方式的白班到夜班的切换时间间隔为 1 天，夜班到白班的切换时间为 3 天，克瑞特（P·Knauth）研究指出夜班到白班的切换时间间隔达到 72 h 能够有效地调节因睡眠不足导致的生物节律混乱。此外，这种排班采用同种班种下连续工作两天的方式，更能够很好地维持生物节律。在现有的 12 h 轮班方式中，这种方式是众多研究者推荐使用的方式。

对于日夜轮班制度的研究，必须同时考虑工作效率和劳动者的身心健康。研究表明，夜班工作效率比日班约降低 8%，夜班作业者的生理机能水平只有白班的 0%，表现为体温、血压、脉搏降低，反应机能也降低，从而工作效率下降。图 2-16 所示为日本学者根据各国研究人员的研究成果绘制出的人在一天 24 h 中身体机能的变化。

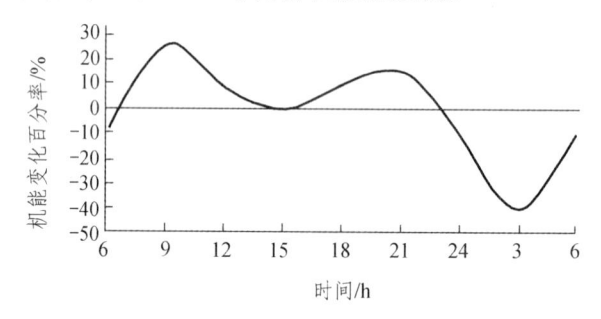

图 2-16　人在 24 h 中身体机能的变化

从图 2-16 可以看出，24 点到早晨 6 点之间人体机能较差，凌晨 2 点到 4 点之间机能最差，失误率较高。图 2-17 所示为根据某燃气公司 10 年中对三班制工人检查煤气表的差错率所做的统计。比较图 2-16 与图 2-17 可以明显看出，错误的发生率与 1 天之内 24 h 人体机能的变化非常一致，当身体机能上升时错误就减少，当身体机能下降时错误就增加；到凌晨 3 时，身体机能到达最低点，出错率则相应地到达最大值。这是因为人的生理内部环境不易逆转。夜班破坏了劳动者的生物节律，作业者疲劳自觉症状多，人体的负担程度大，连续 3～4 天夜班作业，就可以发现有疲劳累积的现象，甚至连上几周夜班，也难以完全习惯。另一原因是夜班作业者在白天得不到充分的休息。这种疲劳，长此以往将损害作业者的身心健康。

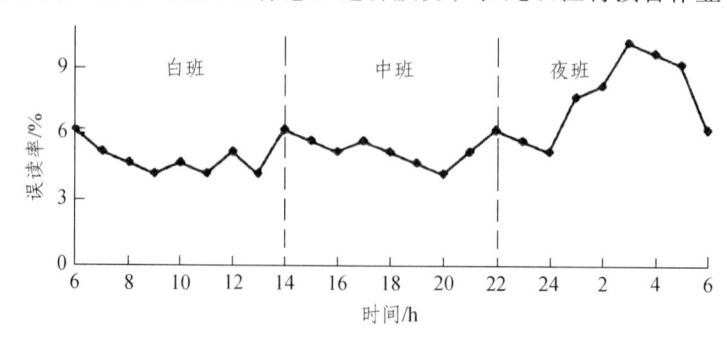

图 2-17　某燃气公司查表的差错率统计（按 1 天出错的时间）

为了使生物节律与休息时间相一致，可以通过环境的明暗、喧闹与安静的交替来实现。环境的变化（如强制性的颠倒），人的生理机制会通过新的适应，改变原节律，但这种适应却要很长的时间。体温节律的改变要 5 天；脑电波节律的改变要 5 天；呼吸功能节律的改变要 11 天；钾的排泄节律的改变要 25 天。因此，工作轮班制的确定必须考虑合理性、可行性，尽量减少对生物节律的干扰，无可奈何时，也要改善夜班作业的场所及其劳动、生活条件。

现在我国许多企业在劳动强度大、劳动条件差的生产岗位都实行"四班三运转制"。工人作业时精神和体力都处于良好状态，工效高。这是因为 8 天中分为 2 天早班、2 天中班、2 天夜班，又有 2 天休息。变化是延续而渐进的，减轻了机体不适应性疲劳。

2.6 思考题

1. 什么是体力工作负荷？
2. 体力工作负荷的测定方法有哪几种？
3. 什么是劳动强度？劳动强度的评定方法有哪些？
4. 简述体力疲劳及其产生原因。
5. 疲劳可以从哪三种特征上反映出来？
6. 疲劳的测定方法有哪些？
7. 生理心理测试法包括哪些具体方法？
8. 疲劳的一般规律是什么？
9. 降低疲劳的途径有哪些？

第 3 章 列车运维作业脑力工作负荷

3.1 脑力负荷的定义及影响因素

微课：脑力负荷的定义及影响因素

在列车系统中，司机和调度面临着大量的信息加工要求，必须保持注意力高度集中，并需要具有较高的反应速度和准确性。上述特点使操作者承受的体力负荷越来越小，相应地，脑力负荷越来越大。因此，研究人在系统中的表现以及脑力负荷对人机系统效率的影响具有重要作用。在过去的 30 年时间里，西方各主要国家投入大量的人力、物力研究脑力负荷，并用于系统设计，如美国空军要求新飞机的设计要符合脑力负荷标准。可以说脑力负荷研究已成为系统设计必须考虑的一个重要课题。

3.1.1 脑力负荷的定义

脑力负荷的英文术语是 mental workload，也可称为心理负荷、精神负荷、脑负荷或脑力负担。脑力负荷最初是被用来与体力负荷相对应的一个术语，是指单位时间内人承受的脑力活动工作量，用来形容人在工作中的心理压力，或信息处理能力。但脑力负荷并没有被严格定义。1976 年，北大西洋公约组织（简称北约组织）的一些科学家在美国麻省理工学院谢尔顿（英文名字）教授的主持下召开了"监视行为和控制"的专题会议，提出了在新的系统中测量人的脑力负荷的重要性。1977 年，北约组织的一些著名学者又召开了"脑力负荷的理论和测量"专题会议，系统地讨论了脑力负荷的定义、理论及测量方法。与会者从不同的角度定义脑力负荷，但没有得出统一的可被大家接受的定义。最后结论为：脑力负荷是一个多维概念，它涉及工作要求、时间压力、操作者的能力和努力程度、行为表现和其他许多因素。下面是几种具有代表性的定义：

（1）脑力负荷是人在工作时的信息处理速度，即决策速度和决策的困难程度。这是北大西洋公约组织脑力负荷的组织者莫里（Moray）教授所给的定义。莫里教授是一位心理学家，专门研究人的信息处理系统和注意力，很自然地把脑力负荷与信息处理系统联系起来。

（2）脑力负荷是人在工作时所占用的脑力资源的程度，即脑力负荷与人在工作时所剩余的能力是负相关的。在工作时用到的能力越少，脑力负荷就越低，在工作时剩下的能力越少，脑力负荷就越高。使用这种定义时，脑力负荷的测量就变成了对人的能力或剩余能力的测量了。

（3）脑力负荷是人在工作中感受到的工作压力的大小，即脑力负荷与工作时感到的压力是相关的。工作时感到的压力越大，脑力负荷就越高；感到的工作压力越小，脑力负荷就越低。使用这种定义，脑力负荷的测量就变成了对人在工作时的压力的评估。

（4）脑力负荷是人在工作中的繁忙程度，即操作人员在执行脑力工作时实际有多忙。操作人员越忙，说明脑力负荷越高；操作人员空闲的时间越多，说明脑力负荷越轻。持这种观点的人主要是工程设计人员。因为对工程设计人员来说，操作人员能否及时完成系统赋予他的任务是最重要的，而这主要取决于操作人员有没有足够的时间。

本书中，将脑力负荷定义为反映工作时人的信息处理系统被使用程度的指标。脑力负荷与人的闲置未用的信息处理能力之和就是人的信息处理能力。人的闲置未用信息处理能力越大，脑力负荷就越低；人的闲置未用的信息处理能力越小，则脑力负荷越大。人的闲置未用的信息处理能力与人的信息处理能力、工作任务对人的要求、人工作时的努力程度等有关，因而脑力负荷也与这些因素有关。

3.1.2 脑力负荷的影响因素

影响脑力负荷的因素很多，如工作内容、操作人员的能力及个人努力、系统对绩效的要求、系统错误的后果等。由于脑力负荷是研究人的，下面我们把人从人机系统中分解出来，可以得到图 3-1 所示的三类因素：工作内容、人的能力及努力程度。这三个组成部分对脑力负荷的测量都有着十分重要的影响。

图 3-1 影响脑力负荷的三类因素

1．工作内容

工作内容对脑力负荷有直接影响。在其他条件不变的情况下，工作内容越多、越复杂，操作人员所承受的脑力负荷就越高。工作内容是一个非常笼统的概念，因此人们又把工作内容分为时间压力、工作任务的困难程度、工作强度等。显然，这些因素与脑力负荷都是相关的。

脑力负荷首先与完成任务所需要的时间有关。一项任务所需要的时间越长，脑力负荷就越高。但仅用时间来考虑工作任务对脑力负荷的影响是不够的。脑力负荷还与工作任务的强度有关系，所谓工作强度是指单位时间内的工作需求。脑力负荷不仅与人工作时间长短有关，也与在单位时间内的工作量有关。在单位时间内完成的工作越多，脑力负荷就越重。

上面两个因素是工作任务的两个独立因素，在这两个因素的基础上，又产生了一些相互交叉的概念和因素，包括时间压力因素、工作困难因素和工作环境因素。

时间压力简单地说就是在完成任务时时间的紧迫感。时间越紧，人的脑力负荷就越大；工作越困难，脑力负荷就越重。困难是一个综合的概念，它既包括了时间的长短，也包括了工作任务的强度。工作环境影响人对信息的接收，在照明不好或有噪声的情况下，人接收工作信息困难，影响下一步的信息处理，这将增加人们的脑力负荷。

2．人的能力

在脑力劳动中，个体之间的脑力劳动能力存在差异，在其他条件不变的情况下，干同样的工作，能力越大的人脑力负荷越低，能力越小的人脑力负荷越高。人的能力并不是一成不变的，而是受到认知模式、知识技能储备、人格、年龄、情绪、健康状况等多种因素的影响。例如，知识技能的培训能够提升人的特定能力；人处于积极情绪、健康状况状态时往往能够提高工作的效率等。

3．努力程度

人工作时的努力程度对脑力负荷也有影响。努力是为了达到一定的目标而进行的一切活动。努力程度对脑力负荷的影响的趋势是不确定的。一般来说，当人们努力工作时，脑力负荷是增加的，因为这时人对工作的标准提高了，同时把平时可做可不做的事情做起来，使工作内容也增加了。有时，人在努力工作时，主动放弃休息时间，增加工作时间，这也增加脑力负荷。有时人更努力时，可以使自己的能力增加，但研究也发现操作人员更努力时，反应时间加快。由于能力的增加，脑力负荷反而降低了。努力程度受到工作动机的驱动，一般当人具有较高的工作动机时，会为完成工作的目标而付出更大程度的努力，以获取努力所带来的工作绩效。值得一提的是，这种绩效不仅包括物质方面的奖励，还包括心理上的荣誉感、自我满足感等，如获得的表彰、奖项等。

3.1.3 脑力负荷与绩效的关系

对个人而言，绩效是指完成某一工作所表现出来的工作行为和所取得的工作结果，其主要表现在工作效率、工作数量与质量等方面，常见的绩效指标有正确数量、反应时间、失误率等。

脑力负荷的适当与否对系统的绩效、操作者的满意感以及安全和健康均有很大的影响。许多研究发现，工作绩效与脑力负荷强度存在明显的依赖关系。例如，当人机系统中呈现的信息量较大时，操作者由于"脑力超负荷"而处于应激状态。这时操作者往往难以同时完成对全部信息的感知和加工而出现感知信息的遗漏或错误感知，控制或决策失误。然而，当信息呈现较少时，操作者由于久久得不到目标信息的强化而处于一种单调枯燥、注意力容易分散的状况，属于"脑力低负荷"状态。这时，操作者会表现出反应时延长、反应敏感性较差，即使真的出现目标信息也很可能发生漏报。在这两种情形下，操作者的工作绩效往往降低。只有让操作者从事中等脑力负荷强度的工作，才能取得较佳的操作结果。图 3-2 所示为工作绩效与脑力负荷强度之间的关系。

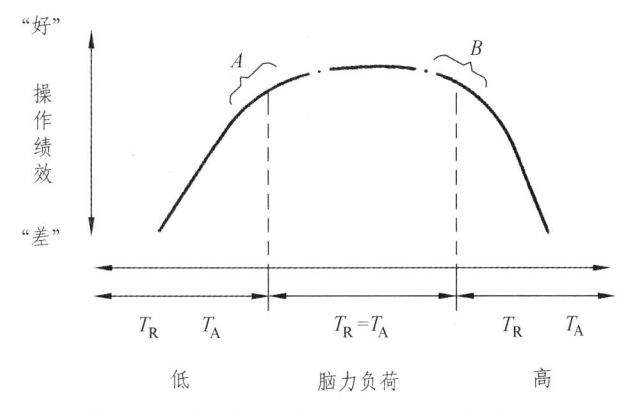

图 3-2　工作绩效与脑力负荷强度之间的关系

图中，T_R 表示操作在客观上要求的时间，是操作要求（强度）的一种度量；T_A 则为操作者实际能够提供的有效时间，这与操作者当时的工作能力与操作以及当时的其余工作（如果有的话）的强度有关。T_R 与 T_A 的比例是脑力负荷大小的一种度量。当 T_R 远大于 T_A 时，操作者处于"脑力超负荷"状态；反之，当 T_R 远小于 T_A 时，操作者处于"脑力低负荷"状态。图中 A、B 两块区域的绩效变化最大。

操作者若长期处于不利的脑力负荷情境下工作，将影响系统绩效、降低工作满意度和系统安全性，可能出现许多身心疾病，影响健康。因此应研究脑力负荷的效应，预测和测量不同系统的脑力负荷状态，采取相应措施使系统处于一种较佳的负荷水平。

3.2　脑力负荷的测量方法

微课：脑力负荷的测量方法

脑力负荷的测量方法，按其特点和使用范围可分为四类，即主观评价法、主任务测量法、辅助任务测量法和生理测量法。

3.2.1　主观评价法

3.2.1.1　主观评价法及其特点

主观评价法是最流行也是最简单的脑力负荷评价方法。该方法要求系统操作者陈述特定操作过程中的脑力负荷体验，或根据脑力负荷体验对操作活动进行难度顺序的排列。从系统使用者的角度出发，主观评定技术被认为是最可接受的测评方法之一。它具有以下特点：

（1）主观评价是脑力负荷评价中唯一的直接评价方法。它引导操作者对脑力负荷（如操作难度、时间压力、紧张等）等进行某种判断，这种判断过程直接涉及脑力负荷本质，具有较高的直显效度，易被评价者接受。

（2）主观评价一般在事后进行，不会对主操作产生干扰，而辅助任务测量法或生理测量法需要与主操作同时进行，一般不适合危险性高的情境使用。

（3）主观评价一般使用统一的评定维度，不同情境的负荷评价结果可相互比较。而任务测量法与生理测量法大都采用不同的绩效指标或生化指标,很难实现相互比较。

(4)使用简单、省时。它不需要特定的仪器设备,评价人员只需要阅读有关指导语或通过简短的培训即可进行。适应于多种操作情境,数据收集和分析也容易进行。

3.2.1.2 主观评价法分类

脑力负荷主观评定技术有多种类型。最常见的有库柏-哈柏(Cooper-Harper)评价法、主观负荷评价法(SWAT 量表)、NASA-TLX 主观评价法等。下面对较有影响的方法加以简要介绍:

1. 库柏-哈柏评价法

该种方法 1969 年由库柏(Cooper)和哈柏(Harper)提出,是评价飞机驾驶难易程度的一种方法,用于飞机操纵特性的评定。它的建立基于飞行员工作负荷与操纵质量直接相关的假设。这种方法把飞机驾驶的难易程度分为 10 个等级,飞机驾驶员在驾驶飞机之后,根据自己的感觉,对照各种困难程度的定义,给出自己对这种飞机的评价。表 3-1 列出了库柏-哈柏方法的分级方法。

表 3-1 库柏-哈柏方法

飞机的特性	对驾驶员的要求	评价等级
优良,人们所希望的	脑力负荷不是在驾驶中应考虑的问题	1
很好,有可以忽略的缺点	脑力负荷不是在驾驶中应考虑的问题	2
不错,只有轻度的不足	为了驾驶飞机需要驾驶员做少量的努力	3
小的,但令人不愉快的不足	需要驾驶员一定的努力	4
中度的、客观的不足	为了达到要求需要相当的努力	5
非常明显的但可忍受的不足	为了达到合格的驾驶需要非常大的努力	6
严重的缺陷	要达到合格的驾驶,需要驾驶员最大的努力,飞机是否可控不是问题	7
	为了控制飞机就需要相当大的努力	8
	为了控制飞机需要非常大的努力	9
	如不改进,飞机在驾驶时就可能失去控制	10

在 20 世纪 60 年代后期,美国空军用库柏-哈柏方法评价新式飞机操作的难易程度取得了很大的成功。由于飞机操作的难易程度与脑力负荷极为相关,后来,人们对库柏-哈柏方法进行了改进,把评价表中的飞机驾驶困难程度改为工作的困难程度,使之适合评价一般任务的脑力负荷。

库柏-哈柏方法应用举例:

1)对象

驾驶过歼 A 和歼 B 两种飞机的飞行员 144 名。年龄 24~46 岁;飞行时间:歼 A 为 100~2 500 h,歼 B 为 100~1 100 h。飞行技术均属优、良等级;身体、心理状况健康,飞行合格。

2）方法

（1）依据库柏-哈柏方法让飞行员根据自身驾驶飞机的经验和感觉，对照各种困难程度的定义，做出自己对该种飞机性能的评价。

（2）为统一评价标准，两种机型均进行双180°大航线仪表飞行课目。

3）问卷调查及数据处理

表3-2所示为144名被试者对歼A和歼B飞机驾驶性能评价等级分布结果见表3-2，等级构成比较见表3-3。

表3-2　歼A、歼B飞机驾驶性能评价等级分布

歼A＞歼B 等级	歼A＞歼B 例数	歼A＝歼B 等级	歼A＝歼B 例数	歼A＜歼B 等级	歼A＜歼B 例数
5/4	17	4/4	7	4/5	4
6/4	4	5/5	13	5/6	4
6/5	57	6/6	6	6/7	1
7/5	3	7/7	2		
7/6	26				
合计	107		28		9

表3-3　歼A、歼B飞机驾驶性能等级构成比较

机种	评价等级（例数）				
	四级	五级	六级	七级	合计
歼A	11	34	68	31	144
歼B	28	77	36	3	144
合计	39	111	104	34	288

4）结论

（1）歼A飞机的驾驶性能为五、六级，趋向六级，即飞机的驾驶性能存在重度的不足，为了达到飞行大纲的要求，飞行时需要付出非常大的努力。

（2）歼B飞机的驾驶性能为五、六级，趋向五级，即飞机的驾驶性能存在中度的不足，为了达到飞行大纲的要求，飞行时需要付出相当大的努力。

2．主观负荷评价法（SWAT法）

SWAT是英语Subjective Workload Assessment Technique的缩写。SWAT法是美国空军开发的，由里德（Reid）等人建立。在开发SWAT时，里德等人对脑力负荷的影响因素进行了系统的调查，经过必要的归纳和整理，认为脑力负荷可以看作是时间负荷、压力负荷和努力程度三个因素的结合。每个因素又被分为1、2、3三级，SWAT描述的变量及水平见表3-4。

表 3-4 SWAT 描述的变量及水平

级别	维度		
	时间负荷	努力程度	压力负荷
1	经常有空余时间，工作之间、各项活动之间很少有冲突或相互干扰的情况	很少意识到心理努力，活动几乎是自动的，很少或不需要注意力	很少出现慌乱、危险、挫折或焦虑，工作容易适应
2	偶尔有空余时间，各项活动之间经常出现冲突或相互干扰	需要一定的努力或集中注意力。由于不确定性、不可预见性或对工作任务不熟悉，使工作有些复杂，需要一定的注意力	由于慌乱、挫折和焦虑而产生中等程度的压力。增加了负荷。为了保持适当的业绩，需要相当的努力
3	几乎从未有空余时间，各项活动之间冲突不断	需要十分努力和聚精会神。工作内容十分复杂，要求集中注意力	由于慌乱、挫折和焦虑而产生相当高的压力，需要极高的自我控制能力和坚定性

上述三个因素共有 3×3×3 = 27 种组合，采用 SWAT 量表进行脑力负荷评价分两个步骤。首先，研究者根据这 27 种组合制成 27 张卡片，要求被试者在对脑力负荷进行评价之前，先对这 27 张卡片所代表的负荷，根据他们自己的感觉从小到大进行排序，根据被试者的排序情况来确定三个因素对其总脑力负荷的贡献大小（即重要性）。为此，根据每个因素的相对重要性，形成了 6 个理论上的排序组（见表 3-5），如 TES 组代表被试者认为时间负荷最重要，努力负荷次之，而压力负荷重要性最小。其余各组意义类推，表中列出了这 6 组 27 张卡片的理论排序。评价时，将各被试者的排序与 6 个理论排序进行 Spearman 相关分析，根据相关系数的大小确定被试者的相应组别。其次，被试者根据自己执行工作任务的情况，在三个因素中选出与自己相符的相应水平，研究者根据其选择结果，结合第一阶段的归组，从表 3-5 中相应的组别中查出其脑力负荷得分值，并换算成 0~100 分，作为被试者脑力负荷的评价值，分值越大，表示脑力负荷越大。

表 3-5 SWAT 量表的分组及其评分标准

得分值	组 别																	
	TES			TSE			ETS			EST			STE			SET		
1	1	1	1	1	1	1	1	1	1	1	1	1	1	1	1	1	1	1
2	1	1	2	1	2	1	1	1	2	2	1	1	1	2	1	2	1	1
3	1	1	3	1	3	1	1	1	3	3	1	1	1	3	1	3	1	1
4	1	2	1	1	1	2	2	1	1	1	1	2	2	1	1	1	2	1
5	1	2	2	1	2	2	2	1	2	2	1	2	2	2	1	2	2	1
6	1	2	3	1	3	2	2	1	3	3	1	2	2	3	1	3	2	1
7	1	3	1	1	1	3	3	1	1	1	1	3	3	1	1	1	3	1
8	1	3	2	1	2	3	3	1	2	2	1	3	3	2	1	2	3	1
9	1	3	3	1	3	3	3	1	3	3	1	3	3	3	1	3	3	1
10	2	1	1	2	1	1	1	2	1	1	2	1	1	1	2	1	1	2

续表

得分值	TES			TSE			ETS			EST			STE			SET		
11	2	1	2	2	2	1	1	2	2	2	2	1	1	2	2	2	1	2
12	2	1	3	2	3	1	1	2	3	3	2	1	1	3	2	3	1	2
13	2	2	1	2	1	2	2	2	1	1	2	2	2	1	2	1	2	2
14	2	2	2	2	2	2	2	2	2	2	2	2	2	2	2	2	2	2
15	2	2	3	2	3	2	2	2	3	3	2	2	2	3	2	3	2	2
16	2	3	1	2	1	3	3	2	1	1	2	3	3	1	2	1	3	2
17	2	3	2	2	2	3	3	2	2	2	2	3	3	2	2	2	3	2
18	2	3	3	2	3	3	3	2	3	3	2	3	3	3	2	3	3	2
19	3	1	1	3	1	1	1	3	1	1	3	1	1	1	3	1	1	3
20	3	1	2	3	2	1	1	3	2	2	3	1	1	2	3	2	1	3
21	3	1	3	3	3	1	1	3	3	3	3	1	1	3	3	3	1	3
22	3	2	1	3	1	2	2	3	1	1	3	2	2	1	3	1	2	3
23	3	2	2	3	2	2	2	3	2	2	3	2	2	2	3	2	2	3
24	3	2	3	3	3	2	2	3	3	3	3	2	2	3	3	3	2	3
25	3	3	1	3	1	3	3	3	1	1	3	3	3	1	3	1	3	3
26	3	3	2	3	2	3	3	3	2	2	3	3	3	2	3	2	3	3
27	3	3	3	3	3	3	3	3	3	3	3	3	3	3	3	3	3	3

该方法对 27 张卡片进行排序是一个十分耗时的过程，因此阿米尔森（Ameersing）等人通过对原始量表进行改进，提出了五种简化了的 SWAT 量表：

（1）采用两两配对比较（见表 3-6）而不是卡片排序的方式来判断每个被试者的归组，其余程序与原始量表相似（DSWAT）。

（2）采用两两配对的方式，并且各因素的测量值是连续的而不是离散的。通过加权法计算总负荷，各因素的权重分别为 0、1/3、2/3（W0）。

（3）采用两两配对的方式，并且各因素的测量值是连续的。但避免有一个维度的权重为 0，使各因素的权重分别为 1/6、1/3、1/2（W1）。

（4）不进行排序或配对比较，而是给每个因素相同的权重，各因素的测量值是连续的，三个因素的平均值即为总负荷值（ASWAT）。

（5）不进行排序或配对比较，各因素的测量值是连续的，采用主成分分析进行加权，用第一主成分的系数对三因素进行加权计算总负荷（PCc）。

表 3-6 两两配对比较程序

对以下每种负荷之间进行比较，你认为在工作中哪项对你更重要，请在相应的方框内打"√"
1. □努力负荷　　□时间负荷
2. □时间负荷　　□压力负荷
3. □压力负荷　　□努力负荷

3. NASA-TLX 主观评价法

该方法全称为 National Aeronautics and Space Administration-Task Load Index，是美国航空和宇宙航行局下属 AMES 研究中心的哈特（Hart）等人建立的。库柏-哈柏方法是一维的主观评价法，而脑力负荷是一个多维的概念。用一维的方法测量脑力负荷可能只知道结果，而不能知道其真正的原因。例如，假定根据改进的库柏-哈柏方法发现某一项工作的脑力负荷为 8，但这是什么原因造成的呢？是因为工作特别困难，还是因为操作员的能力较差，或者是工作时的压力很大？对飞行员进行调查发现，影响脑力负荷的因素的确来自许多不同的方面。于是哈特等对飞行员进行调查，从中找出脑力负荷的影响因素。经过大量调查研究之后，确定了 6 个影响脑力负荷的因素。分别为脑力需求、体力需求、时间需求、操作业绩、努力程度和挫折水平，见表 3-7。

表 3-7　NASA-TLX 中的脑力负荷因素

脑力负荷的影响因素	各个因素的定义
脑力需求	需要多少脑力或知觉方面的活动（即思考、决策、计算、记忆、寻找）；这项工作是简单还是复杂，容易还是要求很高，明确还是容易忘记
体力需求	需要多少体力类型的活动（拉、推、转身、控制活动等）；这项工作是容易还是要求很高，是快还是慢，悠闲还是费力
时间需求	由于工作的速度使你感到多大的时间压力；工作任务中的速度是快还是慢，是悠闲还是紧张的
操作业绩	你认为你完成这项任务是多么成功；你对你自己的业绩的满意程度如何
努力程度	在完成这项任务时，你（在脑力和体力上）付出了多大的努力
挫折水平	在工作时，你感到是没有保障还是有保障，很泄气还是劲头很足，恼火还是满意，有压力还是放松

每个影响因素在脑力负荷形成中的权数不同，且随着情境的变化而显示出差异。NASA-TLX 法的使用过程分以下两步：

（1）采用两两比较法，对每个因素在脑力负荷形成中的相对重要性进行评定。具体方法为：将 6 个因素进行两两配对，共组成 15 对，操作人员从每对中选出认为相对重要的因素，根据每一因素被选中次数确定该因素对总脑力负荷的权重，6 个因素的权重之和等于 1。例如，假定脑力需求与其他五个因素相比都更重要，即被选中 5 次，则脑力需求的权为 5/15 = 0.33。在对权数进行评估时，自相矛盾的评估（即 A 比 B 重要，B 比 C 重要，C 比 A 重要）是允许的，这种情况出现时，说明被评估的因素的重要性非常接近。

（2）针对实际操作情境，对 6 个因素的状况分别进行评定。NASA-TLX 主观评价法要求操作人员在完成了某一项任务之后，根据脑力负荷的六个因素在 0~100 之间给出自己的评价。除业绩这一因素之外，其他 5 个因素都与脑力负荷正相关；而对业绩，感觉到自己的业绩越好，脑负荷分值越低。只有当脑力负荷很低时，人的业绩才会好。这说明，人的业绩越好，脑力负荷越低。

确定了各个因素的权数和评估值之后，就很容易计算出一项工作的脑力负荷，只需要进行加权平均就可以了。

3.2.1.3 主观评价法的缺陷

主观评价法在应用中也存在一定的缺陷，主要表现为以下几个方面：

（1）评价结果有偏差：主观评价是操作人员对某项工作的感觉，这种感觉不一定就是脑力负荷。在执行许多任务时，大脑中进行的活动是感觉不到的，我们所感觉到的东西只是我们意识到的东西，而人的信息处理系统中的许多活动是我们意识不到的。因此，得到的脑力负荷很可能是有偏差的，工作中人意识不到的东西越多，这种偏差就越大。另外，脑力负荷评价值与个性特征、反应策略、身体或生理变量等均存在密切联系。研究发现，在双任务情境下，A 性格一般比 B 性格的被试者操作得更好，报告的疲劳感也较小，但挫折感却较高；在单任务情境下，情况相反。对抽象思维者来说，主观与客观难度间的相关性很高，而对具体思维者来说，两者的相关性不明显。采用交替反应策略的被试者比采用混合反应策略的被试者感受到更低的任务难度与工作负荷。

（2）评价结果容易混淆：首先，主观评价一般反映脑力负荷和生理负荷共同作用的结果，这在测量总负荷时不会导致严重的问题，但在评价主观负荷时却由于结果混淆而易产生错误；其次，评价者一般较难将外部需要与实际努力分开，往往以"应该"而不是以"实际经历"的工作要求作为评定基础，因此可能出现高估或低估工作负荷的倾向。

（3）方法应用存在局限性：主观评价法的应用受短时记忆消退的严重局限。如果要求操作者同时做几项评价，且操作与评价间存在较长的时滞，则很可能出现评价偏差。另外，主观评价法一般不适用于主操作有记忆要求的场合。

（4）方法敏感性存在特异性：主观评价的敏感性在某些领域受到限制。研究表明，主观评价对影响知觉中枢加工的工作更敏感，而对影响运动反应输出的工作相对不敏感。主观评价应用时遇到的另一个问题是"倒 U 形"现象，即当脑力负荷水平较低时主观负荷体验随负荷水平的提高而上升，但当脑力负荷水平较高时主观负荷体验却往往随负荷水平的增加而下降。

针对上述问题，在实际应用主观评价技术时必须谨慎，以避免或减轻其可能造成的不利影响。例如，当遇到脑力负荷伴随生理负荷时，对评价结果的解释应十分小心；为降低记忆消退的效应，应尽可能在操作结束后立即进行评价；通过某些被试者变量的控制可减少个体变异源；当负荷强度由小转大时，在一定范围内主观评价值逐渐上升，但一旦超过某一限度，被试者的负荷体验就会下降。应注意这种所谓的"倒 U 形"现象，防止歪曲评定。只要处理得当，上述问题都是可以适当解决的。

3.2.2 主任务测量法

主任务测量法是通过测量操作人员在工作时的业绩指标来判断这项工作给操作人员带来的脑力负荷。根据资源理论，随着作业难度的增加，操作者投入的脑力资源量越来越多，剩余资源越来越少，脑力负荷也随之上升。当操作所需的资源量超过特定限度时，将由于资源供需的脱节造成操作绩效下降。因此就可以从人的业绩指标的变化反推脑力负荷。主任务测量法可以分为两大类：一类是单指标测量法；另一类是多指标测量法。

3.2.2.1 单指标测量法

单指标测量法就是用一个业绩指标来推断脑力负荷。为了有效地使用这种测量方法，显然要选择能反映脑力负荷变化的业绩指标。例如，如果是调查由于显示器数量的增加所引起的脑力负荷的增加，这时可以用当显示信号出现后的反应时间作为脑力负荷指标。反应时间越长，说明脑力负荷越重。在使用单指标测量法时，指标选择的好坏对脑力负荷的测量成功与否有着决定性的作用。

人们已进行过许多用单项业绩指标来测量脑力负荷的研究，在这些研究中主要是用错误率或时间延迟作为业绩指标。例如，多尔曼（Dorman）和戈德茨坦（Goldstein）研究了在监视类任务中信息显示速度的影响，当显示速度增加之后，人的正确反应率明显降低了。劳斯（Kraus）和罗斯科（Roscoe）检查了在飞行模拟器中两种不同的控制系统下所产生的错误率。结果发现当允许飞行员对自己的业绩进行直接控制时，驾驶员的错误率是正常情况下的十分之一。珀西瓦尔（Percival）用反应时间检查了在搜索性任务中两种不同类型的目标、背景目标的数量、眼睛在目标上的停留时间的影响，结果发现目标的类型和背景因素对反应时间有显著影响，而眼睛的停留时间则没有什么影响。这些实验结果都说明认真选取的单个业绩指标能够反映脑力负荷的变化。

3.2.2.2 多指标测量法

用多个业绩指标来测量脑力负荷是希望通过多个指标的比较和结合减小测量的误差，另外可以通过多个指标来找出脑力负荷产生的原因，这样也可提高测量的精度。显然在用多指标测量法时，选择业绩指标就不像在单指标测量法时那么重要，因为在难以取舍时，可以把两个或多个指标都选上。由于计算机的应用，在现实系统或模拟系统中同时收集成百上千的数据并没有技术上的困难，但从众多的指标中找出有用的指标，以及分析数据本身都是非常困难的。在很多情况下，大量的数据被记录下来了，而有用的信息却被淹没了，或没有时间去提取出来。

速度和精确度是用来反映脑力负荷的重要指标。例如，多尔曼和戈德斯坦在显示监视类任务的实验中曾用反应时间、正确反应率、无反应率三个指标来发现信号出现速度变化的影响。在速度发生变化之后（即脑力负荷发生变化之后），上面三个指标在所有的实验水平下都发生了变化。在随后的一项实验中，他们改变了信号的显示速度和需要搜寻的目标的数量，发现反应时间的两个指标都随实验条件而变化了。但是，有时在同一实验中，有些业绩指标可以反映脑力负荷的变化，而另一些业绩指标则不能反映脑力负荷的变化。例如，惠特克（Whitaker）在一项刺激-反应对应实验中，发现反应时间随刺激-反应的对应程度而变化，而错误率则没有什么变化。在这项实验中，脑力负荷是随着刺激与反应的对应程度发生变化的。上述多指标测量的实验结果显示：不同的业绩指标对应于不同类型的负荷，或不同水平的脑力负荷。主任务测量法应用中也有一些不成功的例子，即脑力负荷发生变化，而所采用的多项业绩指标没有一项能反映出这种变化。例如，罗尔夫（Rolfe）等人在一项飞机模拟实验中使用了5项业绩指标，但5项指标没有一项能够反映负荷种类的变化。

主任务测量法存在两个问题：其一，各种操作性质各不相同，不可能提出一种广泛适用的绩效参数，因此各操作之间的脑力负荷状况无法进行比较，因而也无法提出统一的工作负荷大小衡量尺度，这不利于不同任务间的效果比较与解释；其二，根据资源理论，当操作要求资源小于操作能力时，虽然工作负荷的增加会引起剩余资源的减少，但主任务绩效由于得到充足资源的供应而并不出现下降，在这种情况下主任务绩效对工作负荷的变化不敏感。

3.2.3 辅助任务测量法

3.2.3.1 辅助任务测量法的原理

在脑力负荷强度不大时，主任务绩效并不随工作负荷变异发生变化，但操作者的剩余资源量却受此影响。也就是说，剩余资源量能反映脑力负荷的状况。应用辅助任务测量法时，操作人员被要求同时做两件工作。操作人员把主要精力放在主任务上，当他有多余的能力时，尽量做辅助任务。主任务的脑力负荷是通过辅助任务的表现来进行的。主任务脑力负荷越大，剩余资源越少，操作者从事辅助任务的能力就越弱。因此可通过辅助任务的绩效分析主操作脑力负荷状况。

用辅助任务法测量脑力负荷一般分两步。第一步为测量单独做辅助任务时的业绩指标，这个指标反映的是人全心全意做这件事情时的业绩，即人的能力。第二步，在做主任务的同时，在不影响主任务的情况下尽量做辅助任务，这时也可以得到一个人在辅助任务中的业绩，这个指标反映的是主任务没有占用的能力。把这两个指标相减就得到主任务实际占用的能力，即脑力负荷。

显然，辅助任务测量法是建立在这样的假定基础上的。首先，人的能力是一定的；其次，人的能力是单一的，即不同的任务使用相同的资源。如果不同的任务使用不同的资源，则不可按上述方法测量脑力负荷。可以看出，这两个假设是辅助任务法测量脑力负荷的必要条件。如果这两个条件不能满足，则不能用这种方法测量脑力负荷。

3.2.3.2 辅助任务的种类

并不是所有任务都能用来作为辅助任务，辅助任务必须满足以下几个条件：① 它必须是可以细分的，即被试者在这些任务中不管花费多少精力，都应该能够显示出来；② 正如在上面已经指出过的，它必须与主任务使用相同的资源；③ 必须对主任务没有干扰或干扰很小。由于不同的任务使用不同的资源，因而使得可使用的辅助任务也有很大的不同。下面介绍几个常用的辅助任务。

1）选择反应

一般是向被试者在一定的时间间隔或不相等的时间间隔显示一个信号，被试者要根据信号的不同做出不同的反应。选择反应涉及人的中枢信息处理，有两个业绩指标：一个是反应时间；另一个是反应率。在主任务的脑力负荷较轻时，反应时间要可靠些；当主任务的脑力负荷较高时，反应率能更为可靠。

2）追踪

追踪是一个经常使用的辅助任务。追踪有补偿性追踪和尾随性追踪。追踪任务的实现可用模拟软件，也有用连续手动反应的。追踪任务属于反应性质的任务，追踪阶数不同对追踪任务的困难程度影响很大。高阶追踪任务实际上成了一个涉及人的中枢信息处理系统负荷的任务。用追踪任务测量脑力负荷比较有影响的研究是杰克斯（Jex）等人提出的临界追踪任务。临界追踪任务是一项比较困难的追踪任务，通过变换追踪的函数方程可以求出一个人能刚好使追踪目标稳定时函数方程的参数。显然，在单独做追踪任务时，临界值会高些，当与主任务一起做这项任务时，临界值会下降。通过临界值的变化就可以了解主任务的脑力负荷。

3）监视

监视任务一般要求被试者判断某一种信号是否已经出现，业绩指标是信号侦探率。在单独做监视任务时，信号侦探率会等于1，或接近1。当被试者在完成主任务时，监视任务的信号侦探率就会下降，下降的幅度就是人的大脑被占用的情况，即主任务的脑力负荷。监视任务被认为主要是感觉类型的任务，特别是视觉感觉方面的任务，故用它来测量需要视觉的主任务的脑力负荷时效果要好些，对其他类型的任务效果可能会差些。

4）记忆

用记忆作为辅助任务来测量脑力负荷的研究特别多，这些研究大都使用短期记忆任务。短期记忆模式是这样的：给被试者几个数字，告诉他这是他应记住的内容。然后向被试者显示一个数字，让被试者判断这个数是否属于应该记住的那几个数中的一个。如果是，就做出肯定的反应；如果不是，就做出否定的反应。短期记忆任务可以把对中枢信息处理的影响与对感觉通道或反应方式的影响区别开来，因而在研究多资源理论和测量飞机驾驶员的脑力负荷时也经常用到。值得注意的是，记忆任务本身脑力负荷较高，这可能会影响主任务的业绩或人对主任务困难程度的判断。

5）脑力计算

各种各样的算术计算也被用来作为测量脑力负荷的辅助任务。一般人们用简单的加法运算，但也有用乘法和除法的。显然脑力计算涉及人的中枢信息处理，被认为是中枢处理系统负荷最重的一种任务。

6）复述

复述任务要求被试者重复他所见到或听到的某一个词或数字。通常不要求被试者对这些听到的内容进行转换。因此，复述主要涉及人的感觉子系统，被认为是一项感觉负荷非常重的一项任务。

7）简单反应

除了选择反应任务之外，简单反应任务有时也用来作为测量脑力负荷的辅助任务。简单反应任务就是要求被试者一发现某一出现的目标，就尽快地做出反应，目标和反应方法都是唯一的。相对于选择反应任务，简单反应任务不需要做出选择判断，因而减轻了被试者信息处理中枢的负荷，这样对主任务的干扰也就小些。

辅助任务测量法在应用中也存在一定的问题，如该法假定人的信息处理系统的能力是一定的或者是没有差别的，但许多研究人员指出这个假设不一定成立。另外一个问题是它对主任务的干扰。这种干扰的潜在危害使这种方法很少被用到实验室以外的场合。

3.2.4 生理测量法

人从事脑力劳动时生理指标变化具有以下特点：

（1）脑力作业能耗的变化。脑的氧代谢较其他器官高，安静时约为等量肌肉耗氧量的

15~20倍，占成年人体总耗氧量的10%。但由于脑的重量仅为体重的2.5%左右，大脑即使处于高度紧张状态，能量消耗量的增高也不致超过基础代谢的10%。因此，能耗不足以反映脑力负荷的变化。

（2）脑力劳动时心率减慢，但特别紧张时，可引起舒张期缩短而使心跳加快、血压上升、呼吸频率提高、脑部充血而四肢及腹腔血液减少。

（3）脑力劳动时，血糖一般变化不大或稍有增加，对尿量无任何影响，其成分也无明显变化，仅在极度紧张的脑力劳动时，尿中的磷酸盐的含量才有所增加，但对排汗的量与质以及体温均无明显影响。

（4）此外，脑力劳动时人的瞳孔直径、脑电EEG以及大脑诱发电位等都发生一定程度的改变。

上述与脑力劳动相关的某些生理指标的变化，可作为脑力劳动的指示器，可用于脑力负荷的测量，如心率变异性、瞳孔直径、脑电EEG以及大脑诱发电位等。

3.2.4.1 心率变异性

在正常情况下，人的心率是不规则的。这种不规则造成的心率变异有时可达10~15次/min，在医学上称为窦性心律不齐。研究发现，当人承受脑力负荷时，如采用每分钟处理40个信号和70个信号两种情况，两种情况的心率平均值没有很大的提高，但心率变异性明显下降，而且随着负荷强度（所处理的信号数）而增加，心率变异性越来越小，心率变异性曲线趋于平直。

3.2.4.2 瞳孔直径

瞳孔是位于人眼虹膜中央的圆形小孔，直径为2~6 mm，它可以通过放大和缩小来调节进入眼内光线的量，从而影响视网膜像差大小。瞳孔大小由动眼神经支配的瞳孔括约肌和交感神经支配的瞳孔开大肌共同控制，它们彼此在中枢紧密联系并相互拮抗。瞳孔直径用于评价脑力负荷最早可追溯到卡尔曼（Kahneman）于1973的著作《注意与努力》，他在书中报告了大量关于瞳孔直径随着任务加工需求而变化的研究。后来，研究者先后在不同任务下发现瞳孔直径对感知、认知和加工需求相关的响应的敏感性。因此，瞳孔直径的变化可以用来评价与认知、加工相关的脑力负荷。研究表明，任务的难度越大，瞳孔直径越大。目前，红外测量法是测量瞳孔直径应用较广泛的一种方法。采用红外测量法的遥测式眼动仪，能够十分便捷地测量瞳孔直径的大小，并且具有较高的时间精度，在视觉认知加工任务的脑力负荷评价中应用十分广泛。

3.2.4.3 脑电EEG

脑电EEG是指人脑细胞时刻进行的自发性、节律性、综合性的电位活动所引起的电位，按频率划分为δ、θ、α、β、γ五种节律波。因其对认知和行为状态变化的高度敏感性，被广泛用于脑力负荷的测量。在20世纪80年代，研究者通过快速傅里叶变换计算不同任务下EEG信号的功率谱密度来研究频谱特征，通过频谱特征的变化反映任务困难程度的改变。有研究者通过实验发现，α节律的变化是任务难度的函数，当被试者从单个认知任务转变为双任务时，α节律减少。穆拉塔（Murata）于2005年采用小波变换来研究人机交互过程中三种认知困难程度下EEG信号的时频特征，结果表明，随着困难程度的增加，θ、α和β节律的能量值增加，最大能量出现时间延迟。近年来，各类便携脑电设备的出现，为脑力负荷测量在实际作业中的应用提供了基础。

3.2.4.4 大脑诱发电位

大脑诱发电位的变化对脑力活动的某些成分（知觉/认知负荷）较为敏感。其中，P300（是指刺激呈现后约 300 ms 时出现的一个正向电位波动）尤为敏感。伊莎贝尔（J. B. Isreal）于 1980 年进行了空中交通控制中的工作负荷状况研究，以说明大脑诱发电位的作用。他让被试者从事两项活动，一项是模拟的空中交通控制作业，另一项是字母辨认及计数作业，在后一项作业中，研究者以声音的形式呈现 AB-ABBA…这样的一组刺激，要求被试者辨认并计数其中某一刺激（如"A"）。研究发现，随着空中交通控制作业难度（即脑力负荷）的不断增加，由声刺激诱发的大脑电位中 P300 振幅出现了持续衰减。这说明 P300 与人处理的信息量有关，因而与脑力负荷有关。

用生理指标测量人的体力劳动非常成功，可是，用生理指标法测量脑力负荷远远没有达到人们的期望，这里最主要的问题是可靠性。生理测量法假定脑力负荷的变化会引起某些生理指标的变化，但是其他许多与脑力负荷无关的因素也可能引起这些变化。因此，由脑力负荷而引起的某一生理指标的变化会被其他原因放大或缩小。生理测量法的另一个局限是不同的工作占用不同的脑力资源，因而会产不同的生理反应。一项生理指标对某一类工作适用，对另一类工作则可能不适用。

从前述内容可以看出，虽然脑力负荷的测量取得了一定的成果，但还远远满足不了系统设计对脑力负荷测量的要求。特别是在系统设计中，我们常常希望在系统被设计出来之前对系统给操作人员带来的脑力负荷有一个大概的了解。如果在系统被制造出来之后才发现系统中操作人员的脑力负荷过高或过低，这时再对系统进行修改，要么不可能，要么成本非常高。因此，应在系统设计阶段根据设计方案对系统可能给操作人员带来的脑力负荷进行评价，以免系统设计之后因操作人员的脑力负荷太高而重新设计。这就要求对脑力负荷进行预测。

3.3 脑力疲劳及其消除

微课：脑力疲劳及其消除

3.3.1 脑力疲劳定义

脑力疲劳一般是指人体肌肉工作强度不大，但由于神经系统紧张程度过高或长时间从事单调、厌烦的工作而引起的第二信号系统活动能力减退，大脑神经活动处于抑制状态的现象。表现为头昏脑涨、失眠或贪睡、全身乏力、注意力不集中、心情烦躁、情绪低落、百无聊赖、倦于工作、工作效率下降等。脑力疲劳的产生不仅与当时所处的情境因素有关，而且与操作者的情绪状态有密切关系。

3.3.2 脑力疲劳的产生与积累

脑力疲劳的产生与下列因素有密切关系。

1. 高脑力负荷

过高的脑力负荷造成操作者高度的心理应激。从觉醒水平模型角度分析，在一定的适宜范围内，觉醒能维持大脑的兴奋性，有利于注意力的保持和集中。但过高的脑力负荷会使人体超出这一范围，操作者将处于十分紧张的状态，无法组织有计划的行为。表现为注意力不集中、思想迟钝、情绪低落以及工作效率降低等。

2. 单调作业

单调是指作业过程中出现许多短暂而又高度重复的作业。单调作业一般具有以下特点：① 作业简单、变化少、刺激少，引不起兴趣；② 受制约多，缺乏自主性，容易丧失工作热情；③ 对作业者技能、学识等要求不高，易造成作业者消极情绪；④ 只完成工作的一小部分，体验不到整个工作的目的、意义；⑤ 能量消耗不多，却容易引起疲劳。

单调作业使操作者知觉到的对系统的"控制"程度减至最低水平，因而产生不愉快、枯燥、缺乏兴趣和挑战、压抑以及觉得工作永无止境等消极情绪，这种由单调诱发的消极情绪称为单调感。单调感对人的影响可从下列几个方面反映出来：

（1）在作业过程中，变更作业或操作细节，改变作业节奏。单调感与生理疲劳不同。生理疲劳有渐进性、阶段性，表现为作业能力降低。而单调感即使在轻松的作业中也会发生，具有起伏波动，无渐进性、阶段性，作业能力时高时低、不稳定等特征。

（2）工作质量下降，错误率增加。

（3）使作业能力动态曲线发生变化。单调作业在上午工作 1 h、下午工作 0.5 h 后即出现工作效率下降的现象。在作业能力的稳定期，作业者似乎进入疲劳期。在工作快结束时，由于各种原因，操作者的工作效率有时会出现一次明显的提高，即发生终末激发现象。

（4）对工作无兴趣，情绪不佳，注意力不集中，作业很难坚持下去。单调作业虽然不需要消耗很大的体力，但千篇一律重复出现的刺激，使人兴奋始终集中于局部区域，而其周围很快会产生抑制状态，并在大脑皮质中扩散，经过一段时间，就会出现疲劳现象。此外，随着技术不断进步，劳动分工越来越细，使作业在很小的范围内反复进行，这种高度单调的作业，压抑了作业者的工作兴趣，引起极度厌烦等消极情绪，产生心理疲劳。其主要表现为体力不支、注意力不集中、思维迟缓、懒散、寂寞和欲睡等。

3. 操作者对工作的态度、期望、动机及情绪等因素

对脑力疲劳来说，疲劳体验与操作绩效并不一定具有对应关系。例如，一个工人可能在工作过程中感到极度的疲劳，主诉"筋疲力尽"，但其操作绩效却没有明显的下降。相反，在另外的情境中，操作者的绩效已明显下降，但主观疲劳体验较轻。显然，这期间工作态度和动机起着很大的作用。工作热情高、有积极工作动机的操作者可以忽视外界负荷对人体的影响而持续工作。工作热情低、毫无继续工作动机的操作者对外界负荷极为敏感，往往夸大或高估不利的效应。

期望对疲劳产生的影响也相当明显。许多研究者探索了 8 h 工作效率的变化规律，结果发现，随着工作时间的延续，工作效率逐渐下降，休息后继续工作，效率有一定的回升。有趣的是，当工作日快结束时，工作效率会有较明显的提高，这种现象称为终末激发。出现这种现象的原因是操作者意识到工作结束时间快到，结束工作的期望很快就要实现，促使操作者的劳动积极性大大提高，从而使绩效得到提高。

脑力疲劳与生理疲劳不同，它易受情绪因素的影响。消极的情绪使操作者体验到更多的疲劳效应，积极的情绪往往降低操作者积累的疲劳。重大比赛结束后，胜负双方的脑力疲劳体验就是一个极为典型的例子。

3.3.3 脑力疲劳的消除

脑力疲劳的消除应该考虑从以下几个方面入手。

1．改善环境因素

对于环境因素，噪声、照明、色彩、电脑辐射等都会对脑力疲劳产生影响。

（1）研究表明噪声较低、相对安静的工作环境有利于大脑积极地思考，乐声柔和舒缓的工作环境有利于消除大脑消极、紧张情绪。

（2）工作环境的照明度过低或者过高都会对人体大脑的辨识能力产生负面影响。照明过低会使眼睛最大限度地收集光线，加速视觉疲劳；照明度过高会使眼部调节系统和大脑皮质处于紧张状态，加速脑力疲劳。

（3）不同色彩对人的心理和大脑带来的刺激是不同的，或兴奋、或压抑、或安静、或不安，协调的色彩搭配可以减缓人的脑力疲劳，如绿色有利于减缓人的脑力疲劳。

（4）长期的电脑辐射会影响人体各项生理系统的正常运行，降低人体的自身免疫力，从而加速脑力疲劳。

2．降低脑力负荷的强度和缩短脑力作业的持续时间

脑力疲劳是脑力负荷在一定时间内累积产生的，因此降低负荷的强度能够推迟脑力疲劳到达的时间，以及降低疲劳的累积速度。而缩短脑力作业时间能够直接减少脑力疲劳的累积。可采取的方式有适当增加休息次数、延长休息时间、缩短轮班时间等。

3．避免单调作业

1）操作再设计

研究表明，工人从事的操作项目越多，评价该工作令人感兴趣的百分数就越大。根据作业者的生理和心理特点重新设计作业内容，使作业内容丰富化，已成为提高生产率的一种趋势。国际商用机器公司（IBM）的沃克（Walker），对电动打字机框架装配操作进行了合并。合并前，由辅助装配工完成框架装配的简单操作，然后在流水线上由正式装配工调整，再由检验工进行检验。合并后，辅助装配工变为正式装配工，进行装配、调整、检验，并负责看管设备运行，既提高了产品质量，也减少了缺勤和工伤事故。

2）操作变换

操作变换就是用一种单调操作代替另一种单调操作。在进行操作变换时，所变换的工作之间的关系对消除单调感有很大的影响。一般认为，变换的工作之间在内容上的差异越大越好。另外，在操作强度不变的条件下，从单调感较强的工作变换为单调感较弱的工作时，结果通常是理想的。相反，将单调感相对较弱的工作变换为单调感相对较强的工作，则往往不受操作者欢迎。

日本企业非常重视作业变换的作用，他们把作业内容的变换巧妙地同职工成长结合起来，其做法是每个人在某一工序中的作业，要进行4步变换：① 会操作并能出好产品；② 会进行

工具调整；③改变加工对象时，能调整设备；④改变加工对象后能出好产品。工人在该工序完成了一轮作业变换，就可以调到班内其他工序上工作，谁先完成班内的所有工序，谁就当工长。这种做法大大降低了职工的工作单调感，不断接触新的挑战性工作，使工作变得具有吸引力，职工从中看到了自我成长的可能性，士气大增，工作效率不断提高。

另外，我国有的企业为了提高操作人员的操作技能及避免人员流失给企业带来的损失，对工人进行不同岗位的轮训，在客观上也起到了克服单调感的作用。

3）突出工作的目的性

例如，参观全部工艺流程及其宣传画，设置中间目标等，使作业者意识到单项操作是最终产品的基本组成。中间目标的到达，会给人以鼓舞，增强信心。

4）动态报告作业完成情况

在工作地放置标识板，每隔相同时间向工人报告作业信息，让工人知道自己的工作成果，这样可激发工人的工作热情。

5）推行弹性工作法

作业者在保证任务完成的前提下，可以自由支配时间，如弹性工作制等。这样会使时间浪费减少，充分利用节约的时间去休息、学习、研究，提高工作生活质量。

6）利用音乐消除单调感觉

在单调工作情境中用音乐来减轻操作者的厌烦感，是常用的方法。音乐有提高生产量及推延厌烦和疲劳出现的功效。但音乐减轻操作者厌烦感只对那些简单的或重复性的操作有效，而对较为复杂的操作无益。在复杂的操作中，音乐还往往会使操作的质量受到损害。另外，操作者的工作经历是影响音乐效应的因素。有经验的操作者往往不受音乐的影响。而对那些经验不足的操作者，音乐能提高产量。由音乐获得的益处还与工作时刻有关。一般来说，在有音乐伴随的情况下，上午操作比下午能更多地提高产量。

工作期间播放音乐对操作者的工作态度同样有很大的影响。大量的研究表明，尽管有1%~10%的个体会受到音乐的干扰（主要是老年人），如感到烦躁，但大部分工人更喜欢在音乐下工作。另外，人们还发现，乐曲比演唱有更好的效果，受到更多人的欢迎。但必须指出，音乐只起着类似于"兴奋剂"的作用，它能使被单调工作弄得十分厌烦的操作者活跃起来，重新充满工作活力，却不能减轻由于体力劳动诱发的肌肉疲劳。工作疲劳只能通过适当地休息或缩短工作时间来消除。

3.4 思考题

1. 脑力负荷的定义是什么？
2. 脑力负荷的主要测量方法有哪些？各有什么特点？
3. 脑力疲劳是怎么产生的？
4. 如何消除脑力疲劳？

第 4 章 人的信息处理

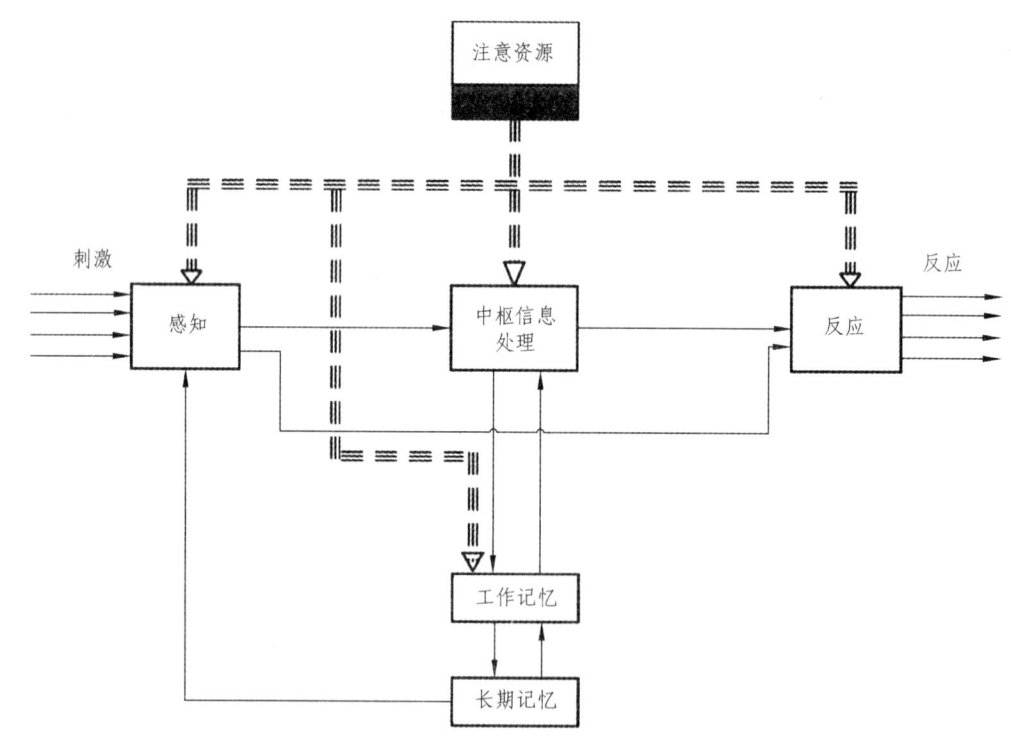

4.1 人的信息处理系统模型

4.1.1 人的信息处理系统结构

为了解释人的认知活动，认知工效学家将人模拟成一个与计算机类似的信息处理系统。人的信息处理系统的基本组成部分如图 4-1 所示。

图 4-1 人的信息处理系统的结构

图 4-1 中，每一个方框分别代表信息处理的各个阶段或元素，箭头表示信息流通方向。该系统由感知系统、中枢信息处理（认知或决策）系统和运动（反应）系统三个子系统构成，

每个子系统都有各自功能上相对独立的记忆储存器和加工处理器。其中，感知系统类似于计算机的输入系统，运动系统类似于计算机的输出系统，认知系统类似于计算机的中央处理系统。认知系统除了对输入信息和内存信息进行处理外，同时还要对感知系统与运动系统的状态进行监控和调节。

1. 感知系统

从图 4-1 中可以看出，人的信息处理的第一个阶段是感知。在这一阶段，人通过各种感觉器官接收外界的信息，然后把这些信息传递给中枢信息处理系统。感知系统由感觉器官及与其相关的记忆储存器组成。最重要的储存器是视觉的形象储存器和听觉的声像储存器。这些储存器的功能是将感觉到的信息进行暂时储存以便转换到下一加工环节。储存器保存着感觉器官输出的全部信息（通常在 1~2 s 之内），在此把信息进行编码并输送到下一加工环节。在这段时间内，如果信息还无法进入中枢信息处理系统，就会在这里消失。

2. 中枢信息处理系统

感知之后是人的中枢信息处理系统，也称为认知系统或决策系统。在这里，人的认知系统接收从感知系统传入的经过编码的信息，并将这些信息存入本系统的工作记忆中，同时从长时记忆中提取以前存入的有关信息和加工规律，进行综合分析（对获得的信息进行编译、整理、选择、决定采用什么）后做出如何反应的决策，并将决策信息输出到运动系统。这期间，要不断地与人的记忆发生联系，从记忆中提取相关的信息，把有用的信息储存到大脑中。

3. 运动（反应）系统

中枢信息处理系统之后，是人的运动（反应）系统，它执行中枢信息系统发出的命令，完成人的信息处理系统的输出。在信息经过感知、中枢信息处理、反应的三个阶段时，几乎都离不开注意。注意的重要功能是对外界的大量信息进行过滤、筛选，避开无关和干扰信息，使符合需要的信息在大脑中得到精细加工。人的注意资源量是有限的。假如有些阶段的信息处理占用了较多的注意资源，那么其他阶段能分配到的注意资源就比较少，处理信息的效率就会因此而降低。只有具备较高的注意分配能力，才能提高工作效率，防止出现差错和发生事故。

4.1.2 信息、信息量与信息传递模式

1. 信息

信息是能消除事先不能确定的情况的信号或知识，它存在于一切事物中，是一种抽象量。人们通常所说的信息是指消息、情报中所包含的有意义的内容，而消息、情报则是信息载体。

2. 信息量

信息量是人机系统设计时考虑的重要参数。有关信息量的计算通常选用对数单位进行度量。例如，假定某个被传递的消息由 A、B、C、D、E、F、G、H 这 8 个字母构成，若用（0，1）二进制码表示，则每个字母需要用 3 个二进制码表示如下：

A：111； E：011；
B：110； F：010；

C：101；G：001；
D：100；H：000。

将每位二进制码称为一个比特（bit），那么 8 个字母的消息中每个字母就含 3 bit 的信息量，即 $8 = 2^3$。以 2 为底取对数，$\log_2 8 = 3$。进一步推广，若以 H 表示信息量，同时采用二进制编码方式，那么对 m 个符号组成的消息每个符号所含的信息量为

$$H = \log_2 m$$

采用对数度量信息有其方便之处。因为 H 单调地随符号数 m 的增加而增长，而且消息之间还具有可加性。这种可加性意味着几个消息加在一起的总信息量等于每个消息单独存在时的各自信息量之和。用数学语言表示就是

$$H = \log_2(m_1 m_2 m_3 m_4 \cdots m_n)$$
$$= \log_2 m_1 + \log_2 m_2 + \log_2 m_3 + \log_2 m_4 + \cdots + \log_2 m_n$$

采用对数单位度量也符合人对信息量的直观认识。例如，对于信息的传输，两个相同的信道（信息通道）是一个信道信息容量的 2 倍。采用以 2 为底的对数计算信息量具有实用、直观、数学上比较合适等优点。

3．信息传递模式

在人-机系统中，信息在信息源和信宿（信息接收者）之间的传递过程通常有以下三种模式：

（1）信息源发出的信息被信宿完全接收。信宿收到的信息就是信源发出的信息，既没有传递过程的损耗或衰减，也没有混入外来的噪声。这是信息传递的理想模式。但通常情况下这种模式是罕见的。

（2）信源发出的信息在传递过程中消耗殆尽。信宿收到的信息与信源发出的信息毫无关系，尽是一些噪声，而有效传递的信息为零。这是信息传递的最不可取的模式。当信源发出的信号非常微弱，或环境噪声非常大，信噪比小于某个临界值时就可能会产生这种模式。这种模式是人-机系统设计中必须避免的。

（3）从信源发出的信息虽然有些损耗，信宿收到的信号也混有某些噪声成分，但仍有部分信源发出的信息被有效地传送到了信宿。这是人-机通信系统中最常见的模式。人-机系统设计者的任务就是要通过合理的设计，努力减少信息的损耗；或通过提高信噪比，降低混淆度，提高信息传递的质量。

4.2 感知系统的信息加工

4.2.1 感觉与知觉系统

1．感觉器官及其信息接收能力

人通过感觉器官获得关于周围环境和自身状态的各种信息。感觉器官中的感受器是接受

刺激的专门装置。在刺激物的作用下，感受器中的神经末梢产生兴奋，兴奋沿神经通路传送到大脑皮层感觉区，从而产生感觉。感觉为人的知觉、记忆、思维等复杂的认识活动提供了原始资料。可以说，没有感觉，一切复杂、较高级的心理现象就无从产生。

感受器按其接受刺激的性质可分为视觉、听觉、触觉、味觉、肤觉等多种感受器。其中视觉、听觉和嗅觉接受远距离的刺激。每一种感受器通常只对一种能量形式的刺激特别敏感。这种刺激就是该感受器的适宜刺激。除适宜刺激外，感受器对其他能量形式的刺激不敏感或根本没反应。例如，可见光是视觉感受器的适宜刺激；一定频率范围的声波是听觉感受器的适宜刺激。人的感觉和各类感受器的适宜刺激如表4-1所示。

表4-1 人的感觉和各类感受器的适宜刺激

感觉	感受器	适宜刺激	刺激源
视觉	眼睛	一定频率范围的电磁波	外部
听觉	耳	一定频率范围的声波	外部
旋转	半规管肌肉感受器	内耳液压变化，肌肉伸张	内部
下落和直线运动	半规管	内耳小骨位置变化	内部
味觉	头和口腔的一些特殊细胞	溶于唾液中的一些化学物质	外部
嗅觉	鼻腔黏膜上的一些毛细胞	蒸发的化学物质	外部
触觉	主要是皮肤	皮肤表面的变形弯曲	接触
振动觉	无特定器官	机械压力的振幅及频率变化	接触
压力觉	皮肤及皮下组织	皮肤及皮下组织变形	接触
温度觉	皮肤及皮下组织	环境媒介的温度变化，或人体接触物的温度变化，机械运动，某些化学物质	外部或接触面
表层痛觉	确切的感觉尚不清楚，一般认为是皮肤的自由神经末梢	强度很大的压力、热、冷、冲击及某些化学物质	外部或接触面
深层痛觉	一般认为是自由神经末梢	极强自压力和高热	外部或接触面
位觉和运动觉	肌肉、肌腱神经末梢	肌肉拉伸，收缩	内部
自身动觉	关节	不清楚	内部

人的感官除了要求"适宜刺激"信号的载体外，感官对信息载体的能量要求也有一定的限度。若载体能量太小，就不能引起感官的神经冲动，若载体的能量太大，又会对感官造成不可逆转的机体损伤。感官的这种对信号刺激能量范围的要求称为该感官的绝对感觉阈限。从信息传递的要求来看，信号能量只维持在下限附近不能保证信息有效传递。要保证信息传递畅通有效，信号的能量必须较大幅度地超过人的绝对感觉阈限下限值。在人-机系统设计中，为保证信息的有效传递，机器信源发出的信号能量应在上下阈限之间。

表4-2列出了几种主要感觉器官的刺激阈限。

表 4-2　感觉器官的刺激阈限

感觉	刺激阈限下限
触觉	蜜蜂翅膀从 1 cm 高处落到肩上的感觉
听觉	在寂静场所从 60 m 远处能听到的钟摆走动声（约 2×10^{-5} Pa）
视觉	在晴朗的夜晚距 48 km 远处能看到的烛光（约 10 个光量子）
嗅觉	在 30 m^2 的房间内开始嗅到的一滴香水散发的香味
味觉	一匙白糖溶于 9 L 水中初次能尝到的甜味

当信号刺激的能量分布落在绝对感觉阈限的上下限之间时，人不仅可觉察到信号的存在，还能觉察到信号刺激的能量分布差异。刚刚能引起差别感觉的刺激间的最小差别称为差别感觉阈限，也称为最小可觉差别。对最小差别量的感受能力称为差别感受性。差别感受性与差别感觉阈限成反比。不同感觉通道的最小可觉差别不同。各种感官的差别感觉阈限不是一个绝对值，它随最初刺激能量大小而变化，但两者之比是一个常数。这一关系称为韦伯定律。

韦伯定律只适用于中等强度的刺激。对能量极小接近绝对感觉阈限下限的信号刺激，以及对能量极大接近绝对感觉阈限上限的信号刺激，韦伯定律不适用。在人-机系统设计中，常利用信号的能量差异进行信息编码。例如，飞机告警系统采用不同强度和不同频率的声音混合编码，以提高告警信号的传信绩效。

2．知觉

知觉是人脑对直接作用于感觉器官的客观事物的各种属性、各个部分及其相互关系的整体反映。知觉以感觉作为基础，是人脑对感觉信息选择、组织和解释的过程。人通过知觉过程，在获得感觉信息的基础上，把感觉信息整理成有意义的事物并加以解释和理解。

根据知觉时起主导作用的感官特性，可把知觉分为视知觉、听知觉、触知觉、味知觉和嗅知觉等。根据人脑所认识事物的特性，可把知觉分为空间知觉、时间知觉和运动知觉。知觉的一种特殊形态称为错觉，即知觉的映像与事物的客观情况不相符。

4.2.2　感知过程中的信息储存

1．感觉储存

感觉储存又称为感觉记忆或瞬时记忆。它是外界输入刺激后人对信息加工的第一个模块。当客观刺激停止作用后，感觉信息在一个极短的时间内保存下来，感觉记忆的储存时间大约为 0.25~2 s。由于外界信息处于迅速变化的状态，所以感官内以感觉痕迹的形式登记的信息，若不尽快被选用或抹掉，就会与新输入的信息混杂，导致对原有信息识别的失效。瞬时记忆的容量较大，一般为 9~20 bit。

2．感觉储存的编码

感觉储存编码形式主要依赖于信息的物理特征，因而具有鲜明的形象性。感觉记忆保存的时间短暂，但在外界刺激的直接作用消失之后，它为进一步的信息加工提供了可能性。感觉记忆有较大的容量，其中大部分信息因为来不及加工而迅速消退，只有一部分信息由于受到注意而得到进一步加工，并进入工作记忆。视觉的感觉记忆称为图像记忆。这是指视觉器官能识别刺激的形象特征，并保持一个生动的视觉图像。除视觉通道外，听觉通道也存在感觉记忆。听觉的感觉记忆编码形式称为声像记忆。

3．感觉储存和工作记忆的交互作用

工作记忆是感觉记忆和长时记忆的中间阶段，即输入信息经过再编码，使其容量扩大，保持时间大约为 58 s ~ 2 min。感觉记忆和工作记忆是不可分离地紧密联系在一起的。研究表明，感觉记忆中只有能够引起个体注意并被及时识别的信息，才有机会进入工作记忆。相反，那些与长时记忆无关的或者没有受到注意的信息，由于没有转换到工作记忆，很快就消失了。

4．感知映像的衰退和储存容量

感知记忆（包括视觉映像和听觉映像）随时间的消逝而衰退。实验研究表明，感知记忆中残存的信息数量随时间的消逝而遵循指数曲线规律迅速下降。通常用半衰期参数作为指标来描述感知记忆的衰退过程。半衰期即感知记忆衰退 50% 所经历的时间。对于字母而言，视觉映像的半衰期约为 200 ms。而听觉映像的半衰期要长得多，大约为 1500 ms。

视觉映像的储存容量为 17 个字母。听觉信息由于要耗用时间进行转译，所以其容量要小些，一般为 5 个字母。

4.2.3 感知系统的信息加工

1．信息加工方式

人的知识经验和现实刺激是产生知觉所必需的。人的知觉过程所包含的信息加工方式主要体现为自下而上的加工和自上而下的加工两种方式。

1）自下而上的加工

自下而上的加工是指由外部刺激开始的加工，通常是指先对较小的知觉单元进行分析，然后再转向较大的知觉单元，经过一系列连续阶段的加工而达到对感觉刺激的解释。例如，当看一个英文单词时，视觉系统先确认构成诸字母的各个特征，如垂直线、水平线、斜线等，然后将这些特征加以结合来确认一些字母，字母再结合起来而形成单词。由于信息流程是从构成知觉基础的较小的知觉单元到较大的知觉单元，或者说从较低水平的加工到较高水平的加工，这种类型的加工因而称为自下而上的加工。

2）自上而下的加工

自上而下的加工是由有关知觉对象的一般知识开始的加工。由此可以形成期望或对知觉对象的假设。这种期望或假设制约着加工的所有的阶段或水平，从调整特征觉察器直到引导对细节的注意等。自上而下的加工常体现在上下文效应中。如在阅读过程中遇到缺失字词或字母，会依据上下文做出相应的解释。由于是一般知识引导知觉加工，较高水平的加工制约较低水平的加工，因此称为自上而下的加工。

知觉依赖于直接作用于感官的刺激物的特性和感知的主体。一般来说，在人的知觉活动中，非感觉信息越多，所需要的感觉信息就越少，因而自上而下的加工占优势；相反，非感觉信息越少，所需要的感觉信息就越多，因而自下而上的加工占优势。

2．模式识别

模式是指由若干元素或成分按一定关系形成的某种刺激结构，也可以说模式是刺激的组合。例如：几条线段组成的一个图形或一个字母，是视觉模式；几个音素组成的一个音节，几个音节组成的一个单词，是听觉模式；此外还有触觉的、味觉的和嗅觉的模式。复杂模式的组成部分本身又是由若干元素构成的，这些组成部分称为子模式。当人能够确认他所知觉的某个模式是什么时，将它与其他模式区分开来，这就是模式识别。模式识别是人的一种基本的认知能力或智能，在人的各种活动中都有重要的作用。

人的模式识别可看作一个典型的知觉过程，它依赖于人的知识和经验。一般来说，模式识别过程是将感觉信息与长时记忆中的有关信息进行比较，再决定它与哪个长时记忆中的项目有着最佳匹配的过程。关于匹配过程的实现方式，有以下三种主要模型。

1）模板匹配模型

模板匹配模型认为，在人的长时记忆中，储存着过去在生活中形成的各式各样的外部模式的袖珍复本。这些袖珍复本即称为模板，它们与外部的模式有一对一的对应关系。当一个刺激作用于人的感官时，刺激信息得到编码并与已储存的各种模板进行比较，然后做决定，看哪一个模板与刺激有最佳的匹配，就把这个刺激确认为与那个模板相同。这样，模式就得到识别了。由于每个模板都与一定的意义及信息相联系，受到识别的模式便得到解释或其他的加工。模式识别是一系列连续的信息加工过程。

模板匹配理论虽然可以解释人的某些模式识别，但它存在着明显的局限性。依照模板匹配理论的观点，人必须事先存储相应的模板，才能识别一个模式。即使附加了预加工过程，这些模板的数量仍然是巨大的。这不仅给记忆带来沉重的负担，而且也使模式识别缺少灵活性，显得十分呆板。模板匹配理论难以解释人何以迅速识别一个新的、不熟悉的模式这类常见的事实。可以说，模板匹配理论没有完全解释人的模式识别过程。

2）原型匹配模型

该模型认为，在记忆中储存的不是与外部模式有一对一关系的模板，而是原型。原型被看作一类客体的内部表征，这种原型反映一类客体具有的基本特征。因此，照原型匹配模型看来，在模式识别过程中，外部刺激只需与原型进行比较，而且由于原型是一种概括表征，这种比较不要求严格的准确匹配，而只需近似的匹配即可。当刺激与某一原型有最近似的匹配，即可将该刺激纳入此原型所代表的范畴，从而得到识别。所以，即使某一范畴的个体之间存在着外形、大小等方面的差异，所有这些个体也都可与原型相匹配而得到识别。这就意味着，只要存在相应的原型，新的、不熟悉的模式也是可以识别的。这样，原型匹配模型不仅可以减轻记忆的负担，而且也使人的模式识别更加灵活，更能适应环境的变化。

原型匹配模型只含有自下而上的加工，而没有自上而下的加工，这显然是个缺欠。与模板匹配比，自上而下的加工对原型匹配似乎更为重要。

3）特征分析模型

特征分析模型将构成模式的元素或成分及其关系称为特征。例如，英文字母 A 可以分解为两条斜线、一条水平线和 3 个锐角的特征。特征和特征分析在模式识别中起着关键的作用。它认为外部刺激在人的长时记忆中是以其各种特征来表征的。在模式识别过程中，首先要对刺激的特征进行分析，也即抽取刺激的有关特征，然后将这些抽取的特征加以合并，再与长时记忆中的各种刺激的特征进行比较，一旦获得最佳的匹配，外部刺激就被识别了。这就是一般的特征分析模型。

特征分析模型依据刺激的特征和关系进行识别，可以不管刺激的大小、方位等其他细节，避开预加工的困难和负担，使识别有更强的适应性。另外，同样的特征可以出现在许多不同的模式中，必然要极大地减轻记忆的负担。

3．信息加工周期、单位知觉、感知加工的速率变化

1）信息加工周期

知觉加工器的加工周期时间与刺激脉冲反应的时间有关，如视觉系统对一个很短的光脉冲做出反应的时间约为 100 ms（50~200 ms）。从刺激作用于视网膜到人做出反应这段时间里，视觉映像是保存在视觉记忆中的，且随着时间的延续而先显出大体轮廓，再逐渐显出越来越多的细节。加工周期应视输入信息的特征和作业任务的不同可在较大范围内变化。例如，运动信息和空间频率较低的信息（如查看布置简单的房间），就可在轮廓出现时就做出反应，加工周期可能短些。而要辨认两幅照片是否为同一人，就必须等更多的细节显出来后才能做出反应，这个周期时间就要长得多。究竟是在映像完全清晰前做出反应还是等映像相当清晰后才做出反应，取决于主体对速度与精度要求的权衡。视觉系统里这种能精确定义的显影时间过程使人们能用知觉加工器的加工周期对一些现象进行粗略的预测。

2）单位知觉

如果在一个知觉加工器的工作周期里，有多个相类似的刺激发生，那么知觉加工器就会将它们当作一个刺激单位加以处理。例如，两个灯光信号在邻近的位置上相隔 60~100 ms 闪光就会给人以一个灯光在运动的印象。一个光强为 I，持续时间为 t 的光脉冲给人的效果等同于持续时间较长而强度较小的另一光脉冲。在两个脉冲间隔时间短于 100 ms 的前提下，这种强度与时间的互补效应服从布洛赫定律（Lochs law，1885），即在一个加工周期内，两个短促的光脉冲以一种复杂的方式把它们的强度总合起来了，因而知觉到的仍是一个单一的刺激[甘兹（Ganz），1975]。听觉的情况也大致类似。

3）感知加工的速率变化

在人类信息加工器模型中，知觉加工器的单位加工周期并非一个固定的常数。根据不同的刺激条件，加工周期可在一定范围内变化。若刺激强度增大，加工周期就会相应短些。即知觉加工器的加工周期时间与刺激强度成反比。这表明周期时间值大约在 50~200 ms 范围内变化。对一些强度极大、对比度极大的刺激或一些不易觉察的对比度极低的刺激，周期时间的变化还可能超出以上范围。

4.2.4　人的信息传递能力

根据生理学的研究结果，视觉器官的传信能力理论估计约为 10^9 b/s。听觉信道传信能力的理论估算没有视觉信道那么高，雅各布森（Jacobson，1950）认为，人单耳可辨别的不同强度纯音可达 1.3×10^6 种，排除相邻纯音之间的掩蔽和干扰，人的听觉信道（单耳）传信能力大约为 8 000 b/s。

但实验研究表明,人的传信能力远没有理论估算的那么高。哈佛大学的米勒(G.A. Miller)在大量研究和考察的基础上得出了这样的结论:"在最理想的条件下,传信能力的实际上限似乎处于 25 b/s 左右,至今无人声称最高值能达到 40 b/s"。

从已有的研究结果来看,在实验条件下人的传信能力相当有限,一般不超过 10 b/s。在典型的实验条件下,这个信息容量接近一个常数。由于在实际活动中人的信息传递能力不仅取决于感觉器官的信息传递能力,而且更多地取决于中枢神经和动作反应系统的信息传递能力,因此,人的实际信息传递能力远远低于理论估计的能力水平。

表 4-3 列出了不同感知觉的绝对辨认能力。绝对辨认能力是指在单个的刺激呈现而不与其他刺激做比较的条件下,感觉器官所具有的辨认能力。

表 4-3 不同感知觉的绝对辨认能力

感觉	刺激维度	绝对辨认能力(bit/刺激)	辨认的刺激数	研究者
视觉	在直线上(在直线度盘上)	3.25	10	Hake、Gamer(1951)
	点(指针)的位置	3.90	10	Coonan、Klemmen(in Miller,1956)
	颜色(主波长)	3.10	9	Eriksen、Hake(1955)
	明度	2.30	5	Eriksen、Hake(1955)
	简单几何图形的面积	2.20 2.60	5 6	Pollack(in Miller,1956)
	直线的长度	2.60～3.00	7～8	Pollack(in Miller,1956)
	直线倾斜度	2.80～3.30	7～11	Pollack(in Miller,1956)
	弧度(其弦不变)	1.60～2.20	4～5	Pollack(in Miller,1956)
听觉	纯音强度(音响)	2.30	5	Gamer(1953)
	纯音频率(音高)	2.50	7	Pollack(1952、1953)
味觉	食盐水浓度	1.90	4	Beebe-Center、Rodgers、Connell(1955)
振动觉(胸部)	振动强度	2.00	4	Geldard(in Miller,1956)
	振动持续时间	2.30	5	Geldard(in Miller,1956)
	振动位置	2.80	5	Geldard(in Miller,1956)
肤觉	电击强度	1.70	3	Hawker(1960)
	电击持续时间	1.80	3	Hawker、Warn(1961)

信息传递率从人机系统的有效性出发,要求系统以最大的通信速度传送最大的信息量。信息传输速率(R)是指人在单位时间内能传递的信息量。在信道的性质给定后,信息传递率随信源的性质不同而变化。在此,信源的性质包括信息的编码方式、码长、冗余度等。某一信道在单位时间里的最大信息传输率称为该信道的信道(通道)容量。通常用字母 C 表示。则有

$$C = R_{MAX}$$

$$R = (每个消息的)平均信息量/(每个消息的)平均传递时间$$

若时间参数以 s 为单位，信息量以 bit 为单位，就形成了信道容量的单位：b/s。由于人与机之间的信息传递率通常比机器与机器间或人与人之间的传信效率低，而研究者关心的又往往是有效信息的传信效率，所以，信道容量的计算常采用以下公式

$$C = T(X,Y)/t$$

式中，$T(X,Y)$ 为信源发出的消息序列有效抵达信宿的平均信息量（bit）；t 是该消息序列的平均传递时间（s）。

希克（W.Hick）于 1952 年和海曼（Hyman）于 1953 年分别进行实验验证，结果表明，刺激的信息量与反应时间是线性相关的。

研究表明，在典型的实验条件下，人的信息传递率即通道容量为一常数。后来的许多实验证明，这个结论也同样适用于不等概率出现的信号以及连续信号的情况。但是，由于实验条件的不同，所得的信息传递率也不完全一致。一般认为，人的通道容量约为 7 b/s，即人每秒最大可传递 7 bit 左右的信息量。实际上，人的信息传递率远远高于 7 bit，这是因为作用于人的感官的外界刺激往往都是多维度的。

4.2.5 注意

4.2.5.1 注意的基本概念

注意是心理活动或意识对一定对象的指向与集中。注意的指向性是指人在某一瞬间，他的心理活动或意识选择了某个对象，而忽略了另一些对象。指向性不同，人们从外界接收的信息也不同。当心理活动或意识指向某个对象的时候，它们会在这个对象上集中起来，即全神贯注起来。这就是注意的集中性。如果说注意的指向性是指心理活动或意识朝向哪个对象，那么，集中性就是指心理活动或意识在一定方向上活动的强度或紧张度。心理活动或意识的强度越大，紧张度越高，注意也就越集中。

4.2.5.2 注意的功能

1．注意的选择功能

注意的基本功能是对信息进行选择。周围环境给人们提供了大量的刺激，这些刺激有的对人很重要，有的对人不那么重要，有的毫无意义，甚至会干扰当前正在进行的活动。注意使人的心理活动指向有意义的、符合需要的当前活动，而同时避开或抑制不需要的无关的对象，从而使大脑获得需要的信息，保证大脑进行正常的信息加工。注意对信息的选择受许多因素的影响，如刺激物的物理特性，人的需要、兴趣、情感、过去的知识经验等。

2．注意的保持功能

注意指向并集中在一定对象之后，会保持一定时间的延续，维持心理活动的持续进行。这时被选定的对象或信息居于意识的中心，非常清晰，人们容易对它做进一步的加工和处理。有人认为，人对外界输入信息的精细加工及整合作用都是发生在注意状态下的。在前注意状态下，人们只能对事物的个别特征进行初步加工；在注意状态下人们才能对个别特征的信息进行精细加工并将其整合为一个完整的物体。

3．注意的调节及监督功能

注意不仅是个体进行信息加工和各种认知活动的重要条件，同时也是个体完成各种行为的重要条件。在注意状态下人们才能有效地监控自己的动作和行为，从而达到预定目的，避免失误，顺利地完成相应的工作任务。

总之，注意保证了人对事物清晰的认识、更准确的反应和进行更可控有序的行为。这是人们获得知识、掌握技能、完成各种智力操作和实际工作任务的重要心理条件。

4.2.5.3 注意种类

根据引起注意和维持注意有无目的及是否需要付出意志努力，注意可分为无意注意、有意注意和有意后注意。在日常生活和工作中，了解注意的种类及其产生的条件，具有重要的意义。

1．无意注意

无意注意是指事先没有目的，也不需要意志努力地注意。无意注意的引起与维持不是依靠意志的努力，而是取决于刺激物本身的性质。因此，无意注意是一种消极被动的注意。在这种注意活动中，人的积极性的水平较低。

引起无意注意的原因主要是客观刺激物自身的特点，包括刺激物的新异性、刺激物的强度、运动变化等。新异性是指刺激物的异乎寻常的特性。对无意注意来说，起决定作用的往往不是刺激的绝对强度，而是刺激的相对强度，即刺激物强度与周围物体强度的对比，如汽车的车灯在夜晚能引起人们的注意，而在白天则被人们忽视。另外，运动的物体比静止的物体更容易引起人们的无意注意。除上述三种原因外，人本身的状态，如需要、期待、情感、兴趣、过去经验等也是制约和影响无意注意的重要因素。在相同的外界刺激的影响下，由于人自身的状态不同，无意注意的情况也不同。

无意注意既可帮助人们对新异事物进行定向，使人们获得对事物的清晰认识，也能使人们从当前进行的活动中被动地离开，干扰他们正在进行的活动，因而具有积极和消极两方面的作用。

2．有意注意

有意注意是指有预定目的、需要一定意志努力的注意。它是注意的一种积极、主动的形式。有意注意受意识的自觉调节和控制，是人类特有的一种心理现象。因此，明确目的性非常有助于维持这种注意，而刺激物自身的特点及人的兴趣、欲望则处于次要地位。即有意注意指向和集中于人应该做的事，而不是仅指向人喜欢做的事引起和维持有意注意的条件为：加深对目的与任务的理解，目的越明确、越具体，越易于引起和维持有意注意；培养间接兴趣，维持稳定而集中的注意；合理组织活动，把智力活动与某些外部活动结合起来，养成良好的工作习惯和生活习惯，全神贯注地工作；不断提高自己的知识和经验，锻炼坚强的意志，增强抵抗内外环境的能力。在此过程中，不断地用语言提醒自己，组织自己的注意力，将注意力集中于应该做的事情上。

3．有意后注意

有意后注意是注意的一种特殊形式。从特征上讲，它同时具有无意注意和有意注意的某些特征。比方说，它和自觉的目的、任务联系在一起。这方面，它类似于有意注意，但它不需要意志的努力，在这方面，它又类似于无意注意。从发生上讲，有意后注意是在有意注意的基础上发展起来的。

有意后注意既服从于当前的活动目的与任务，又能节省意志的努力，因而对完成长期持续的任务特别有利。培养有意后注意关键在于发展对活动本身的直接兴趣。当完成各种较复杂的智力活动或动作技能的时候，要设法增进对这种活动的了解，让自己逐渐喜爱它，并且自然而然地沉浸在这种活动中。这样，才能在有意后注意的状态下，使活动取得更大成效。

4.2.5.4 注意的特性

1．注意的广度

注意的广度是指在一个很短的时间内能知觉的注意对象的数目。注意的广度随知觉对象呈现的时间长短以及信息量、特点、学习等状况的不同而不同。呈现时间长，注意的广度增大，在确定的时间内注意范围受限制；视觉对面积的刺激不如对直线刺激的注意广度大；当注意对象具有相似性、规律性、可比性等特点时，将会扩大注意范围；同对象的组合方式不同其附加的信息量也不同，注意的广度也不同。注意的广度还与后天学习有关，知识经验越丰富，注意广度越广。

2．注意的选择性

注意的选择性是指个体在同时呈现的两种或两种以上的刺激中选择一种进行注意，而忽略另外的刺激。对注意选择性的研究，可以揭示人们如何有效地选择一类刺激而忽略另一类刺激，以及选择的具体过程等。

3．注意的持续性

注意的持续性是指注意在一定时间内保持在某个认识的客体或活动上，也称为注意的稳定性。例如，雷达观测站的观测员长时间地注视雷达荧光屏上可能出现的光信号，注意是持续性的表现。注意的持续性是衡量注意品质的一个重要指标。工人必须具有稳定的注意，才能正确地进行生产操作，排除障碍和各种意外的事故，按质按量地完成生产任务。

可以说，没有持续的注意，人们就难以完成任何实践任务。尽管主观上想长时间注意某一对象，但实际上总是存在没有被意识到的瞬间，即注意不能持续，所以又称注意的不稳定性。在任何一个比较复杂的认识活动中，注意的动摇总是要发生的。只要注意不离开当前活动的总任务，这种动摇就没有消极的作用。但是，在某些要求对信号做出迅速反应的日常活动和实验作业中，仍有必要顾及注意的动摇。

4．注意的分配性

注意的分配性是指个体在同一时间对两种或两种以上的刺激进行注意，或将注意分配到不同的活动中。例如，汽车司机在驾驶汽车时手扶方向盘、脚踩油门眼睛还要注意路标和行人等。

注意的分配是完成复杂工作任务的重要条件。注意分配的一个基本条件，就是同时进行的几种活动的熟练程度或自动化程度。如果人们对这几种活动都比较熟悉，其中有的活动接近于自动地进行，那么注意的分配就较好；相反，如果人们对要分配注意的几种活动都不熟悉，或者这些活动都较复杂，那么分配注意就比较困难了。另外，注意的分配也和同时进行的几种活动的性质有关。一般来说，把注意同时分配在几种动作技能上比较容易，而把注意同时分配在几种智力活动上就难多了。

研究分配性注意最常用的方法是双作业操作，即让被试者同时完成两种作业，观察他们完成作业的情况。在实验室中，注意的分配可以用双手协调器来演示和测定。通过对完成时间以及运行中出现的错误数量的考量，可以分析他们注意分配的情况。

4.2.5.5 注意的认知理论

1．注意的选择功能

从 20 世纪 60 年代以来，心理学家对注意的选择功能进行了大量的研究，提出了一系列理论模型。这些理论解释了注意的选择作用的实质，以及人脑对信息的选择究竟发生在信息加工的哪个阶段上。

1）过滤器理论

英国心理学家布罗德本特（Broadbent，1958）根据双耳分听的一系列实验结果，提出了过滤器理论（Filter Theory）。他认为：神经系统在加工信息的容量方面是有限度的，不可能对所有的感觉刺激进行加工。当信息通过各种感觉通道进入神经系统时，要先经过一个过滤机制。只有一部分信息可以通过这个机制，并接受进一步的加工；而其他的信息就被阻断在它的外面，而完全丧失了。这种理论有时也称为瓶颈理论或单通道理论。

2）衰减理论

基于日常生活观察和实验研究的结果，特瑞斯曼（Treisman，1964）提出了衰减理论。衰减理论主张，当信息通过过滤装置时，不被注意或非追随的信息只是在强度上减弱了，而不是完全消失。不同刺激的激活阈限是不同的，有些刺激对人有重要意义，如自己的名字、火警信号等，它们的激活阈限低，容易激活。当它们出现在非追随的通道时，容易被人们所接受。上述两种理论对过滤装置的具体作用有不同的看法，但又有共同的地方。

两种理论有相同的出发点，即主张人的信息加工系统的容量有限，因此，对外来的信息必须经过过滤或衰减装置加以调节。

两种理论都假定信息的选择发生在对信息的充分加工之前。只有经过选择以后的信息，才能受到进一步的加工、处理。

3）后期选择理论

该理论由多伊奇等人（Deutsch et al，1963）提出，由诺尔曼（Normen，1968）加以完善。这种理论认为，所有进来的信息都被加工。当信息达到工作记忆时，开始选择获得进一步加工的信息。因为进一步加工的选择是在工作记忆中进行的，即对信息的选择发生在加工后期的反应阶段，而不是在较早的感觉记忆通道中，因此称为后期选择理论。图 4-2 所示为三种理论的示意图，它说明了信息选择出现的部位及其不同的作用。

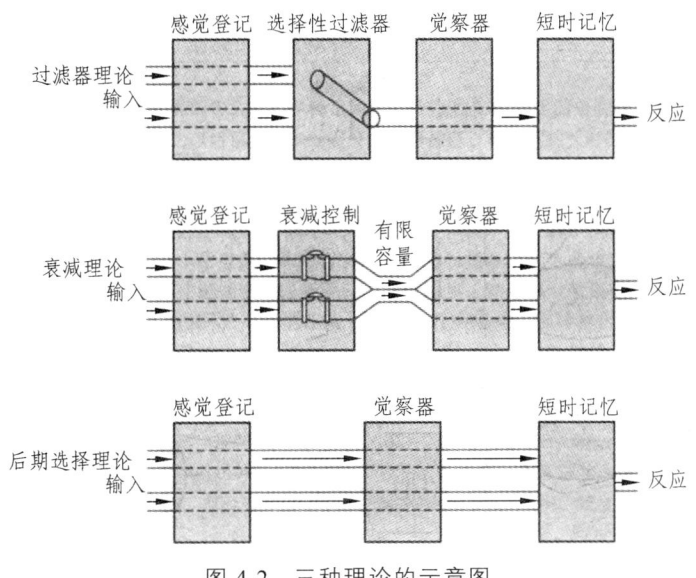

图 4-2 三种理论的示意图

4）多阶段选择理论

过滤器理论、衰减理论及后期选择理论都假设注意的选择过程发生在信息加工的某个特定阶段上。约翰斯顿等人（Johnston，Heinz，1978）提出了一个较灵活的模型，认为选择过程在不同的加工阶段上都有可能发生，这就是多阶段选择理论。这理论的两个主要假设是：

（1）在进行选择之前的加工阶段越多，所需要的认知加工资源就越多。

（2）选择发生的阶段依赖于当前的任务要求。多阶段选择理论看起来更有弹性，由于强调任务要求对选择阶段的影响，避免了过于绝对化的假设所带来的难题。

2．注意与认知资源分配

1）认知资源理论

认知资源理论不是沿着能量有限的通道谈论刺激。而是从另外一个角度来理解注意，即注意是如何协调不同的认知任务或认知活动的。该理论认为，与其把注意看成一个容量有限的加工通道，不如看作一组对刺激进行归类和识别的认知资源或认知能力。这些认知资源是有限的，对刺激的识别需要占用认知资源，当刺激越复杂或加工任务越复杂时，占用的认知资源就越多。当认知资源完全被占用时，新的刺激将得不到加工（未被注意）。该理论还假设，输入刺激本身并不能自动地占用资源，而是在认知系统内有一个机制负责资源的分配。这一机制是灵活的，可以受人们的控制，这样人们就可以把认知资源分配到重要的刺激上。

图 4-3 描述了注意的能量模型。在这个模型中，假定资源的数量不是完全固定的，相反，在一定时间内可利用的资源量一部分由个体的唤醒水平所决定。唤醒水平越高，资源量越多，至少达到一定标准。超过这个标准，唤醒的增加将导致利用资源的数量减少。资源被分配给哪些新异刺激是由系统的分配策略决定的。这种策略由长期倾向和暂时意愿设定。长期倾向是许多生物都具有的对突然运动、响亮声音、鲜艳颜色及其他异常事件的加工倾向。成年人的一种长期倾向是倾向于加工自己的名字。暂时意愿是把认知资源分配给新异刺激的暂时性倾向。

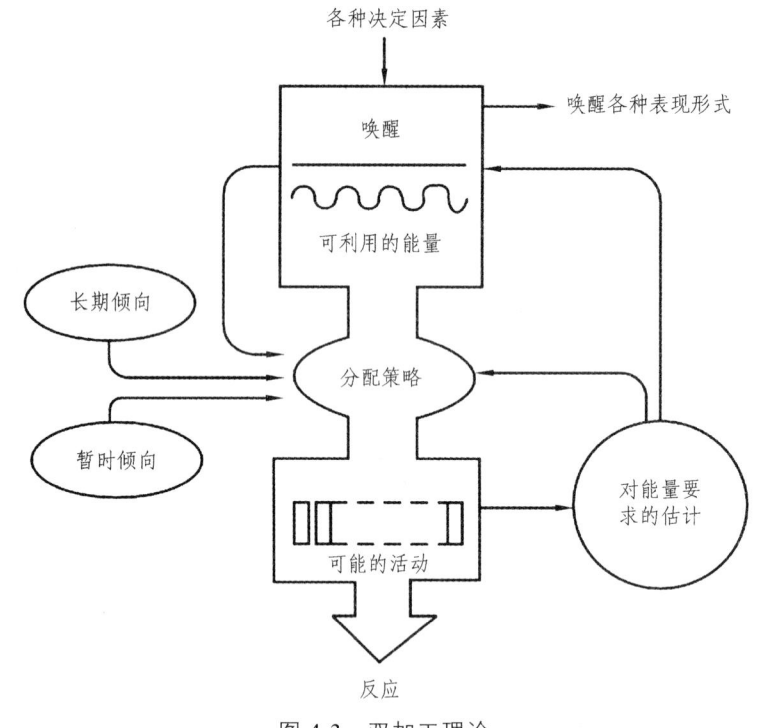

图 4-3 双加工理论

2）双加工理论

该理论认为，人类的认知加工有两类：自动化加工和受意识控制的加工。其中自动化加工不受认知资源的限制，不需要注意，是自动进行的。其加工过程由适当的刺激引发，发生比较快，也不影响其他的加工过程。在形成之后，其加工过程比较难改变。而意识控制的加工受认知资源的限制，需要注意的参与，可以随环境的变化而不断进行调整。

双加工理论可以解释很多注意的现象。人通常能够同时做好几件事，如可以一边听音乐边打扫卫生等。在同时进行的活动中，其中一项或多项已变成自动化的过程（如维持自行车平衡），不需要个体再消耗认知资源，因此个体可以将注意集中在其他认知过程上。

意识控制的加工在经过大量的练习后，有可能转变为自动化加工。例如，初学一种动作技能（如骑自行车）时，需要全神贯注。当熟练掌握这一技能时，就不需要占用太多的注意了。

4.3 认知系统的信息加工

微课：认知系统的信息加工

人在执行简单任务的时候，认知系统的功能是把感知系统输入信息与运动系统合适的输出行为连接起来。然而人类面临的系统任务是困难或复杂的，往往要涉及学习、记忆提取、问题解决等过程，因而认知系统的加工器活动也比其他系统的加工器活动更为复杂。

4.3.1 认知系统的信息存储

认知系统的信息储存有两种方式：一种是为当前信息加工的需要而短时储存信息，一般称为工作记忆；另一种是为以后信息加工的需要而储存信息，即所谓的长时记忆。

4.3.1.1 工作记忆

1．工作记忆的含义及特点

工作记忆也称为短时记忆和操作记忆，是感觉记忆和长时记忆的中间阶段。从功能上说，工作记忆是思维过程中结果保持的地方，同时也是知觉系统产生表象的地方。人类所有的智力活动都必须从工作记忆中取得所需要的加工材料，操作的结果也必须经过工作记忆以进一步加工或输出，因而工作记忆在认知系统中的功能类似于计算机的通用寄存器。从结构上讲，工作记忆由长时记忆中激活部分的一些元素（通常以组块的形式）构成。由于这些激活元素的中继作用，从而使得工作记忆和长时记忆在功能上发生联系。工作记忆有以下特点：

（1）信息保持时间很短保持时间大约为 5~60 s。

（2）记忆容量小工作记忆的突出特点是其容量的有限性。正常成年人记忆容量在 5~9 bit 之间波动，平均为 7 bit。但若在记忆过程中将输入的信息重新编码，使小单位联合成为有意义、有关联的较大的单位（即组块），减少信息中独立成分的数量，即可明显提高短时记忆的广度，增加记忆的信息量。

（3）中断的高度敏感短时记忆极易受到干扰。受干扰的程度取决于短时记忆中存储的信息的多少。当存储很少量的信息时，如一个两位数的街道门牌号码，则需要有较多的干扰才能中断记忆；反之，很少的干扰即可中断记忆。

（4）短时记忆中的信息可被意识。通常人们意识不到储存在瞬时记忆和长时记忆的信息，但是完全可以意识到短时记忆中的信息的存在，即只有短时记忆中的信息才能被保持在人们当前的意识之中。储存于长时记忆中的信息，当需要时，也只有先提取回溯到短时记忆系统，在这里进行意识的加工，并与当前的刺激相结合，才能付诸应用。

2．工作记忆的编码及影响因素

听觉编码和视觉编码是工作记忆的主要编码方式。研究表明，工作记忆的编码通常是以听觉的声音符号方式进行的，但在工作记忆的最初阶段存在视觉形式编码，之后逐渐向听觉形式过渡。

工作记忆编码效果受许多因素影响，但主要因素是人的觉醒水平、工作记忆的组块和认知加工深度。

1）觉醒水平

觉醒水平即大脑皮层的兴奋水平。它直接影响记忆编码的效果。研究（艾宾浩斯，1885）表明，上午 11:00—12:00，被试者的学习效率最高，下午 6:00—8:00 效率最低。另一项实验研究表明，记忆广度的高峰在上午 10:30 左右，整个下午都在下降，晚上效率最低。

2）工作记忆的组块

工作记忆的容量是以单元（数字、字母、音节、单词、短语和句子）来计算的。单元的大小可随个人的经验而有所不同。在编码过程中，将几种水平的代码归并成一个更高水平的、单一代码的编码过程称为组块。组快可以提高记忆容量和效率。个体的知识经验、编码技巧及努力程度都影响组块的内容和方式。因此，可从上述三个方面采取措施，提高记忆绩效。

3）认知加工深度

认知加工深度也是影响工作记忆编码的因素。研究表明，信息加工深度比较低时，人的记忆效果较差；相反，信息加工深度比较大时，人的记忆效果比较好。

3．工作记忆信息的存储和遗忘

1）复述

复述是工作记忆信息存储的有效方法。它可以防止工作记忆中的信息受到无关刺激的干扰而发生遗忘。复述又分为两种：一种是机械复述或保持性复述，将工作记忆中的信息不断地简单重复；另一种是精细复述，将工作记忆中的信息进行分析，使之与已有的经验建立起联系。研究表明，精细复述可增加听觉的声音符号方式进行的，但在工作记忆的最初阶段存在视觉形式编码，之后逐渐向听觉的形式过渡。

2）遗忘

记忆的内容不能保持或者提取时有困难就是遗忘。工作记忆的容量有限，储存时间也很短。在没有复述的情况下，工作记忆可保持15~30（单位）。图4-4所示为阻止复述后工作记忆遗忘速率。被试者回忆的正确率是从字母呈现到开始回忆之间的时间间隔的递减函数。当时间间隔为3 s时，被试者的回忆正确率达到80%；当时间间隔延长到6 s时，正确率迅速下降到55%；而延长到18 s时，正确率就只有10%了。这个实验说明，短时记忆信息存储的时间很短，如得不到复述，将会迅速遗忘。研究（沃和诺尔曼，1965）认为，造成遗忘的原因主要是工作记忆中的信息受到其他无关信息的干扰。

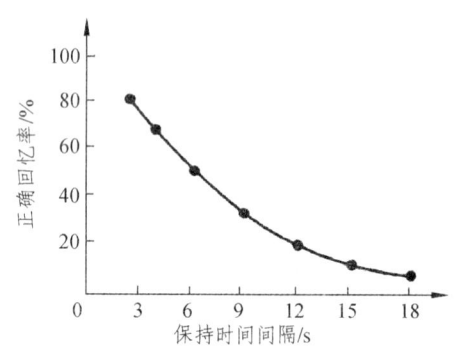

图4-4 阻止复述后工作记忆遗忘速率

4. 工作记忆的信息提取

工作记忆的信息容量不大，初看起来从工作记忆中提取信息应该比较容易和简单。但是，情况比预料的要复杂得多。斯腾伯格（Sternberg）通过实验研究提出的系列扫描模型是工作记忆中信息提取方式的经典模型，分为从头至尾的系列扫描和自我停止的系列扫描。从头至尾的系列扫描是指对全部项目都按照顺序检查一遍，然后才做出判断。在这种扫描方式下，由于需要对全部项目进行扫描后判断，肯定判断和否定判断的反应时间相近，两者的斜率相同。自我停止的扫描是检查出所要的项目后，就不再搜索下去。这种扫描方式下，否定判断需要搜索全部的项目，而肯定判断平均来看只需搜索全部项目的一半，因此肯定判断的斜率是否定判断斜率的一半。另外，反应时间是项目长度的函数，图 4-5 所示为斯腾伯格得到的实验结果。

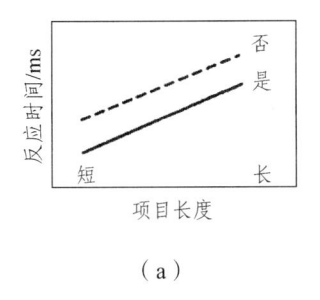

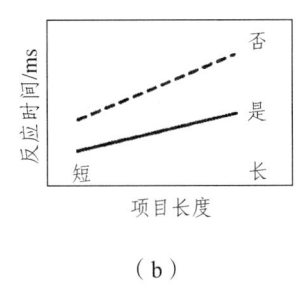

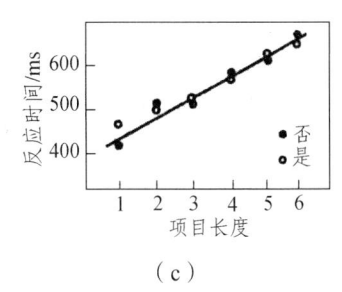

图 4-5　斯滕伯格实验结果

4.3.1.2　长时记忆

1．长时记忆的含义和编码

长时记忆是指存储时间在一分钟以上（数月、数年乃至终身不忘）的信息。长时记忆中存储着过去所有经验和知识，这些信息是有组织的知识系统，对人的学习和行为决策有重要意义。长时记忆容量没有限制。信息的来源大部分是对工作记忆内容的加工，也有由于印象深刻而一次获得的。

长时记忆的编码就是把新的信息纳入已有的知识框架内，或把一些分散的信息单元组合成一个新的知识框架。将材料进行组织可以使输入信息有效地进入长时记忆。长时记忆的编码形式主要有三种，即按语义类别编码、按语言特点编码和主观组织编码。其中按语义类别编码是最主要的编码方式。

（1）按语义类别编码：在记忆一系列语词概念材料时，人们总是倾向于把它们按语义的关系组成一定的系统，并进行归类。例如，对给定的杂乱的语词概念材料，当按动物、植物、人名、职业等进行分类时，记忆的效果会明显提高。长时记忆中组块间的联系是以语义的方式进行的。

（2）按语言特点编码：借助语言的某些特点，如语义、发音等，对当前输入的某些信息进行编码，使它成为便于储存的东西。这种编码方式在记忆无意义音节时经常使用，从而提高记忆的效率。利用语言的音韵和节律等特点，也能对记忆材料进行编码。例如，在记忆乘法、珠算口诀时，人们也时常使用这种编码方式。

（3）主观组织编码：学习无关联的材料时，如果既不能分类也没有联想意义上的联系，这时个体会倾向于采取主观组织对材料进行加工。主观组织将分离的项目构成一个有联系的整体，从而提高了记忆效率。

影响长时记忆编码的主要因素为编码时的意识状态和加工深度。研究表明，有意编码的效果明显优于自动编码的效果；加工深度不同，记忆效果也是不同的。

2．长时记忆的信息储存

长时记忆中信息的存储是一个动态过程。从量的方面，存储信息的数量随时间的推移而逐渐下降；从质的方面，存储的信息会出现不同形式的变化。如表现为：内容简略和概括，不重要的细节将逐渐趋于消失；内容变得更加完整、合理和有意义；记忆恢复现象等。

信息存储首先依赖于组织有效的复习，刺激物的重复出现是短时记忆向长时记忆转化的条件；其次，利用外部记忆手段，如记笔记、记卡片和编提纲，也可将需要存储的内容存入计算机等；最后，要注意大脑的健康和用脑卫生，保持良好的记忆能力。

3．长时记忆的信息提取

长时记忆的信息提取有两种基本形式，即再认和回忆。

（1）再认：指人们对感知过、思考过或体验过的事物，当它再度呈现时，仍能认识的心理过程。再认有感知和思维两种水平。感知水平的再认是迅速、直接的。例如，对一首熟悉的歌曲，只要听见几个旋律就能立即确认无疑。思维水平的再认依赖于某些再认的线索，并包含了回忆、比较和推论等思维活动。再认的效果随再认的时间间隔而变化，图4-6所示为时间间隔对再认的影响，从图中可以看到，从学习到再认的间隔时间越长，效果越差。

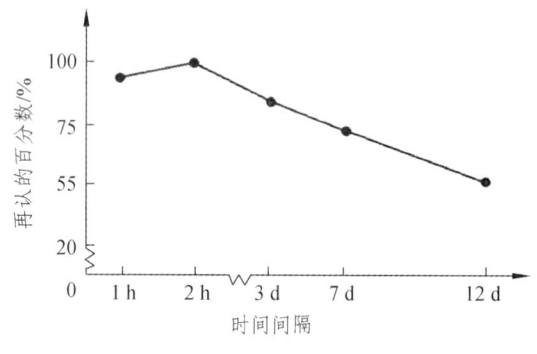

图4-6 时间间隔对再认的影响

（2）回忆：人们过去经历过的事物以形象或概念的形式在头脑中重新出现的过程。回忆通常以联想为基础。一般情况下，时间、空间相近的事物容易形成联想；外形或性质相似的事物容易形成联想；事物间相反的特征也容易形成联想；事物间的因果关系也容易形成联想。长时记忆的内容是不能抹掉，然而要在长时记忆中随意提取一个组块却并不是总能成功。提取失败的原因有两个：一是找不到提取的线索；二是许多相似的提取线索和许多相似的组块混在一起，互相干扰，以致阻碍了目标组块的提取。当提取的线索要依赖联想时，这种干扰的影响更大。记忆提取的难易取决于记忆中与提取线索有关材料的多少，材料越多提取越困难。

4．长时记忆中信息的遗忘

1）人的遗忘进程

19世纪末，德国心理学家艾宾浩斯（Ebbinghaus）采用自然科学的方法对记忆进行了实验研究，得出了人的遗忘发展进程规律。表4-4记录了实验结果。

从表中可以看出，遗忘在学习之后立即开始，遗忘的过程最初进展得很快，以后逐渐缓慢。例如，在学习20 min之后遗忘就达到了41.8%，而在74 h（31天）后遗忘仅达到78.9%。根据这个研究他认为"保持和遗忘是时间的函数"。他还将实验的结果绘成曲线，这就是著名的艾宾浩斯遗忘曲线，如图4-7所示。

表 4-4 人的遗忘进程

次序	时距/h	保持数（%）	遗忘数（%）
1	0.33	58.2	41.8
2	1	44.2	55.8
3	8.8	35.8	64.2
4	24	33.7	66.3
5	48	27.8	72.2
6	144	25.4	74.6
7	744	21.1	78.9

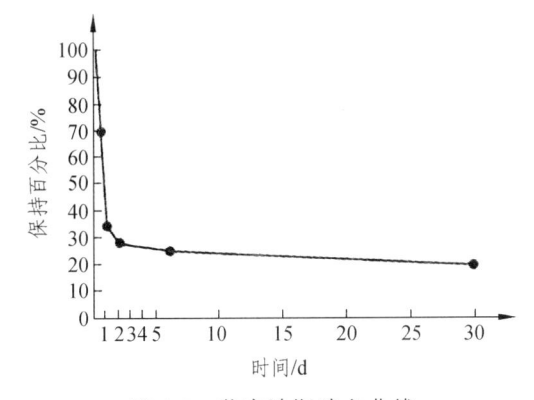

图 4-7 艾宾浩斯遗忘曲线

除此之外，遗忘的进程还与识记材料的性质与数量、学习程度、识记材料的系列位置有关。人们对熟悉的、形象的、有意义的材料遗忘慢；材料数量多，忘得快。材料的顺序对记忆效果有重要影响，最后呈现的项目最先回忆起来，其次是最先呈现的那些项目。另外，对材料有需要、感兴趣，则遗忘速度慢。

2）遗忘原因

关于遗忘的原因，有不同的解释。衰退理论认为，遗忘是记忆痕迹得不到强化而逐渐减弱，以致最后消退的结果。这种说法易被接受，但很难用实验方式证实。压抑理论认为，遗忘是由于情绪或动机的压抑作用引起的，如果这种压抑被解除，记忆就能恢复。提取失败理论认为，存储在长时记忆中的信息永远不会丢失。之所以对某些事情想不起来，是因为在提取有关信息时没有找到适当的提取线索。

干扰理论认为，遗忘是因为在学习和回忆之间受到其他刺激的干扰所致。一旦干扰被排除，记忆就能恢复，而记忆痕迹并未发生变化。对信息保持的干扰有两种类型：一类称为前摄干扰（也称为前摄抑制），即先前学习的材料对识记和回忆后学材料的干扰作用；另一类称为倒摄干扰（也称为倒摄抑制），即后面学习的材料对保持和回忆先学材料的干扰作用。

前摄干扰随先学材料的数量以及先后两种材料内容相似程度的增加而增加，也随保持时间的增加而增加。倒摄干扰受先后两种材料相似程度、后学材料的难度、时间安排以及先学材料保持程度等因素的制约。当先后学习材料完全不同时，倒摄抑制的干扰作用最小，而先后两种材料既相似又不相同时，倒摄抑制的干扰作用则最大。后学习的材料难度越大，倒摄抑制的干扰作用也越大，而先学材料的保持程度越好，则倒摄抑制的干扰作用越小。前摄抑制和倒摄抑制的干扰作用不仅表现在两种学习之间，而且也表现在同一种材料的学习中。通常学习材料的首尾部分容易记住，而中间部分容易遗忘，就是因为首部无前摄抑制的干扰，尾部无倒摄抑制的干扰，而中间部分则既有前摄干扰又有倒摄干扰，双重抑制影响记忆效果。

实验表明，干扰理论是解释遗忘原因的重要理论。

4.3.2 思维与推理

4.3.2.1 思维过程

思维是借助语言、表象或动作实现的，对客观事物概括的和间接的认识，是认识的高级形式。感知觉是对外界刺激直接输入并进行初级加工，记忆是对输入的刺激进行编码、储存、提取的过程。

而思维则是对输入的信息进行更深层次的加工，主要表现在概念形成和问题解决的活动中。人们在头脑中，运用存储在长时记忆中的知识经验，对外界输入的信息进行分析与综合、比较、抽象与概括的过程就是思维过程。具体包括以下过程：

1. 分析与综合

分析是指在头脑中把事物的整体分解为各个部分或各个属性。人们对事物的分析往往是从分析事物的特征和属性开始的。综合是在头脑中把事物的各个部分、各个特征、各种属性结合起来，了解它们之间的联系，形成一个整体。综合是思维的重要特征，只有把事物的部分、特征、属性等综合起来，才能把握事物的联系和关系，抓住事物的本质。

2. 比较

比较是把各种事物和现象加以对比，确定它们的相同点、不同点及其关系。比较是以分析为前提的，只有在思想上把不同对象的部分特征区别开来，才能进行比较。同时，比较还要确定它们之间的关系，所以比较又是一个综合的过程。比较是重要的思维过程，也是重要的思维方法。

3. 抽象与概括

抽象是在思想上抽出各种事物与现象的共同的特征和属性，舍弃其个别特征和属性的过程。例如，石英钟、闹钟、座钟、挂钟都能计时，因此，"钟能计时"就是它们的共同属性。这种认识是通过抽象得到的。在抽象的基础上，人们可以得到对事物的概括性的认识，概括分初级概括和高级概括。初级概括是在感知觉、表象水平上的概括；高级概括是根据事物的内在联系和本质特征进行的概括。

4. 推理

推理是指从已知的或假设的事实中引出结论。它可以作为一个相对独立的思维活动出现，也经常参与许多其他的认知活动，如知觉、学习记忆等。推理需要提取长时记忆中的知识，并且和当前的一些信息在工作记忆中进行综合。推理有多种形式，从具体事物归纳出一般规律的活动称为归纳推理。根据一般原理推出新结论的思维活动称为演绎推理。归纳推理在本质上是概念的形成，而演绎推理在本质上属于问题解决的范围。除此而外，还有概率推理及类比推理等。本章主要介绍演绎推理中的三段论推理、线性推理以及条件推理等。

5．三段论推理

三段论推理是由两个假定真实的前提和一个可能符合也可能不符合这两个前提的结论所组成的。

例如：① 所有的 A 都是 B，所有的 B 都是 C，因而所有的 A 都是 C；② 所有的 A 都不是 B，所有的 B 都是 C，因此，所有的 A 都不是 C。这两个推理中第一个推论是正确的，第二个推理是错误的。

但是在实际生活中，许多人都认为这两个结论都正确。这说明人们的推理不一定严格按逻辑规则进行。心理模型理论由约翰逊·莱尔德（Johnson Laird，1983）提出，该理论认为人们推理的过程就是创建并检验心理模型的过程，即首先根据两个前提条件给出的信息，创建一个心理模型，这个模型相当于前提中所述事件的知觉或表象。构建的心理模型通常提示某个结论。然后通过搜寻与该结论不相容的其他替代的心理模型来评价结论的真实性。如果搜索不到，即没有足以破坏该结论的对前提的其他解释，那么这个结论就是真实的。可见，一个真实的结论不是在逻辑原则的基础上得出的，而是基于语意原则。推理过程均依赖于工作记忆的加工资源，并且受制于工作记忆的有限容量。构建心理模型不仅需要较长时间，还需要进行一系列有赖于工作记忆的信息加工。推理中的错误，是由于人们对前提的信息加工不充分，或者说受工作记忆容量的限制，人们只根据前提创建了一个心理模型，而没有考虑建立更多的心理模型。

6．线性推理

线性推理又称为关系推理，在这种推理中，所给予的两个前提说明了三个逻辑项之间的可传递性的关系。如"张三比李四高，李四比王五高"，要求做出结论，说明张三与王五谁高。由于这种推理的三个逻辑项之间的关系是"张三>李四>王五"，具有线性的特点，所以线性推理又称为线性三段论。

要正确得出结论，必须对前提中的信息进行适当的表征。有关线性三段论信息的表征和推理过程的研究可分为下列模型：操作模型由亨特（Hunter，1957）提出，该理论认为两个前提中的信息形成一个统一的内部表征，其中三个逻辑项是按自然的顺序排列的，如前例身高的问题，这样，就可从表征中直接得出结论。若两个前提中的逻辑关系和顺序不同，则要形成统一的内部表征，就需要事先将这个关系进行转换并调整各项顺序，需要额外的时间。

空间表象模型由胡滕洛赫尔（Huttenlocher，1968）提出，该理论吸收了操作模型的基本思想，可认为是操作模型的延伸和扩充。该模型认为，被试对两个前提中的各项形成一个空间序列表象。并运用表象按各项的大小在垂直方向上自上而下，或在水平方向上从左到右地依次排列，即形成一个空间序列。这样三个逻辑项之间的关系就可从它们在空间序列中的相对位置来判定。

语言模型由克拉克（Clark，1969）提出，该理论认为三项系列问题的表征既不是统一的，也不是表象性质的，而是由命题构成的。在线性推理时，人们首先把前提转换为命题形式，如前提"张三比李四高",转换成"张三是高的""李四是高的",这种转换取消了原来两个逻辑项之间的比较关系,但命题"张三是高的"比"李四是高的"有较大的权重,因此,张三更高些。另外,语言模型认为,前提与问题的一致性影响问题的解决。例如,前提"张三比李四高,李四比王五高",若问"谁最高"回答起来比"谁最矮"要快。因为前提是以命题来表征的。问题"谁最高"与前提的表征一致,回答起来要快。而问题"谁最矮"与前提的表征不一致,需要进行转换,回答起来要慢。

7．条件推理

条件推理是指人们利用条件性命题进行的推理。它发生在当给出所谓的条件语句——决定在满足特定条件时将出现何种结果的规则,并要求推理者根据前面给出的信息对结论的有效性进行评价的时候。通常,规则以"如果……,那么……"的形式进行表述：如果 P（条件）那么 Q（某种类型条件的结果）。另有一个其他的语句用来确定 P 或 Q 为真或为假,而推理者则必须确定剩余项的真或假。有两个规则可以用来在这些条件下进行有效的推理。

（1）第一个是肯定式,如：

如果你努力学习过,你就会在这门课上取得好成绩。

你努力学习过。

因此,你有希望在这门课上取得好成绩。

（2）第二个是否定式,请看下面的例子：

如果星期四下雪,我就去滑雪。

我没去滑雪。因此,星期四没有下雪。

结论是有效的。表明推理过程正确使用了否定式。

除了否定式和肯定式外,条件推理还有其他两种形式,但都是出现逻辑错误的情况,看下面的例子：

如果她喜欢我,她就会跟我一起出去。

她不喜欢我。因此,她不会跟我一起出去。

如果我们觉得这个结论是有效的,就犯了"否定前件"的推理错误。这类错误是以前件,也就是条件规则的第一部分命名的。当否定前件时,是在假设只有前件为真后件才为真。这之所以不符合逻辑是因为即使前件为假后件仍可能为真。这意味着即使她不喜欢你,仍可能出于其他原因和你一起出去。

除此之外,还有"肯定后件"的错误,即推理者是在假定后件为真隐含前件也为真。在条件推理中,人们往往会先判断如何解释连词"如果",然后再进行与此对应的推理过程。当使用"如果那么"短句时,59%的被试者们似乎把连词"如果"当成双重条件"如果且只有",但在问题中使用如"P 引出 Q"之类的短语时,这种误用增加到了77%。而一旦能形成连词"如果"的解释,被试者的推理就会相当正确。因此,得出的结论为：条件推理问题中的错误并不是推理过程的错误,而是由于未能认识到条件短语和双重条件短语之间的区别造成的。

8．问题解决

人们在生活和工作过程中要面对许多问题,问题解决是一种重要的思维活动。认知心理学从信息加工的观点出发,将人看成主动的信息加工者,将问题解决看成是对问题空间的搜索,并用计算机模拟人的问题解决过程,以此来检验和进一步发展对人的问题解决的研究。

1）问题的心理学描述

一般来说，当人们面临一项任务而又没有直接的手段去完成时，就有了问题。尽管问题多种多样，但所有问题都含有以下三个成分：

（1）给定一组已知的关于问题条件的描述，即问题的起始状态。

（2）目标对构成问题结论的描述，即问题要求的答案或目标状态。

（3）障碍正确的解决方法不是显而易见的，必须间接通过一定的思维活动才能找到答案，达到目标状态。

问题条件与目标之间存在内在联系，但问题并不只是通过知觉和回忆就能解决的，需要进行思维活动，有时遇到挫折，需要一定的时间和若干步骤。

2）问题解决策略

在问题解决过程中，有以下几条通用的解决问题的策略：

（1）算法策略。算法策略是指在问题空间中随机搜索所有可能的解决问题的方法，直至选择一种有效的解决问题的方法。采用算法策略的优点是能够保证问题的解决，但需要大量的尝试，因此费时费力，而且当问题复杂、问题空间很大时，人们很难依靠这种策略来解决问题。另外，有些问题也许没有现成的算法或尚未发现其算法，对这种问题算法策略将是无效的。

（2）启发性策略。启发性策略是指人们根据一定的经验，在问题空间内进行较少的搜索，以达到问题解决的一种方法。该策略不能完全保证问题解决的成功，但解决问题较省时省力。下面是几种常用的启发性策略：

① 手段-目的分析。所谓手段—目的分析就是将需要达到的问题的目标状态分成若干子目标，通过实现一系列的子目标最终达到总目标。它的基本步骤是：① 比较初始状态和目标状态，提出第一个子目标；② 找出完成第一个子目标的方法或操作；③ 实现子目标；④ 提出新的子目标，如此循环往复，直至问题的解决。手段—目的分析是一种不断减少当前状态与目标状态之间的差别而逐步前进的策略。但有时，人们为了达到目的，不得不暂时扩大目标状态与初始状态的差异，以便最终达到目标。手段—目的分析对解决复杂的问题有重要的应用价值。

（2）逆向搜索。逆向搜索就是从问题的目标状态开始搜索直至找到通往初始状态的通路或方法。例如，人们要去城市的某个地方，往往是在地图上先找到目的地，然后查找一条从目的地退回到出发点的路线。逆向搜索更适合于解决那些从初始状态到目标状态只有少数通路的问题。

（3）爬山法。爬山法是类似于手段—目的分析法的一种解题策略。它是采用一定的方法逐步降低初始状态和目标状态的距离，以达到问题解决的一种方法。这就好像登山者，为了登上山峰，需要从山脚一步一步爬上山峰一样。爬山法与手段—目的分析法的不同在于后者包括这样一种情况，即有时人们为达到目的，不得不暂时扩大目标状态与初始状态的差异，以便最终达到目标。

4.3.3 影响信息处理的因素

4.3.3.1 大脑信息处理能力的界限

大脑皮质对连续接收的各种信息不可能全部确切地给予处理，其能力具有一定的限度。

把从感觉器官得到的信息在大脑皮质进行判断，决定采取什么样的行动时，人不可能同时处理两种以上的信息。有人曾做过这样的实验，使用 S1 和 S2 这两种刺激单独进行时的反应时间均为 200～300 ms。但是，当这两种刺激在极短时间内连续进行时，对后一种刺激的反应时间则比单独进行时长。人的这种信息处理特征称为单通道机制。

在处理各种信息的过程中，当时间十分充裕时，人们可以正确地进行处理；当信息时间短而又错综复杂时，就不能很好地处理，将出现以下各种情况：① 漏掉了未处理的信息；② 做了错误的处理；③ 处理延迟；④ 信息内容处理不全；⑤ 信息处理的质量降低；⑥ 使用了规定以外的处理方法；⑦ 放弃处理。

当人接收很多信息时，上述的表现情况还会因作业内容、性质以及作业者当时身心活动状态而变化。

4.3.3.2 内部因素

影响信息处理能力的内部因素主要有：觉醒水平、工作任务、学习（练习）、疲劳和动力。

1．觉醒水平

觉醒水平是指人的总体生理激活程度。它对工作效率有很大影响。在适宜的范围内，觉醒能维持大脑的兴奋性，有利于注意的保持和集中。但是超出此范围过分激活，人将处于十分紧张状态，无法实现有效行为。

2．工作任务

认知加工器的加工周期通常为 10 次/s 左右，每次约 70 ms（25～170 ms）认知加工器的加工周期变动性较大，不同的加工任务，其加工周期可在很大范围内波动。表 4-5 列出了不同认知系统的加工速度。除了工作任务的影响外，实验条件、被试者的期望对加工周期的影响也不能忽视。

表 4-5 不同认知系统的加工速度

任务	速率	单位	研究者
数字	33（27～39）	ms/数字	Cavanaugh（1972）
颜色	38	ms/色	Cavanaugh（1972）
字母	40（24～65）	ms/个	Cavanaugh（1972）
词	47（36～52）	ms/个	Cavanaugh（1972）
几何形状	50	ms/种	Cavanaugh（1972）
随机图形	68（42～93）	ms/个	Cavanaugh（1972）
无意义音节	73	ms/个	Cavanaugh（1972）
点阵模式	46	ms/个	Chi&Klahr（1975）
三维形状	91（40～172）	ms/个	Akin&Chase（1978）
知觉判断	106（85～169）	ms/判断	Welford（1976）
选择反应时间	92	ms/判断	Welford（1973）
默读文字	153	ms/比特	Hymam（1953）
默读数字	167	ms/数字	Landaner（1962）

3. 学习

从学习曲线规律可知，如果反复地练习同种作业，随着练习次数的增加，工作质量和效率都将在一定程度上有所改善，并能减轻人的疲劳。

4. 疲劳

对信息处理过程来说，疲劳将带来与学习相反的效果。诸如作业数量减少、质量恶化、所需时间增加、对一些操作动作也要比正常情况付出更多的努力。在疲劳使信息处理能力降低的状态下，就会发生不能很好地处理刺激的反应模式。至于出现什么样的反应模式，则随作业性质和作业难易而变化。

5. 动力

处理信息时，虽然是处于觉醒状态，但是如果对要接收和处理的信息没有积极性或无精神准备，信息处理的质量会显著下降。人因具有动机才能对所给的刺激产生定的行动，这种现象称为动力。人对作业形成动力是人处理信息时的基础条件之一，特别是在重新学习掌握信息处理方法时，动力具有更加重要的作用。

4.3.3.3 外部因素

大脑依据记忆而积累的经验来确定如何处理新接收的信息和进行什么样的行动。信息处理过程与处理信息者的知识、技能等个人的因素有很大关系，同时作业时间、时机以及作业条件等对其也有影响。例如，作业环境对作业者的生理和心理有直接和间接影响。在这些因素的影响下，信息的处理能力或者是增大或者是减小。

4.4 人的信息输出

微课：人的信息输出

操作者在接收来自系统的信息并对其进行中枢加工以后，会根据加工的结果对系统做出反应。后一个过程即称为操作者的信息输出。信息输出是对系统进行有效控制并使其正常运转的必要环节。例如，汽车驾驶员为避免撞上前方突然出现的行人而刹住汽车，飞行员将瞄准器对准欲攻击的目标等。此类行为都是信息输出的表现。信息输出的实际形式是多种多样的。各类信息输出的质量取决于反应时间、运动时间和准确性等因素。本节主要介绍人的信息输出的形式、反应时间和运动时间。

4.4.1 信息输出形式

在实际情境中，操作者的信息输出形式多种多样。言语是信息输出的一种形式。人类可以通过叫、喊表示紧急情况，通过言语报告传递某种信息。人类还可以通过某种特点的言语输出直接控制系统的开、关或调整系统。

随着智能型技术的发展，人类还将通过言语输出控制更复杂的系统。

信息输出最重要的方式是运动输出。手、腿的运动，姿势的变换甚至眼神都是运动输出的具体形式。根据运动学特征和操作活动的形式或运动的自动化程度，运动输出又可分为多种类型。本节介绍按操作活动形式进行的运动分类。在这种分类体系中，人体操作活动可分为以下六种。

1．定位运动

定位运动是指身体运动部位根据作业所要求达到的目标，从一个位置移向另一个位置的运动，是操纵控制的一种基本运动。

定位运动包括视觉定位运动和盲目定位运动。前者是在视觉控制下进行的运动，后者则是在排除视觉控制，凭借记忆中储存的关于运动轨迹的信息，依靠运动觉反馈而进行的定位运动。例如，汽车行驶在公路上，驾驶员的视线要注意前方路面上出现的过往行人、车辆、路面状况以及各种信号、标志等，此时，操纵方向盘及各种把手的动作，便要依靠盲目定位运动来完成。

2．重复运动

重复运动是在作业过程中，多次重复某一动作的运动。如用手旋转手轮柄、敲击物体、用锤子钉钉子等动作。

3．连续运动

连续运动也称为追踪运动，是操作者对操纵控制对象连续进行控制、调节的运动。例如，铣工按线条用机、手并动的方法，铣削椭圆形零件；焊工按事先画好的图形用焊枪割毛料（坯）等。

4．操作运动

操作运动是指摆弄、操纵部件、工具以及控制机器等运动。

5．序列运动

序列运动是若干个基本动作按一定顺序相对独立地进行的运动。例如，雨夜中开动汽车的动作，首先打开点火开关，接着按下起动按钮、打开车灯和开动雨刷等连串的基本动作，有次序地完成，即为序列运动

6．静态调节

运动静态调节运动是在一段时间内，没有外部运动表现，而是把身体的有关部位保持在某一位置上的状态。例如，在焊接作业中，手持焊枪使其稳定在一定位置上，以保证焊接质量。

上述各种运动形式，经常按一定的关系并行或连续出现。例如，静态调节运动与其他各种运动同时存在，连续运动与操作运动穿插进行，重复运动往往在序列运动中出现等。

4.4.2 反应时间

4.4.2.1 反应时间的概念

在许多情况下，系统呈现一个刺激，要求操作者根据刺激的信息内容做出相应的反应。一般将外界刺激出现到操作者根据刺激信息完成反应之间的时间间隔称为反应时间。如果准

确进行划分，反应时间是指刺激呈现到反应开始之间的时间间隔；而从反应开始到反应结束之间的时间间隔则称为运动时间。反应时间又称为反应潜伏期，反应不能在给予刺激的同时立即发生，而是有一个反应过程。这个过程在体内进行时是潜伏的。反应过程包括刺激使感觉器官产生活动，经由神经传递至大脑，经过加工处理，再从大脑传给肌肉，肌肉收缩后作用于外界的某种客体。

反应过程所需要的时间由以下几个部分组成：感觉器官将刺激转化为神经冲动传导至大脑等神经中枢为 3～138 ms；神经中枢进行信息加工处理为 70～300 ms；传出神经将冲动传导至肌肉激发肌肉收缩为 40～90 ms。上述各段时间的总和为 113～528 ms，即为反应时间。显然，神经中枢的加工处理过程所耗费的时间是反应时间的主要部分。

反应时间是人因工程学在研究和应用中经常使用的一种重要的心理特性指标。人的信息处理过程的大部分活动是在体内潜伏进行的，难以对信息接收、加工和传递各个阶段精确地进行实验测定。因此，在实践中往往利用反应时间指标来近似说明人对信息处理过程的效率及影响因素。这种办法简便易行，在现代技术和装备水平条件下，对反应时间的实验和测试是完全可以做到的。可以利用反应时间分析人的感知觉、注意、识别、学习、觉醒水平、动作反应、定向运动、信号刺激量等。在此基础上，提高作业效率；提高监视水平和集中注意力；制定作业标准；改进人机界面；改善作业条件和环境；选拔和培训特殊人员等。

4.4.2.2 简单反应时间与选择反应时间

1. 简单反应时间

反应时间根据刺激—反应情境的不同可分为简单反应时间和选择反应时间。如果呈现的刺激只有一个，被试者只在刺激出现时做出特定的反应，这时获得的反应时间称为简单反应时间。在简单反应情境下，刺激与反应都只有一个，多次刺激时，每次刺激与做出的反应都是相同的，被试者预先知道刺激的内容和反应方式。简单反应的特点是刺激信号单一，不必费时间去识别、判断，反应容易，反应时间最短。简单反应时间可以使用简单反应时间测定仪进行实验测试。被试者静坐在弱光照明的测试台前，面对将要呈现的光（或声）信号刺激方向，事先让被试者熟悉刺激信号性质。被试者将手指放在反应键上，当刺激信号呈现时立即按反应键，主试者通过计时器测出从刺激呈现到被试者做出反应的时间。当然，经过多次练习后，测得的反应时间可接近最小极限值。

2. 选择反应时间

有多种不同的刺激信号，刺激与反应之间表现为一一对应的前提下，呈现不同刺激时要求做出不同的反应，这时获得的反应时间称为选择反应时间。在选择反应的潜伏期中，主要活动是识别、判断和选择，因此信息加工时间变长。选择反应的特点是刺激信号多而复杂需要分析、思考和选择，容易出现错误，因而其反应时间比简单反应时间长。随着刺激与反应的内容和性质的复杂化，选择反应时间可能有较长的迟延。

选择反应时间可使用选择反应时间测定仪进行实验测试。例如，刺激信号是多种颜色的灯光（或多种频率的声音），以随机的顺序变换着不同颜色灯光，被试者根据呈现的灯光按相应的反应键，即可从计时器得出对不同颜色灯光的选择反应时间。

4.4.2.3 各种感觉通道的反应时间

不同的感觉通道受刺激的反应时间明显不同。各种感觉通道的简单反应时间如表 4-6 所示,在所有感觉通道中,触觉和听觉反应时间最短,其次是视觉。根据感觉通道反应时间的特点,在告警信号中,常以听觉刺激作为告警信号形式。在普通信号中,则多以视觉刺激为主要信号形式。

表 4-6 不同认知系统的加工速度

感觉通道	反应时间/ms	感觉通道	反应时间/ms
触觉	117~182	温觉	180~240
听觉	120~182	嗅觉	210~390
视觉	150~225	痛觉	400~1000
冷觉	150~230	味觉	308~1082

另外,相同的感觉通道,刺激的部位不同,反应时间也会不同。例如,对于触觉通道,手或脸部刺激反应时间就比较短;对于味觉通道,不同刺激引起的反应时间各不相同,其中咸的反应时间最短,其次是甜和酸,苦的反应时间最长。

4.4.2.4 影响反应时间的因素

1. 刺激信号性质的影响

1)刺激的强度

刺激强度必须达到一定的能量才能使感觉器官形成感觉。当刺激强度逐渐增加时,反应时间随刺激强度的增加而缩短,并逐渐趋近一个特定值,越接近这个值,强度对反应时间的影响越小。研究者发现,这一规律与神经发放速度的变化有密切关系,如图 4-8 所示。

2)刺激的空间特性

刺激空间特性对反应时间的影响首先应考虑刺激强度也应包括空间累积,如面积与强度是可以相互替代的。有一个实验,把大小不同的白方块放在一定的阅读距离上,以其反射日光作刺激测定反应时间,结果如表 4-7 所示。随着刺激面积的增大,便在一定范围内增加了刺激的表面强度,因此,反应时间相应缩短。又如仪表的刻度线之间的距离与读表反应时间的关系,实验证明,相邻刻度线所形成的视角越小,读表反应时间越长,反之则越短。

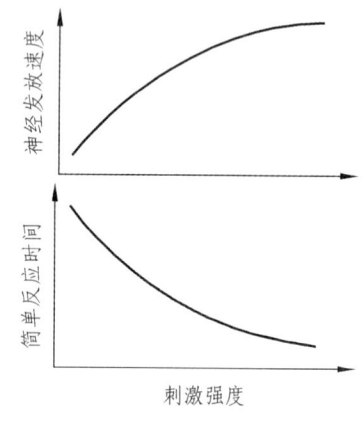

图 4-8 神经发放速度

3)刺激的持续时间

刺激强度也应包括刺激时间的累积。在一定范围内,反应时间随刺激时间的增加而缩短。由表 4-8 可见,光刺激时间越长,反应时间越短。但是再进一步增加刺激时间,反应时间却不再缩短。

表 4-7 刺激面积与反应时间

方块边长/mm	3	6	12	24	48
反应时间/ms	195	188	184	182	179

表 4-8 光刺激时间与反应时间

光刺激时间/ms	3	6	12	24	48
反应时间/ms	191	189	187	184	184

4）刺激的清晰度

信号本身越清晰，其刺激反应时间越短。此外信号的清晰度还与背景环境有关，因此设计信号应考虑与背景的对比度因素。例如，使用灯光信号要考虑与背景的亮度比；使用标志信号要考虑与背景的颜色对比；使用声音信息要考虑与背景的信噪比及频率分布的区别等。在实际应用上，如对重要的监控室要求有一定程度的隔音，合理布置照明等，以保证对监控信号反应迅速、准确。

2．人的机体状态的影响

1）机体对环境条件的适应状态

人的机体处于适应环境条件的状态，刺激反应时间短。如视觉适应照明环境，对光的刺激反应时间就短。听觉适应声音环境，对声刺激反应时间也短。相反，对新的、不熟悉的环境，或不断变化的环境，机体没有适应时反应时间就长。在视、听信号刺激反应中，为了缩短反应时间，必须考虑机体对环境的适应问题。

2）精神准备程度

人对将要出现的刺激在精神上有准备或准备充分，反应时间就短，无准备或准备不充分则反应时间长。准备程度可以用预备时间长短来说明。所谓预备时间是指从预备开始到刺激信号呈现这一段时距。如果预备时间太短，没有做反应的充分准备；如果太长，准备又可能衰退，都会使反应时间变长。表 4-9 列出了不同预备时间的听觉反应时间。从表中可见，1～2s 预备时间的反应时间较短。

表 4-9 不同预备时间与反应时间

预备时间/s	0.5	1	2	4
平均反应时间/ms	335	241	245	276
标准差/ms	64	43	51	56

在连续呈现刺激的情况下，可以将刺激的间隔时间看成准备时间。特尔福德（CW.Telford）研究认为：1～2s 的刺激间隔反应时间最短，其次是 3s。间隔再长或小于 1s 时反应时间变长。间隔 1～9min 出现一个信号比间隔 10～15s 出现一个信号时的反应效率要低 10 倍。可见，感官低负荷的作业，由于准备不足，反应迟缓。如显示屏上信号出现的间隔长，监视人员的反应效率降低，有时甚至会出现失误或疏漏。

3）年龄因素

20岁以前，随着年龄增长反应时间缩短。20岁以后，随着年龄增长反应时间逐渐变长，60岁以后明显变长。表4-10是以20岁的反应时间为100，不同年龄组反应时间的情况。

表4-10　年龄与简单反应时间

年龄	20	30	40	50	60
反应时间比例（%）	100	104	112	116	161

反应时间还受唤醒水平、动机、练习和疲劳因素影响，参见本章信息处理部分。此外个体差异也影响反应时间。

3．刺激物数量的影响

人接受心理、生理刺激的能力有一定的界限，如果给予的刺激或信号数量过多，接受和做出反应困难，甚至不可能全部接受和做出反应。如作业人员观察2个仪表进行相应操作与观察8个仪表进行相应操作相比，后者选择判断的内容增加，选择反应时间要长。实践证明，随着刺激物数量的增加，选择反应时间增加。基尔斯（S.W.Kels）研究提出，随着刺激物数量增加，反应时间增长幅度逐渐变小，即刺激物数量增加1倍所引起的反应时间增加量近似恒定，见表4-11。

表4-11　刺激物数量与选择反应时间的关系

刺激物数量	反应时间/ms	反应时间增加量/ms	刺激物数量增加1倍引起反应时间增加量/ms
1	187	—	
2	316	129	（1~2）129
3	364	48	
4	434	70	（2~4）118
5	487	53	
6	532	45	（3~6）168
7	570	38	
8	603	33	（4~8）169
9	619	16	
10	622	3	（5~10）135

以上结果仅适用于刺激出现的概率相同的场合。如果刺激出现的概率不同，则选择反应时间将有所差异。刺激出现的概率越大，选择反应时间越短。反之，反应时间越长。

4．刺激物间差别的影响

刺激物间的差别越小，识别判断等信息处理活动越复杂，因而选择反应时间越长。表4-12中记录了在呈现的两种颜色中选择红色的反应时间，结果表明，同时呈现的两种颜色间差别越小，选择反应时间越长。对两条线段长短的选择反应结果也类似，线段间长度差别越小，选择反应时间越长。对双指针仪表读数速度进行比较研究表明，两个指针的长度比分别为 5：（4~4.5）和 5：（3~3.5），后者读数速度高于前者。在显示系统设计中，应尽量突出刺激间的差别特征，以提高可辨性。但不同感官辨别差异的能力不同，视觉约为 1/100，触觉约为 1/10，味觉只有 1/5。

表 4-12　刺激物间差别与选择反应时间

刺激物特性		平均反应时间/ms
颜色	红与橙	246
	红与（橙+25%红）	252
	红与（橙+50%红）	260
	红与（橙+75%红）	271
线段/mm	10 与 13	296
	10 与 12	305
	10 与 11	324
	10 与 10.5	345

5．作业时间长短的影响

人的感官识别能力在作业开始不久的一段时间内较高，识别速度较快，以后渐渐降低。一般经过 30~40 min，识别效率可能降至开始时的一半。信号出现率低比出现率高时识别能力降低更快。因此，长时间从事监视、检查作业，应当考虑采取中间休息、适当轮换作业等措施，以有效利用作业开始后一段时间内作业人员具有较高识别和检出能力的时机。

6．信号间隔与发生频度的影响

信号间隔小于 0.5 s 时，人眼往往检查不出信号的间隔。因此，一般认为 0.5 s 是人对信息处理能力的一个界限。在监视作业情况下，信号有规则地呈现时，识别速度快，检出率高。对不限定间隔时间的信号，作业人员能预期发生时，识别时间较短；非预期发生时，则识别时间长。对发生频度高的监视作业，识别时间较短，信号检出率高；相反则识别时间长，检出率低。

为了提高人的反应速度，缩短反应时间，必须注意以下几点：① 合理选择感觉通道；② 确定刺激信号特点；③ 合理设计显示装置；④ 进行职业选择和适应性训练。

4.4.3　运动时间

运动时间为运动开始至运动结束所耗费的时间，即完成反应动作的时间。运动时间随运动的距离与方式而改变。一般完成控制操作最少需 300 ms。因此，从刺激呈现到反应动作完成最少需 300 ms，加上反应时间 200 ms（估计数），共计 500 ms。在没有任何期待（预先警告）的情况下，反应时间加运动时间一般为 0.7~1 s，甚至 1 s 以上。

4.4.3.1 运动速度

1. 定位运动的速度

定位运动速度受许多因素影响。早期的研究表明，定位运动时间依赖于运动距离和运动准确度两个因素。定位运动的准确度又取决于目标的大小。1954 年，费兹就这两个因素对运动时间的影响进行了系统研究，结果表明，如果目标准确度固定，则运动时间随目标距离的对数值线性增加；反之，如果目标距离固定，则运动时间随目标准确度要求的对数值线性增加。目标距离与目标准确度的要求相互补偿。后来的许多研究表明，费兹的上述研究结果不仅适用于手的定位运动，而且也适用于脚的定位运动。

关于定位运动时间和运动方向的关系，施密特克（H. Schmidtke）对此做了实验研究。他要求被试者用右手在一水平面上从中心点开始向 8 个方向做定位运动，中心点距离身体中心为 40 cm。其实验结果如图 4-9 所示，图中同心圆代表相等的时距。由图可知，右手沿 55° 方向向右上方做定位运动时间最短，即速度最快。

定位运动时间与空间介质有关。研究表明，距离和准确度对在空气和水介质内的运动时间有大致相似的影响。在水中时，距离的影响比目标准确度的影响大。其原因可能与水的黏性有关，它减慢了定位运动过程的快速移动。

定位运动时间还受操作者年龄的影响。定位运动时间，在 30~60 岁的被试者能保持在较高的水平上，60 岁以后运动时间明显增长。1964 年，费兹的进一步研究结果表明，定位运动的反应时间和运动时间是相互独立的。目标距离和目标宽度的改变只影响运动时间而不影响反应时间；刺激-反应条件的改变则只影响反应时间而不影响运动时间。表 4-13 所列为人体各部位的最大速度。

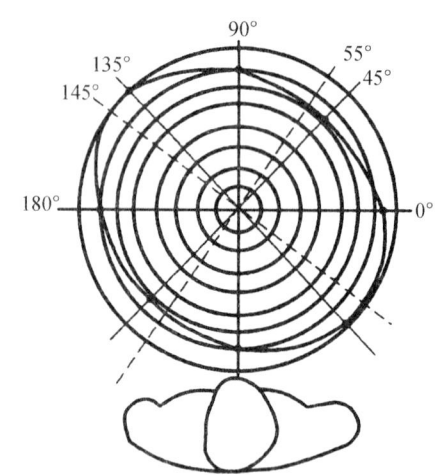

图 4-9 运动时间和运动方向的关系实验

表 4-13 人体各部位的最大速度（单位：次/min）

动作部位	动作的最大速度	动作部位	动作的最大速度
手指	204~406	上臂	99~344
手	360~431	脚	300~378
前臂	190~392	腿	330~406

2. 重复运动的速度

许多操作都包含一组效应器（如手指）的重复运动，如打字、键盘输入、手书写等。各效应器的重复运动速度大小对诸如打字等操作的速度有明显影响。

1）手指敲击速度

涉及手指运动的操作最多，因此对手指运动速度的研究有重要意义。手指的最大敲击速度大约为 5 次/s，但这个速度不能长时间保持。不同手指的敲击速度有较大的差异，表 4-14

列出了被试者在 15 s 内各手指的最大敲击速度。手指的敲击速度还受年龄的影响。研究发现，从 6 岁到 18 岁，手指敲击速度约增加 50%，以后速度基本稳定，过了 55 岁手指速度才出现较明显的下降。

表 4-14　手指的最大敲击速度（15 s 内敲击的次数）（单位：次）

手指	左手	右手
食指	66	70
中指	63	69
无名指	57	62
小指	48	56

2）不同效应器的敲击速度

不同效应器的敲击速度不同。手腕和肘的速度较大，手指、足、肩的速度较小。表 4-15 列出了 25～45 岁被试者不同效应器的平均最大敲击速度。

表 4-15　不同效应器的平均最大敲击速度（单位：次/s）

效应器类型		手指	手腕	肘	肩
男性	右手	6.00	6.93	7.08	6.12
	左手	5.55	6.23	6.43	5.66
女性	右手	5.58	6.48	6.67	6.05
	左手	5.23	6.78	6.10	5.63

表 4-14 和表 4-15 的结果均测自单一重复运动。如果让同一只手的中指和食指分别上下敲击（同时），那么每只手指的平均敲击速度仅为单指速度的 66%，也就是说，两手指总的敲击速度比单指约快 30%，但每一指的敲击速度都比单指敲击慢。

3）不同效应器的重复运动速度之间的相关性

不同的效应器，如拇指、手腕、前臂、整臂或足，尽管在质量和长度上有明显的差异，但却都显示出相当类似的最大运动速度。这一事实说明，不同效应器的运动能力制约于同一机制。研究发现，不同效应器的重复敲击速度之间存在很强的相关性，如表 4-16 所示。

对于手轮和曲柄的操作运动，其运动速度受旋转阻力、旋转半径以及是否为优势手的影响。当旋转阻力最小、旋转半径为 3 cm 时，旋转速度为最大；随着旋转半径的增大或减小，旋转速度也随之下降。若旋转阻力增大，最大旋转速度下降。当旋转阻力为 49 N、旋转半径为 4 cm 时，曲柄旋转运动速度为最大。使用左手或右手对于运动速度的影响如表 4-17 所示。

表 4-16　不同效应器重复敲击速度之间的相关性

效应器类型	手指	拇指	腕	臂
拇指	0.80			
腕	0.84	0.98		
臂	0.69	0.79	1.00	
足	0.75	0.68	0.40	0.69

表 4-17　手运动的最大速度

运动类别	最大速度	
	右手	左手
旋转 /（r/s）	4.8	4.0
推压 /（次/s）	6.7	5.3

4.4.3.2　操作运动的准确度

1．盲目定位运动的准确度

盲目定位运动主要借助于对运动轨迹的记忆及动觉反馈来完成。有人（费兹，1947）对盲目定位运动的准确度进行过研究。他让被试者盲目手持铁笔去击触靶标中心。靶标分上中下三层排列，即中心层（参照层）、中心层以上 45°层和中心层以下 45°层。每层各排列 6 或 7 个靶标，使各靶标分别位于被试者正前方，左 45°、右 45°、左 90°、右 90°和左 135°、右 135°处。被试者击中靶心记 0 分，落在靶外的记 6 分，其余各圈分别记 1、2、3、4、5 分，如图 4-10（a）所示。研究获得的结果如图 4-10（b）所示。图中，每个圆代表被试者击中相应位置靶标的准确度。圆的大小与击中靶标的准确度分数成反比，即圆越小，准确度越高。各个圆内的小黑圆（在四个象限中的圆）表示各象限的相对准确度。从图 4-10（b）描述的结果可以看出，盲目定位运动在前方位置具有最大的准确度，边侧位置的准确度最小。三种靶标高度相比，下层的准确度最高，中层次之，上层的准确度最差。此外，右侧的靶标比左侧的靶标的准确度高。

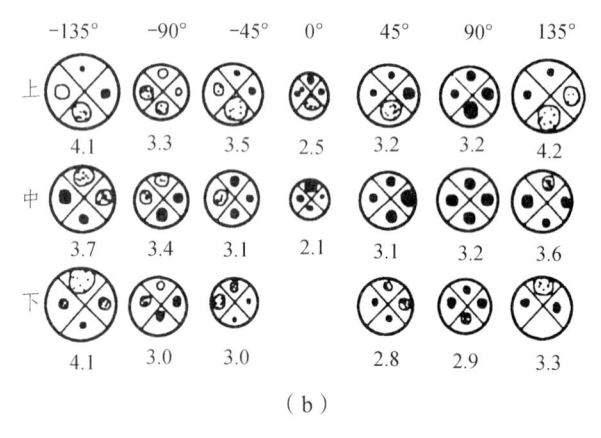

图 4-10　盲目定位运动的准确度

2．连续运动的准确度

连续运动是在运动的全过程中要求准确控制的运动，但是由于手臂的颤动，往往使运动偏离设计的轨迹，从而导致操作运动的准确度下降。对于手臂颤动对连续运动准确度的影响，米德（Mad）曾于 1972 年做过一个实验，以错误次数作为衡量颤动对连续运动准确度影响的指标。实验结果表明，在垂直面和水平面内，手臂的前后运动的准确度明显低于垂直面内上下运动和水平面内左右运动的准确度。操作运动的速度和准确度之间的关系，可用如图 4-11 所示的速度-准确度操作特性曲线表示。由该曲线可知，操作运动速度越慢，准确度越高。

但当速度慢到一定程度后，再以降低速度来提高准确度已无太大意义，因此，曲线的拐点处（图中点 A），速度—准确度综合绩效最佳，即在该点处不仅速度较快而且错误较少。该点也因此被称为最佳工作点。在实际工作中，操作者一般愿将工作点选在最佳工作点靠右侧的某一位置。

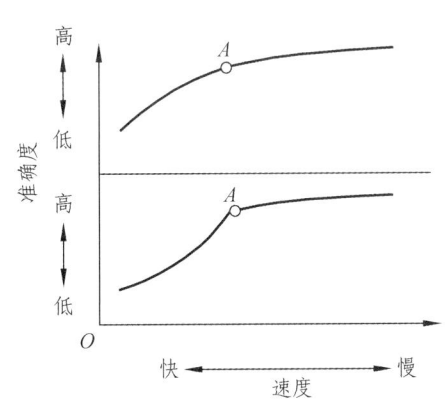

图 4-11　速度、准确度操作特性曲线

4.5　意识

意识曾一度被视为心理学的核心，后来因其缺乏科学性而遭摒弃，现在它又成为重要的研究对象。毫无疑问，意识是一个永远不会消失的主题，它横跨心理学、哲学和神经科学等学科，诸如主观经验、知觉、梦、药物和冥想等主题都属于意识研究的领域。我们清醒时的生活大部分都是在进行意识活动，甚至在睡梦中意识还会悄然运作。否则，我们怎么能听到闹钟铃声呢？当我们从熟睡中回到彻底的意识状态，整个大脑的电活动发生了一次巨大的变化，快速的、小而不规则的、清醒时的脑电波代替了熟睡中的慢速的、大且具有规则波峰和波谷的脑电波。此外，我们还能报告各种各样的意识经验：颜色、声音、触觉、嗅觉、想象和梦，它们是每天生活中现实内容的盛大展示。由于这些意识经验的报告是如此完美地与大脑活动同步，以至于心理学家推断：它们反映了某种独立而潜在的真实——一种清醒的意识状态。我们用以下定义来开始本章的内容：意识（conscousness）是对环境和认知事件（如世界的形象、声音，以及人的记忆思想、情绪和本体感觉）的觉察。根据这个定义，意识包括两个方面：

（1）对环境刺激的觉察。例如，你可能突然间留心到一声鸟叫、一阵剧烈的牙疼，或者认出了一个老朋友。

（2）对心理事件的觉察，这些想法来自记忆、对自身觉察和自我的内在感受。例如，你可能会想那只鸟的名字、你的牙医的电话号码，或在人群中感到非常害羞。

这些内在的并且往往是私人的想法与那些外在的刺激同样重要，它们决定了我们是谁、我们在想什么。在一天中，我们会产生无数的意识经验，它们可以由世界上的形象和声音引起，也可以由那些揭示了我们个人化的反应和情绪的内在想法所引起。

对意识感兴趣的科学家面临的一个最根本的问题是：人们如何从脑的活动中产生心理活动。脑的活动可以被他人观察到，而"心理活动只有自己才能观察到"（Damasio，1999）。这个令人着迷的问题引导着科学家们不断地探索意识，从脑活动的一个小小的脉冲，到人们闻一朵玫瑰花的复杂主观经验。正如达马西奥（Damasio，1999）所指出的那样，有些人害怕一旦我们揭示了意识经验的神经学基础，就会贬低心智的神奇之处。然而情况并非如此，通过在一个更深层的水平上认识心理现象，我们将把它看作是自然界中最复杂的一套生物现象，而不是一个不可知的谜团。人们可以解释心理，就像解释玫瑰花的芬芳、推理它的分子结构，而玫瑰依然芬芳（Damasio，1999）。

4.5.1 意识发展史

直到19世纪，当心理学家开始研究人类的意识经验时，科学心理学才真正开始出现，著名心理学家詹姆斯有一句名言："心理学是研究心理生活的科学"。他所谓的"心理生活"指的就是"意识生活"（James，1890/1983）。远在上述相对更正式的探究前，哲学家和普通人都沉思过有关心灵和自我的问题。然而在20世纪早期，有关意识的话题却几乎为当时占主导的心理学意识形态，也就是华生和之后的斯金纳倡导的行为主义所摒弃。"人类心灵的圣战"在20世纪后半叶打响。这场战役的一边是要求将意识重新作为心理学的一个重要议题（就算不是最重要的议题）的认知心理学家，另一边则是要求保持纯粹客观的科学性的行为主义心理学家。

随着学习理论渐渐开始受到来自记忆理论、感知觉理论、心理过程的内部表征理论的挑战，"信息加工"和"认知"成为热门名词，意识——一个无法回避的课题，在被忽略了半个多世纪后，重新又开始逐渐出现在心理学研究领域中。20世纪90年代是意识研究的巅峰，在此期间有一大批关于意识的书籍和文章出版问世，科学家对这一主题的兴趣也到达了顶点（Zeman，2001），目前，人们对该主题的兴趣还在不断攀升。

我们需要建构来帮助我们研究事物，尤其是像意识这样看起来抽象的事物建构使我们能操作变量来研究现象。然而建构的一个问题在于他有所助益，却又有所妨碍，因为它对于指导我们研究和诠释相关数据时起到了如此深刻的作用。然而如果我们的视野过窄，最终可能对一些领域知道得较多，而对另外一些则了解不足。泽曼（Zeman，2001）将意识分解成四类：① 我们觉察并相互作用的清醒状态；② 我们对于周边每时每刻发生事物的经验；③ 我们的心理状态包括信仰、希望、意图和愿望；④ 我们对自我的感知，包括自我认识、对自我的知识、对脑袋中思维、想法和感觉的拥有感。这些都是非常重要的领域，我们将在本章中触及它们的各个方面。

尽管理论能够指导研究，但挑战也往往能成为新发现的重要驱动力。挑战驱使资源（既包括智力上的，也包括金钱上的）朝向解决重要的问题或达成重要的目标，就像我们在本章前面指出的那样，尽管哲学家早已对意识问题产生兴趣，目前只有心理学重新建立了和意识的联系。早在20世纪50年代就作为DNA结构的共同发现者，并在后来获得诺贝尔奖的认知神经科学家弗朗西斯·克里克（Francis Crick），以及博士研究方向是非线性信息加工的克利斯朵夫·科赫（Christof Koch）已开始将意识推向为神经科学家可解决的问题。他们认为大多数神经科学家并未尝试研究意识问题，其原因是：① 它被认为是一个哲学问题，最好留给哲学家解决；②目前研究这个问题时机还不成熟。克里克和科赫不同意这两点看法，他们对传统的观点提出挑战，并宣称意识是大脑活动的自然产物，故而其必然具有相应的神经机制。在任何时间点，都有某些神经活动参与到了意识当中而其他活动没有参与。如果这是事实，并且由于许多大脑活动定位于其功能，有可能从不涉及意识的加工中整理出那些涉及意识的（Cnck&Koh，1998）部分，他们要发现意识的神经机制的挑战引起了相关科学家和哲学家的关注。

4.5.2 意识的框架：Awareness 理论

对意识的研究已超出哲学辩论，而科学关注的仅仅是意识的不同状态。它已经是广泛跨学科的，并且是理论和方法论上有突出进展的活跃学科。这里，我们展示一个被称为 Awareness 的意识综合框架（Solso，2003；Maclin，Maclin，8. Solso，2007）。该框架吸收了一些中心议题并提出了一些新观点。框架的主要特征成分包括注意（Attention）、觉醒（Wakefulness）、构筑（Architecture）、对知识的回忆（Recall of knowledge）和感情（Emotive）。另外，一些刺激属性也被包括在该框架内，如新异性、浮现、特异性和主观性。

觉醒框架的五个意识元素是一种对意识的主观体验加以精炼，以减少变量的尝试。只有其中一个元素，即"构筑"用于解释生理过程，其余都用于解释心理过程。所有元素都影响了意识，并且彼此之间也有许多相互作用。

1. 注意（attention）

注意指对外部和内部事物认识的聚焦。我们能引导自己的注意，并且因此意识到外部和内部事件。意识的这一部分被称作一个"探照灯"并且和探照灯隐喻相类似的是，注意会将自己的光线聚焦向感兴趣的方向。例如，在海滩，你可能一会儿注意到海鸟，一会儿将自己的"探照灯"移向海上的船只，然后是晒日光浴的人。我们总是不停改变注意焦点，切换我们的意识内容。对物体的意识并非随意的，而是由"搜索之眼"，即寻找那些能联合、整合入我们对广阔世界的知识，形成更综合意识的细节来驱动的。由于只有当物体处于我们视野中央时才能看得很清楚，我们的眼睛实际上真的是从眼前的一个细节跳转向另一个细节这样运作的。

除了外部线索，我们也会为了反映自己的个人思想、记忆和印象而调节注意。此时此刻，我们可能正产生关于某个名人的印象，同样地，我们也善于将思想和过去的记忆投入意识，这两者可并称为对知识的回忆。

2. 觉醒（wakefulness）

觉醒指从睡眠到清醒的连续频谱。意识是一种觉醒状态，这意味着意识具有唤醒的成分。在 Awareness 框架中，意识是一种贯穿终生，而又日常的体验。例如，你昨晚睡觉，现在醒着——这是两种截然不同的意识状态。如果你喝了杯浓咖啡，可能会比现在更清醒。因此，我们首先可认为意识具有不同的觉察水平和兴奋水平。通过冥想、药物或集中注意，我们也能改变自己的意识状态。在这种语境下，觉醒和唤醒（arousal）很相似，两者都得到了认知心理学家的广泛研究，并影响了注意领域。

3．构筑（architecture）

构筑指那些潜在决定意识的生理结构（以及其相关的加工）的物理定位。意识的一种界定角度是它必然具有某些构筑或者说生理结构。意识被认为根植于大脑，并且就像之前讨论过的那样，可以通过一些对意识的神经机制进行调查的手段来加以辨识。一个世纪以来，神经解剖学家已将大脑划分成各个区域并采用精细的技术对其功能进行了探索。1908年，布罗德曼（Korbinian broadman）分析了大脑皮层的组织，并且用当时的染色技术区分了52个不同类型的神经细胞，并且认为它们具有代表着不同类型的加工。有关大脑结构和功能的科学由此诞生了。一些细胞专门用于听觉，一些用于言语，一些用于运动表现，一些用于视觉，等等。在这一先驱研究的指引下，研究人员采用最新的造影技术，开始定位涉及意识活动的皮层部位。

要阐明意识的千头万绪对于认知神经科学家而言也是一项令人望而生怯的任务。想想神经元的形状吧，意识绝非单个神经元就能执行的单一加工，而是由许许多多神经元联合构成的感觉诠释，语义的、认知的以及情绪的不同现象，其中既包括物理形式的，也包括意象的。例如，许多心理加工和其所导致的行为结果都在无意识水平下执行，如驾车、接住网球高速发球。这些行为看起来都是根据经验而自动化的。其他行为则需要意识干预，例如决定看哪场电影、去哪个博物馆，或者看到的画作好看还是难看。对于这些我们需要形式复杂的有意识觉察。类似青蛙捕蝇那样的简单反射行为并不足以完成上述任务，看起来参与有意识决定（例如史密斯是否在电影《我是机器人》里演技出众，还是说换成迪佛来演的话会更好）的大脑部分，与处理无意识决定（例如接住一个网球高速发球）所用到的大脑部分是不同的。另一个关于意识植根于大脑的例子是在大脑左半球占据了相当一片区域的语言。语言对于意识来讲是至关重要的，它能提供对客体的语义辨识和组织。实际上，整个大脑的不同部分似乎牵扯到有意识觉察当中。

4．对知识的回忆（Recall of knowledge）

对知识的回忆指对个人和世界信息的访问。意识使人们能通过回忆（和再认）访问个人信息和有关世界的知识。对知识的回忆主要通过内部或外部提起的注意加工来完成，该部分对意识的界定包括三部分：对自我知识的回忆、对一般信息的回忆和对某人的集体知识的回忆。

自我知识（self-knowledge）是一种对个人信息的感觉，首先，起码得知道你是你自己。这被称为自我觉察。如果动物或人类能通过镜子辨认自己，就可以认为他们具有自我觉察能力。自我觉察可通过镜子测试（Gallup，1970）测量，包括在脸部涂上无味的染色剂（适当的分心使动物或人类不觉得有染色剂涂上了），然后放一面镜子在其面前，监视其行为。如果被试认出镜子中的是自己，那么就意味着具备了自我觉察，具体辨别的方法主要是通过看动物或人类是否注意到染色图案，随即摸自己的脸或改变角度来看得更清楚。人类在2岁后即可通过测试，其他能通过测试的还有黑猩猩、倭黑猩猩、猩猩、海豚、大象，有的鸽子也可能通过。2岁以下的儿童，以及犬类在看到镜子后表现出害怕或者好奇。鱼类则表现得好像看到另一条鱼一样。鸟类则常常会攻击镜子。自我知识包括自我觉察，也包括其他有关自我的信息。例如，你知道自己此刻正读着页纸上的文字，你刚读了（并且也已经成为你即时意识的一部分）的词语是"意识"；你知道自己是否要约会迟到了，或者自己是否头痛；你知道自己是否正进行某项秘密行动；你知道自己对父亲的看法；你知道自己的内裤穿起来太紧还是太松，等等诸如此类无数的个人信息都可以即刻回忆起来而无需重新体验那些事件。

作为另一个成分，世界知识（world knowledge）使我们能回忆起长时记忆中保存的许多事实。因此，当你走进纽约现代艺术博物馆时，可能就会将自己记得的有关20世纪艺术的信息提升到意识层面来。实际上，你还可能通过之前埋藏在长时记忆中的知识来启动你预期的观点。你可能回忆起世纪初兴起的抽象艺术和立体主义，包括一些如野兽派之类的运动。某种意义上，用时髦词来讲的话，你的"意识水平"专门为此类艺术所提高，并且因为相关神经的活跃，实际上也的确"看到"了更多。当你注意到一幅沃霍尔（Andy Warhol）的《金宝汤罐头》的画作，你知道这是当时艺术文化的一部分，而不是放错位置的广告。

意识扮演角色的第三个方面，即知识的激活，这可能是最有意思的部分。在此，个人可以意识到另一个人的行动。用进化论的术语，经过许多年的合作，如共同的狩猎活动和食物采集，如果一名成员除了观察和理解对方在做什么之外还能或多或少地知道其同伴的想法，那么其生存概率就会提高。共情敏感性有利于生存，并且对于理解我们现代人类如何看世界非常关键。伴随着对更多合作行为的需求愈发增强，这种"直觉"的敏感性显得更为重要。这一发展还很大程度上得到了语言的促进。后者不仅用于告诉同伴把压在自己腿上的原木搬开，也用于告诉他们自己的感受。咒骂可能也是这么开始的，诸如"给我把那根木头搬开"这样的表述不仅传达了对合作行为的呼声，同时也是一种原始感觉的外显表达。感受，以及知道他人正意识到痛苦（也包括快乐）对于物种的社会化是重要的一步。

5．感情（emotion）

感情指有关意识的感情成分。感觉性是一种有意识的状态，并且通常被认为是对情绪的感受（而非思想或知觉）。任何事件中，这些知觉会产生你可以告诉他人的内在感受，但它很难通过实验测量。于你而言，这些体验是显而易见的。情绪是由我们对外部事件作出反应而产生的内部状态所导致的，如脚趾骨折、意外地在测验中拿了A，或者在旧裤子里找到20块钱时产生的感受。当把这些主观情绪描述给他人时，几乎不可能把自己的感受准确传递给对方。没人能爬进你的头骨，在你的大脑和他们的大脑间连一根管道。我们只能通过看大脑的影像，稍微了解下当你感到沮丧、腿骨折了，或者取得优异成绩时大脑的哪些部分被激活了。

6．新异性（novelty）

新异性指人们不仅关注主要的思想和事件，而且追求新异的、有创造力的、创新事物的倾向。大量证据表明人和动物都会追求新奇信息的刺激；意识，看起来偏好"新"事物。新异性可来自环境的变化，预期的不一致（惊讶），或者对于熟练的例行程序的违背（在通往其他例行程序的选择点）。

7．浮现（emergence）

意识和其他神经过程不同，它处理的是私人的和内部的思想。那些与意识的一部分有关的神经过程似乎都是关于内部信息和自我反映的回路，这导致从现象学的印象上来讲，意识是从大脑活动中浮现出来的。

8．特异性（selectivity）和主观性（subjectivity）

人类时时刻刻都在选择一小部分想法进行考虑，并且会频繁受到新的想法或外部线索的干扰，意识很早就被认为用以关注特定事物从而阐明认识。探照灯是意识的特异性功能的具象表现，而有意识内容会在记忆的各个领域、知觉、意象、思想和行为间流动（Crick，1984，Lindsay&Norman，1977），有关心理学意义的和神经生物学意义的探照灯（选择性）都有两个悬而未决的问题：① 某个特定的焦点是如何被选中的？② 一旦某信息被选为焦点，之后它又发生了什么？其他未被选中的信息又发生了什么？如果我们在更实际的情景中考虑探照灯问题，例如在剧院的戏台上，我们对理解意识在大脑中进行了什么操作会有更进一步的理解。想象在剧院里，比起昏暗的观众席，我们更可能对灯光照射的戏台产生意识体验。但仅仅因为我们不倾向于看戏台之外的地方并不意味着后台或者观众席里没发生重要活动活动的多重来源（被灯光照亮的演员、舞台下方的管弦乐队、扮装师、服装师、导演以及观众）共同创造了演出的体验。通过认识到许多意识是遍布大脑各区域，并且只有共同作用才形成我们所知的意识体验，我们能更直接地将上述比喻推广到意识。最后，清楚明白的一点，即主观性指的是每个人的意识体验是独一无二的。

我们称为 Awareness 的意识框架的不同方面，组合并构成了你生命中最快乐与最痛苦的经验。这些方面都可以在一个连续体上进行衡量，并结合起来评估某件事物的意识水平。AWARE 这五个因素都可在 0~10 的定量量表中评估——这对于 AWARE 进一步提供了心理测量的敏感度指标。对于我们生活在这大千世界以及无数年代里涌现的多样生物类型的世界，用 Awareness 作为衡量意识的框架是很有意义的。仅仅强加给意识的严格的二分不仅无法适应这个术语的复杂性，也会错误地表征人类和动物的意识。

例如，你是有意识的事物，而石头不是，池塘里住的青蛙可能是，但无法在 AWARE 的各个标准测量中和你相提并论，不过，它应该比石头的意识水平更高。一些动物（比如狗）可能有时比你还机警，一些人则认为猫比狗意识水平更高，但绝大多数人同意鳄鱼的意识水平相对更低。令人信服的是，鳄鱼在注意、觉醒和构筑上是有意识的（例如，它们是清醒的，并且在有限意识水平上具有构筑位置）。很难确定鳄鱼是否有对知识的回忆和感情的这两个意识方面。你可以用 Awareness 框架来评估任何实体的意识连续体位置。

4.5.3 意识的功能

一些哲学家提出意识并不一定对人类功能是非常必要的；一些研究者（Dennett，1988）认为由于感受性的主观自然特性，它们并非实际存在的，因而在本质上避开了意识的难题（例如心灵是如何由大脑活动产生的）；另一些研究者（Chalmers.1986）则认为无论是否发生主观体验，知觉到的体验就在那儿，感受性的确是存在的。

然而，其他研究者（Pierson. Trout，2005）宣称意识存在的唯一理由是让个体凭意志采取的行动成为可能。凭个人意志采取的行动指的是那些通过选择采取的，而非本能或反射的行动。有了意识，凭个人意志采取行动将使我们得以凭自己的注意和行为使自己在环境中得到更好结果。他们声称单单神经过程本身在效率上并不足以与将神经过程和意识相结合相提并论。达马西奥（Damasio，1999）提出，意识有助于我们做计划，而非纯粹依赖本能行动。这样一来（伴随着自我觉察），我们在环境中生存的概率便大大提高了。

巴尔斯等（Baars&Mcgovern，1996）提出了许多意识功能（见图4-12）。第一种被称为情景设定（context-setting）功能，系统借此通过情景和记忆中的知识来界定输入的刺激。第二种功能被称为适应和学习（adaptation and learning），指的是成功处理新信息所需要的意识参与。第三种被称为优先次序区分（prioritizing），即获得那些必须通过意识才能获取的广袤的无意识信息。第四种功能被称为召集和控制（recruitment and control），意识在此影响运动系统来执行随意行动（类似于前面皮尔逊和特劳特提到的观点）。第五种功能被称为决定（decision-making）和执行功能，用于从无意识提取出的必要的信息和资源来帮助做出决定并进行控制。第六种功能被称为错误侦测与编辑（error detection anditing）。该功能专门用于深入无意识规则系统来让我们（那有意识的"我们"）知道自己犯错了。第七种功能是自我监视（self-monitoring）。自我监控，以自我反省、内部语言和想象等形式帮助我们控制意识和无意识功能。最后，第八种功能是组织和灵活性（organization and flexibility）。该功能使我们在可预测的环境中使用自动功能，但同时让我们在不可预测的环境中利用专门知识。

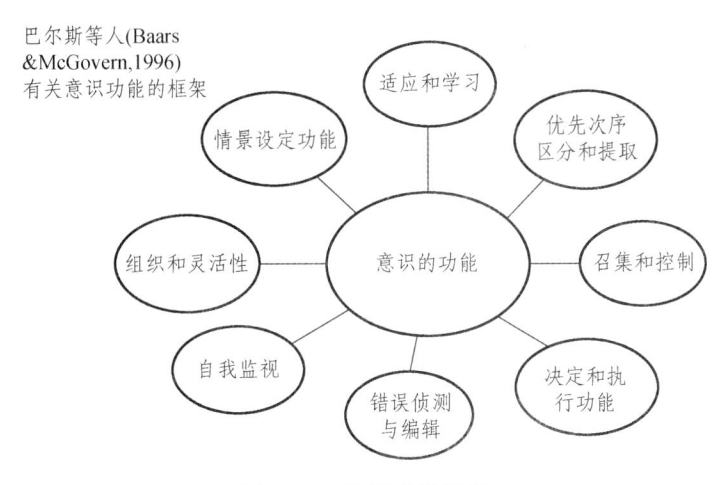

图4-12 意识功能框架

4.5.4 意识状态

许多有关意识的科学和哲学讨论集中在主观体验和意识的神经机制这些议题上。另一个科学研究领域是意识状态，或者说变化的觉察或改变的意识的状态。这些包含了觉察模型的注意（attention）和觉醒（wakefulness）两部分。后文中，我们将简短地讨论一下睡眠、梦、药物使用和冥想。

4.5.4.1 睡眠

意识和无意识之间最清晰的界限就在于人们的清醒状态和睡眠状态之间。意识的研究者们最喜欢对睡着了的人做实验。最适合的实验工具莫过于脑电仪（EEG）了，因为它不受限制，而且能够收集实时的数据。我们可以得到睡眠过程中的脑电波。在白天，我们总是处在与外界的互相作用的过程中，并且一直处于注意状态——看看这里，听到一个信息，或者闻到一种新气味。但是当我们睡着后，注意活动就会减弱，相互作用也几乎不存在。在睡眠过程的不同阶段，脑电仪的记录出现了明显的变化，这进一步说明人类会经历各种不同的睡眠"阶段"。在图4-13中，五种典型的脑电波显示出了人们在觉醒状态和四种睡眠状态下的脑电活动特点。第一水平中，人是清醒状态的，并且表现为低幅度的高频脑电，而等到深度睡眠，脑电的电压逐渐升高，并最终表现为慢速的 α 波形。这一过程中，意识显著地减弱了。深度睡眠又被做梦时进入的快速眼动睡眠（REM）替代，直到恢复清醒。

当我们处于放松状态或闭着眼睛保持清醒时，会出现 α 波，它呈现出每秒 8~12 个周期的规律变化模式，睡眠阶段Ⅰ是四个睡眠阶段中睡眠程度最浅的，在我们进入第一个瞌睡的时候出现。在这个阶段，大脑会出现短期的 θ 波（4~7 Hz），显示出睡意渐浓，睡眠阶段Ⅱ的特征是睡眠"纺锤波"的出现，它是由一组 12~15 Hz 的有节奏的脉冲组成的脑电波，在睡眠阶段Ⅲ中，除了纺锤状脑电模式外，我们还可以观察到一些频率很低（1~4 Hz）的 α 波，在睡眠阶段Ⅳ中，脑电仪的记录和前一阶段非常相似，但是 δ 波的数量增加。睡眠阶段Ⅳ是睡眠程度最深的阶段，人们在这个阶段最难被唤醒。有关各个睡眠阶段的行为特征，以及快速眼动睡眠（REM），即快速移动眼球和做梦的说明。睡眠阶段可由行为指标或脑电特征标示。人们从清醒和浅睡（辗转反侧）到进入安静的深度睡眠再到快速眼动睡眠，然后重新回到更有意识的活动中去在睡眠研究中，可以看到人们从意识状态转入无意识状态，然后又从无意识状态转到意识状态。而且，通过脑电记录和其他一些仪器的记录，我们还可以把意识的不同水平与大脑活动的生理测量结果联系起来。

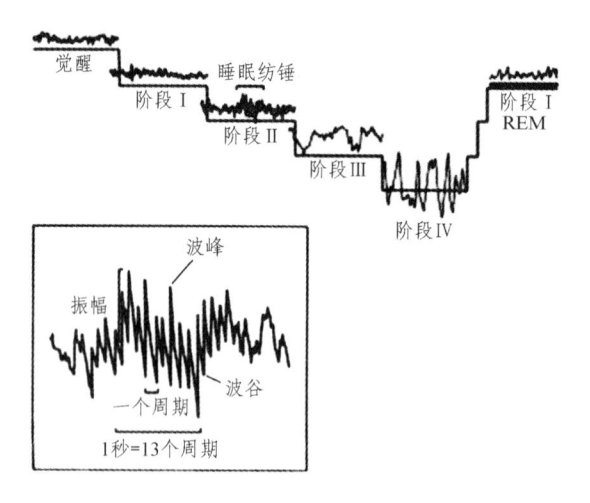

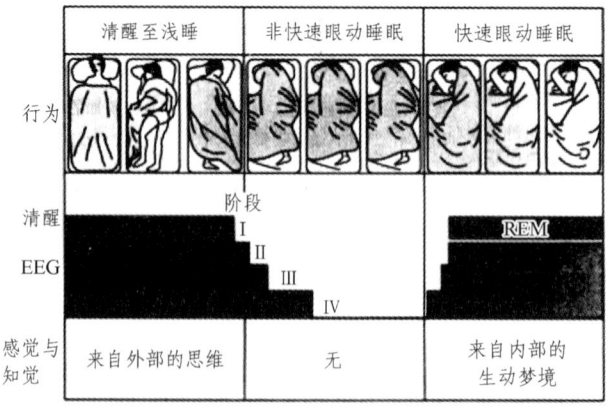

图 4-13　意识水平与大脑活动

4.5.4.2 梦

正如之前提到的那样,梦发生在睡眠循环的快速眼动阶段。人们往往对梦很感兴趣:梦是否预见着未来?它们是否隐含着你应该关注的深意?我们为什么会做梦?弗洛伊德相信梦是通往潜意识的路径。而解释我们为何做梦的一种科学取向被称为激活—合成假说。该假设指出快速眼动睡眠时的大脑活动(还记得其与清醒状态的活动很相似吧!)是由大脑诠释的,并且只可能是从长时记忆中既有的知识框架提取出来的,以故事或记叙文的形式呈现。因此,无需惊讶于许多人的梦境宛如看电影甚至亲身参与一般。梦是由和我们日常生活中相同的体验和情绪(快乐、愤怒害怕、悲伤、焦虑)构成的。我们梦见自己所知的(通常是非常鲜活的),也梦到自己所不知道的(通常需要填入细节或干脆掩饰过去)。

睡眠的一个问题在于它给清醒意识和睡眠中觉察到的事物创造了一种不连续性。我们如何分辨记忆究竟来自梦境还是现实?根据史密斯的观点,那些怪异的、不符合情理的记忆被从现实中剥离出来并被解释为梦。而那些符合情理的梦(例如你梦到自己在上班并且和老板吵架)当你醒来时可能会有种恍惚感,恐怕还得要试着确定这是不是现实。

那些能用认知控制梦境的人体验到的是清明梦。清明梦指的就是做梦时你知道自己在做梦。清明梦者能随意地在梦中做决定,而不再仅仅是作为看客或被动的参与者了。

4.5.4.3 药物使用

药物起效的原因是我们大脑中有对药物的感受器。然而,这些感受器本身并非被设计来加工这些特定的化学物质的,因此使用药物会将我们的意识改变为与一般工作状态大相径庭的状态。

一些药物(镇静剂,depressants)会降低神经系统兴奋性,另一些(兴奋剂,stimulants)会提高神经系统兴奋性。还有一些(迷幻剂,hallcinogens)会改变我们对现实的感觉。

这些药物有多种性质(如狂喜,既兴奋又迷幻的症状)。所有药物都作用于我们的神经递质来起效。药物影响人对生理和心理方面的觉察。例如,狂喜的生理反应包括不随意地咬紧牙关、反胃、视野模糊、打寒战、流汗和心跳加快、血压升高;心理反应则包括体验与他人的亲密感和想要触碰他人的愿望。重复使用导致狂喜的药物会造成生成血清素的细胞损伤,因而干扰心境、食欲、学习和记忆。迷幻剂会带来鲜活的视觉体验。与错觉不同,迷幻剂无法被别人体验到,它使人对自我、世界和感觉信息的觉察发生戏剧性的改变。高烧、严重的睡眠剥夺、饥饿和缺氧也能造成幻觉。

4.5.4.4 冥想

冥想(meditation)是一种心灵从纷繁复杂的思绪中脱离,而进入一种放松的集中状态。冥想流程随技术和目标不同而不同。有些利用赞颂歌、身体姿势(如瑜伽的坐姿)以及外部对象(枕头、念珠、小雕像)作为一部分仪式。几乎所有冥想流派都推荐每天进行 10~30

分钟。参与冥想的原因可能是精神性的、出于个人幸福的或者为健康考虑的。冥想已被科学证明有助于减少压力和痛苦，同时也能加强生理上放松的状态（Austin，1999；Lazar et a.，2000）。冥想也会影响大脑。有研究表明其影响了用于激活、理性决策和积极心境的左侧额叶皮层（Bennett-goleman，2001）。不是所有人都能从冥想中得到积极体验（Luko，Lu，8. Turner，1998），一些研究也报告了由冥想带来的解离感和其他心理问题。

4.5.5 意识的模型

意识的不少认知模型试图给这一复杂主题建立框架。约翰逊·莱尔德（Johnson·laird，1988）提出了由一个控制层主导的并行加工系统，并提出了一个计算模型。沙赫特（Schacter）的分离交互和意识体验（DICE）模型被用于解释大脑损伤患者的记忆分离成正常记忆功能和异常记忆功能这一现象。DICE 模型为来自不同源的知识进入同一个意识系统的见解提供支持。莎丽斯（Shallice，1988）的模型聚焦于含 4 个子系统的信息加工系统，其子系统包括：内容编排，即种行为脚本；监督系统，用来监督内容编排；一套语言系统；一套情节记忆系统。任何单独系统都不能充分而必要地解释意识，只有这些系统间的信息流动才构成了意识。巴尔斯（Bars）的综合工作平台理论将意识看作是一套在整个大脑里传播信息的全局广播系统的剧院。巴尔斯的模型将在下面详加讨论。

巴尔斯的理论以剧院为隐喻来理解意识及其成分。首先，舞台上有一个"聚光点"，随着注意的"探照灯"而移动。"聚光点"周围是由那些重要但含糊不清的意识事件构成的"边缘"。巴尔斯将舞台当作类似于我们工作记忆系统的概念。该隐喻进一步告诉我们：剧院暗处的观众从聚光点处接收信息，幕后活动则塑造了聚光点处的事件。总而言之，聚光点将信息散布整个剧院，既传递给观众，也传递给幕后系统（同时也被幕后系统的输入所塑造）。

巴尔斯还关注到意识体验的有限容量问题，例如，我们已经知道的短时记忆所能保持的相对较低的项目数（7±2），以及注意的选择性。当我们从信息中获取意义时，一次只能注意到它的一个重要侧面。例如，想象有两个人同时和你说话，告诉你一些要紧事。A 说"我刚发现你的航班……"然后被 B 的话掩盖"护照办公室打来电话说……"这时你不得不先忽略其中一个人说的内容以便听清并理解另一条重要的信息流，是一个接着一个听，无法同时进行。

我们这一容量有限的系统会通过大量无意识加工集合，以"神经元的有序森林……以及当许多事同时发生时，只有在任何单一任务中广泛分散而无意识的细节能得到并行加工（Bar，1997，p.295）"的形式把过去的信息很快扔掉。这些都是不依赖于命令中心的帮助而自行完成的（见图 4-14）。然而，意识也可以获得知识的无意识资源。因此，我们具有的这种全局提取能力可最大限度地减少有限容量带来的"麻烦"。

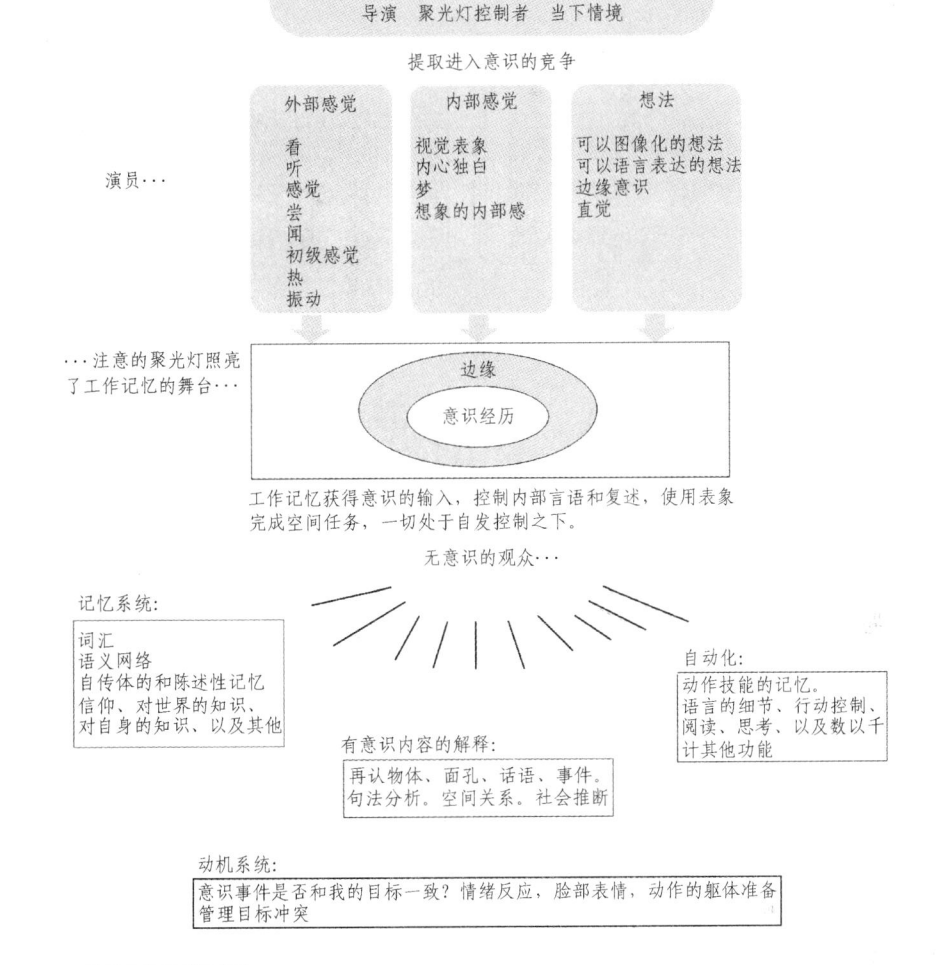

情境：幕后的操作者
导演 聚光灯控制者 当下情境

提取进入意识的竞争

外部感觉
看
听
感觉
尝
闻
初级感觉
热
振动

内部感觉
视觉表象
内心独白
梦
想象的内部感

想法
可以图像化的想法
可以语言表达的想法
边缘意识
直觉

演员…

…注意的聚光灯照亮了工作记忆的舞台…

边缘
意识经历

工作记忆获得意识的输入，控制内部言语和复述，使用表象完成空间任务，一切处于自发控制之下。

无意识的观众…

记忆系统：
词汇
语义网络
自传体的和陈述性记忆
信仰、对世界的知识、对自身的知识、以及其他

有意识内容的解释：
再认物体、面孔、话语、事件。
句法分析。空间关系。社会推断

自动化：
动作技能的记忆。
语言的细节、行动控制、阅读、思考、以及数以千计其他功能

动机系统：
意识事件是否和我的目标一致？情绪反应，脸部表情，动作的躯体准备
管理目标冲突

意识体验的剧场隐喻

图 4-14 意识经历

4.5.6 自动加工

并非我们所有的经验都是有意识的。有没有过这样的经历：周末本来想去别处，却意外地驾车到了公司或学校？你是否也曾无意中以带有偏见的方式对待其他人？在考试的时候，你是否也曾觉得自己"知道"答案，但就是想不起来？我们中有很多人对上述问题都会回答"是"。这是因为我们并不能意识到大脑中发生的所有加工。此外，一些无意识过程可以通过努力将其置于控制之下。例如，尽管注意过程在相当多的时候都是自动进行的，但我们也能有意识地注意某物。因此，这里并非说我们意识不到自己在开车，而是指相当一部分开车行为所用到的认知过程能得到自动处理。一些研究者将其称为在线认知，另一些则称其为简短认知，然而大多数人还是采用自动加工这个术语。自动加工（automatic processes）是那些无法操纵的、无需意识或外部觉察的，以及高效率的加工过程。这一节讨论某些认知是如何在利用很少甚至完全无需觉察的条件下得到加工的。

4.5.6.1 内隐记忆

内隐记忆（implicit memory）与我们讨论的无意识是有密切联系的，因为它指的是那些可以通过测量一些先前经验相关的绩效改变而得到的记忆现象。在前面的例子中，先前信息促进了后续任务表现，而且不曾意识到回忆过先前信息，这就是内隐记忆的体现。

如果你被要求回忆法国的首都，那么你会有意识地从记忆中搜寻巴黎，这就是外显记忆的例子。而如果你看到一幅分解成许多片并重排的画像，然后再看到完整的画像并且被要求辨认画的是谁，你的辨认速度会比先前未看过分解画像时来得更快。然而你几乎意识不到（分解画像的）启动带来的影响。这就是启动效应研究的基础，我们接下来就详细介绍一下。

4.5.6.2 启动效应

采用启动在意识水平下激活心理联结在20世纪80年代和90年代风靡心理学领域（Roediger & Mcdermott, 1993），以至于那时候几乎每期实验心理学期刊都能读到该主题的新作。如今，那些仍对该领域研究抱有热情的研究者开始隔离一些牵涉意识的结构。早在20世纪70年代，认知心理学家就开始研究短暂呈现过的单词对后来的再认任务所产生的影响（Meyer&. Schvaneveldt, 1971, 1976; Meyer, Schwanveldt & Ruddy, 1974）。这些研究无意间打开了一片新天地，至今其中仍有许多未解之谜等待着人们去破译。这些早期研究的实验范式非常简单，并且沿用至今都没有什么大的变化。

研究者向参与者呈现一个单词，例如"学院"（COLLEGE），然后呈现一个与之相关的词"大学"（UNIVERSITY）。之后，要求参与者尽快地辨认出第二个单词。另一个参与者先前看到的是另一个词，如"果冻"（JELLY），然后也被要求尽快辨认出"UNIVERSITY"这个词。如果参与者受到"COLLEGE"这个单词的启动，那么他/她辨认出"UNIVERSITY"的速度就要比看到"JELLY"的参与者更快。该任务被称为词汇判断任务（LDT）。还有一种不同的启动范式（Richard Nisbett&. Lee ross, 1980）使得启动研究变得更加复杂。密歇根大学的社会心理学实验使用了这种方法。实验中，研究者向参与者呈现互相有联系的单词，例如"大海"和"月亮"。然后，当要求参与者进行单词的自由联想时，参与者不知道自己为什么会联想到那些单词。例如，有人可能会说出"清洁剂"这个词，并且编出诸如"我妈妈使用汰渍洗衣粉来洗衣服"之类的理由。现在我们知道，即使参与者自己并未觉察，启动也会对其后续的行为表现产生影响。

这就提出了阈下启动（subliminal priming）的可能性，即在感觉阈限（sensory threshold，即激活神经反应所需要的最低能量）之下呈现时发生的启动效应。图4-15所展现的阈下启动是基于英国科学家的工作，并已经被成功地用作课堂示范。教室里一半的学生看图4-15中的A图，另一半学生看图4-15中的B图（图片用一台投影仪呈现大约100 ms）然后，教师向所有学生呈现图片C，之后要求他们画出男孩的脸，并且判断男孩的性格。看过图片A的学生，虽然只看到了很短的时间，会倾向于认为男孩是个恶作剧的孩子，并且用"淘气的"或"顽皮的"等词语来评价他。那些看了图片B的学生，倾向于将他描绘和评价成一个"天使般的""可爱的"孩子。令人感到吃惊的是，学生们一般都没有意识到启动图片的特征。当他们再一次仔细看启动图片时，他们会说"天哪，这个小孩如果头上长角的话，看上去就像一个小魔头"，或者"我从来没有看见过小家伙可以长得这么天真无邪的"。在这个例子中，阈下水平（即在意识辨认水平之下）的启动刺激对之后学生们对一张近似图片的评价产生了影响。下面介绍另一个更加严格控制的实验。

图 4-15 启动效应图

由剑桥大学马塞尔（Tony Marcel）所做的实验，是阈下启动实验研究的典型代表。在实验的第一阶段，向一组参与者短暂地呈现一个词语（20～110 ms），之后出现一个视觉掩蔽图形，破坏视网膜上的原有图像。整个过程如此循环，参与者于是看到一个有序交替的连续系列，单词的呈现时间非常短暂，以至于参与者没有报告说看见了单词。单词是以一种阈下的频率来呈现的，其依据是参与者猜中所呈现单词的概率不高于随机水平。当研究者确信参与者不可能在某种呈现条件下辨认出单词时，他们就以这种阈下频率向参与者呈现一个单词，该单词要么是另一个词的启动词（如 Bread，面包），要么不是启动词（见图 4-16）。要求参与者判断第二个单词，即目标词 Sandwich（三明治）是不是一个真实的词。结果显示：如果该目标单词是由一个相关联的词启动的，则参与者的反应时间要比目标词不是由相关词启动的情况下来得短。

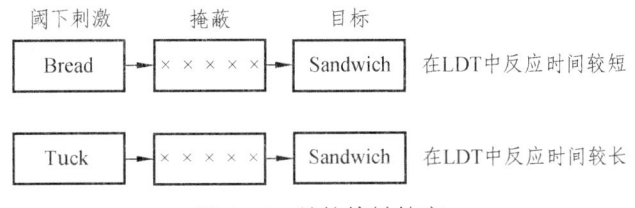

图 4-16 单纯接触效应

另一些研究者也报告了相似的研究结果。然而，也有一些批评者认为，在感觉阈限的标准是由参与者设定的情况下，即由参与者自己报告他"看见"或"看不见"启动刺激时，启动效应就会出现。相反，如果呈现时间的阈限水平是通过客观测量得到的，阈下启动效应就不会出现。

启动研究还被应用于社会认知（social cognition）领域并用于研究其对社会判断的影响，社会认知是一个借鉴了认知心理学和社会心理学思想的交叉领域。研究者让学生将打乱的敌意句子或非敌意句子重新排列成句，并且随后读一篇关于一位名叫唐纳的男子和他的朋友一同前往城镇周边出游的故事。参与者随后需要对唐纳作出判断，其中那些重新排列敌意句子的参与者相较于排列了非敌意句子的参与者，将唐纳评价为更具有敌意的。重排敌意句子的行为启动了参与者，使其将文章的一些方面（例如，当唐纳回去向营业员讨回金钱）评价为具有敌意的，而其他参与者却并不这么觉得（Srull & wyer，1979）。

单纯接触效应（mere exposure effect）指仅仅暴露于某些事物也增加了对该事物的喜好程

度的现象。广告商就利用了该效应，许多研究也展示了这一效应的强悍。人们通常并不觉察到自己喜好的源头仅仅是由于对客体、事件或人的熟悉度。雅科比等人（Jacoby et al., 1989）发现，让参与者暴露于不知名的名字（如"塞巴斯蒂安""威斯多夫"之类），然后将其中一部分和一些新的不知名名字以及一些中等知名的名字放在一起，让测试参与者进行归类。结果表明，参与者将许多之前见到过的不知名名字也当作知名的名字了。

自动加工还会影响行为（Bargh, Chen, &. Borrows, 1996）。研究者通过句子重排来启动与老人有关的刻板印象（如上年纪的、佛罗里达）或者中性印象（渴的、干净的）。然后，参与者被告知实验结束，但实际上实验还秘密地持续到他们走到电梯为止。很明显，那些启动了老人刻板印象的参与者走向电梯的速度显著慢于未被启动该印象的参与者。而那些人都是一群大学生。

启动研究通常由词语或句子任务，又或者屏幕一闪而过的词语展开。穆斯维勒（Thomas mussweiler, 2006）对于行为是否也能启动刻板印象很感兴趣。他让参与者穿很厚的救生衣、给脚踝和手腕戴上负重物。接着让参与者参与几项简单的运动（如弯腰、坐下、站起等）。这一操作潜移默化地让参与者体验到那些体重过重者的行为举止。然后让其评价一个信息比较含糊的目标人物，那些一度"成为"超重者而（通过行为）得到启动的参与者比起控制组的参与者（那些没有穿救生衣或负重）给作为目标的超重者性格特征评分更高。

4.5.6.3 元认知

另一种自动加工称为元认知（metacognition）。当人们来到闹市并问路时，他们如何知道自己已足够清楚方向了还是仍不清楚？当学习一段需要记忆的项目时，人们如何知道自己大概需要花多少时间才能记住？还有，人们又怎么知道自己曾经知道之前看过的那场电影的名字，即便那个名字已无法提取？这些现象都可归为元认知，或者说"对知道的了解"。

元认知包括广泛的自我知识监控，比如，元记忆是指对自己能记得多少的了解。我们可以控制元认知过程来有意识地寻找某些信息，但大部分记忆监视（尤其是想到要去搜索某些特定信息之前的最初的记忆监控）是自动的。元认知广泛涉及对记忆系统的提取和推断过程的监视和控制。监控（monitoring）指的是我们如何评价我们所知道（或还不知道）的事情。涉及元认知监控的加工包括学习容易程度的判断、学习程度的判断、知道感判断，以及对提取答案的信心。

元认知控制包括学习策略，如学习时间的分配、学习的停止、记忆搜索策略的选择，以及终止搜索的决定。个体元认知的基础模型包括对元水平以及各个对象水平信息流的监控和控制。基本上，元水平是指我们对记忆中有哪些、没有哪些的有意识觉察，而对象水平则是指记忆中的具体内容。元水平实质上创立了对记忆中项目的记忆状态的一个综合认识模型。基于元水平模型，个体能很快估计自己知道什么、不知道什么，从而决定是否需要努力回忆那些信息。元水平工作的一个例子，当你在闹市里被旅客问路时，在试着回忆那些方向之前，你就能先确定（通常是自动的）自己是否知道方向。

一旦元水平断定自己知道方向，对特定细节的搜索就开始了。

元认知系统包括两类监控：① 预期式的，在获得信息之前或者期间发生；② 回顾式的，在获得信息之后发生。对学习的容易程度和学习程度的判断都是预期式的。

学习的容易程度（ease of learning）包括学习新知识的恰当策略选择，以及信息的哪部分最容易习得。例如，当旅客认为路线过于难记，就可能尝试着写下来，或者要求给予地理位置的路线而非一条条街道的路线。研究者可以通过让学生参加一项记忆研究，并指出列表中的哪些项目容易学习（即学习容易程度的判断）来研究这一问题。参与者在一段固定时间里进行词表学习，等到信息保持在记忆之后，进行回忆或再认测试。研究者将比较学习容易程度判断实际记忆成绩，以此确定前者多大程度上可以预测后者。结果表明这一预测相当精确。

学习程度的判断（judgments of learning）发生在记忆获得阶段或之后。学习程度判断研究的参与者可能会被要求在学习列表后判断哪个项目自己学得最好，或者在保持期间、正式测验前再进行判断。和学习的容易程度判断一样，通过学习程度的判断与随后记忆测验的比较来确定判断的准确性。研究表明，练习阶段后，学习程度的判断变得更加准确。目前仍不清楚对学习程度的判断是基于学习的容易程度还是基于先前的回忆阶段。

知道感（feeling of knowing）既可以是预期式的，又可以是回顾式的。测量知道感时，通常是要求参与者在做多项选择题前，判断自己正确回答问题有多大把握。对知道感的研究还采用一般知识性问题（有时采用琐事问题）的"回忆→判断→再认"任务。如果参与者无法回忆起答案，就要求其估计自己看到多项选择题答案时有多大可能再认出来。比较这些估计和实际回答的表现，其预测力高于随机水平，但还远不足以完美预测。研究知道感有利于确定人们是否能准确报告自己的元认知状态。

自信判断（confidence judgments）是回顾式的，因为它们是在从记忆中提取项目后才进行的。信心判断与回忆准确性的关联与回忆的信息类型有关。实际上，在一些如目击证人辨识的领域，两者的关联较低，因此信心并不一定预测辨识的成绩。其部分原因是人们很少被要求作为目击证人进行辨认，并且只需要用到一部分信息（"是不是他？"），这类问题的回答为评估个体的表现带来困难。

元认知监控（metacognition monitoring）指的是参与者判断自己的元认知状态。例如，当人们从记忆中提取项目发生困难时，他们可能会觉得只要再加把劲就能将记忆提取出来。这通常又被称为舌尖状态。这是一种自然发生的元认知状态。在舌尖状态中，人们经常能部分回忆起一部分信息，或者是与搜索项有关信息的一些片段。

研究者经常采用部分回忆的研究方法。这是在舌尖状态下作为切入记忆过程的"窗口"而被创造出来的，因为他们能检查部分需要回忆的与实际需要搜索的记忆项目的性质有关的信息类型。舌尖状态被认为不仅是一种奇妙的记忆现象，也是评价我们记忆状态并引导元认知控制的机制。学习的容易程度、学习程度的判断、知道感和信心都是研究元认知监控的方式。

这些加工与元认知控制内部亦有关联。和监控一样，元认知控制对应记忆的不同阶段也有区别。在记忆获得阶段的控制包括选择不同类型的加工方式。例如，假设我们认为要记的项目很难，可能就会分配以更多次的复述。各个项目时间分配的控制也发生在获得阶段。例如，当复习迎考时，学生可能决定在其认为最终能学成的特定项目上花费更多时间，而对那些太难根本学不会的项目则几乎不花时间以免浪费。

这一控制加工与兴奋的容易程度有关。最后，结束学习的决定也是在获取阶段进行的控制加工。其决定通常与学习程度的判断有关。对搜索策略的元认知控制则发生在记忆提取阶段。其包括搜索策略的选择和结束搜索。

人们在记忆中搜索某项目需要多精细呢？当来到城镇的陌生处而需要问路时，花太长时间或太多精力用于回忆是不明智的。然而，如果在熟悉的地方，就会分配更多精力到记忆搜索上。这一过程和知道感有关。舌尖状态同样影响提取策略。当处于舌尖状态时，人们可能花更多的时间和认知资源来回忆这些信息，以至于全神贯注，甚至时不时停下脚步地去思考。

4.6　思考题

1. 简述人的信息处理系统结构。
2. 什么是信息？信息量与信息传递模式是什么？
3. 简述不同感觉器官的信息接收能力。
4. 什么是感觉储存？
5. 简述感知系统的信息加工方式。
6. 什么是模式识别？
7. 简述认知资源理论的含义。
8. 简述注意的含义及功能。
9. 简述工作记忆的含义及特点。
10. 什么是无意注意、有意注意、有意后注意？
11. 什么是长时记忆？
12. 什么是注意广度？什么是注意的选择性？

第 5 章 情　绪

5.1　情绪的认知案例

微课：情绪的认知案例

S.M.是位充满活力的 20 岁女性，已经有了家庭。她平日生活忙碌，除了进修大学课程，还要在外兼职。最近 S.M.遇到一些麻烦，在过去几个月里，她经历了类似癫痫的发作。神经科医生怀疑她的脑部有肿瘤，于是对她进行了 CT 和 MRI 扫描，结果并没有发现肿瘤存在的迹象，但医生们发现了引起她癫痫的真正原因：S.M.的杏仁核萎缩了，而且，大脑两侧杏仁核都出现了这种情况（见图 5-1）。进一步研究发现，S.M.患上了一种罕见的常染色体隐性遗传疾病（autosomal recessive genetic disorder）——Urbach-Wiethe 症。这种疾病会导致糖蛋白钙（glycoprotein calcium）累积在内侧茄叶，并且导致杏仁核退化（Adolphs 等，1994，1995；Tranel 和 Hyman，1990）。这种杏仁核的退化具有高度特异性。脑扫描表明，除了杏仁核之外没有其他脑结构异常。

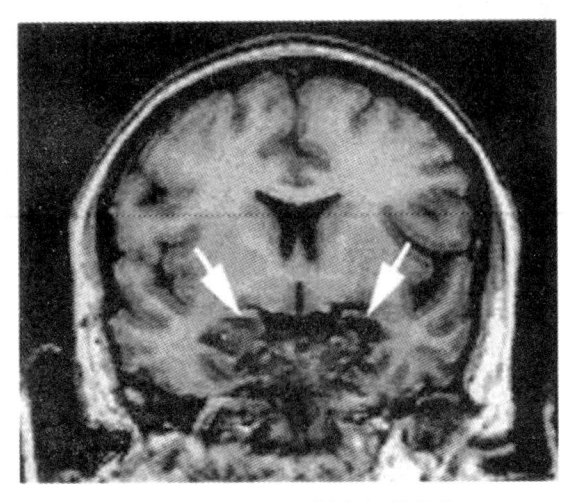

图 5-1　病人 S.M.双侧杏仁核损伤。

图 5-1 中白色箭头表示杏仁核在左右半球的位置。S.M.有着严重的杏仁核萎缩，脑组织现已被脑脊液所替代（黑色部分）。

S.M.在检验认知功能的标准神经心理学测验中表现正常。她的智力成绩在正常范围内，也没有出现任何知觉或运动障碍。尽管她的认知功能好像完全正常，但爱荷华大学的研究人员还是让S.M.参加了一项关于情绪知识的研究。该研究使用了一些标准神经病学评估测验不会使用的测验。例如，在其中一个测验中，实验者给S.M.看许多图片，然后判断图片中个体表达的是什么情绪。对于大部分图片，S.M.的表现与健康人相似，当图片是一个妇女在哭泣时，她会报告悲伤；当图片是一个人在大笑时，她会报告狂喜。她也能相当准确地辨别愤怒、厌恶和惊奇等情绪。但是，有一种脸部表情让S.M.感到很迷惑。她似乎不能够理解"恐惧"。如果给她呈现一张恐惧的脸（图5-2右下方最后一个表情），S.M.会报告该图是惊讶、愤怒或其他情绪。她好像知道这个表情是表达了某种情绪，但是不能辨别出究竟是哪一种。令人惊奇的是她只是不能知觉恐惧，而判断其他一些更微妙的情绪却基本没有问题（见图5-3）。

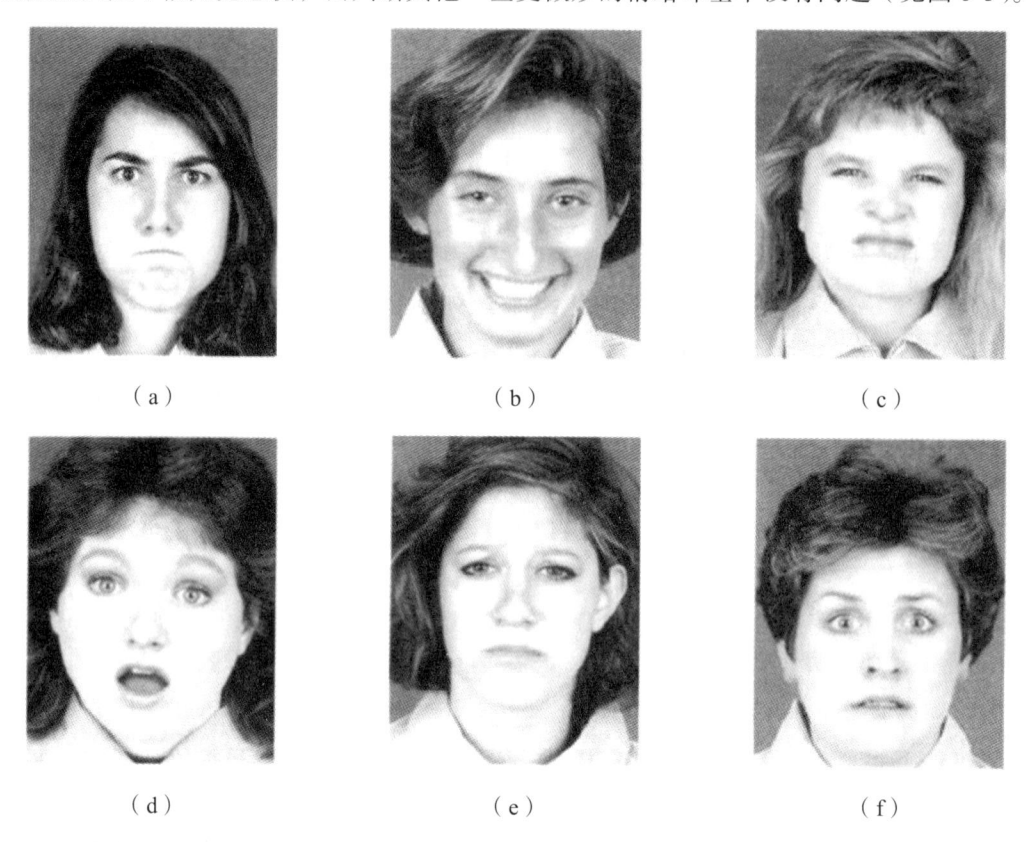

（a）　　　　　　　（b）　　　　　　　（c）

（d）　　　　　　　（e）　　　　　　　（f）

这些表情在不同文化中有着类似的意义。你能将这些表情与愤怒、厌恶、恐惧、高兴、悲伤和惊讶的情绪状态匹配吗？

图5-2　普遍的情绪表情

S.M.对恐惧表情的评分表现出选择性降低。

这种令人困惑的分离现象促使研究者继续深入探索S.M.不能辨认恐惧的问题根源。一种可能是，S.M.不能加工恐惧概念。但是，她能够描述引发恐惧的情景并且能正确使用关于恐惧的词语（Adolphs等，1995）。而且，她在辨别情绪韵律（包含情绪的声音）时和正常人的表现一样。她也可以辨别恐惧的声音（Adolphs和Tranel，1999）。这些发现似乎可以排除S.M.不能够在一般水平上加工恐惧概念的可能性。

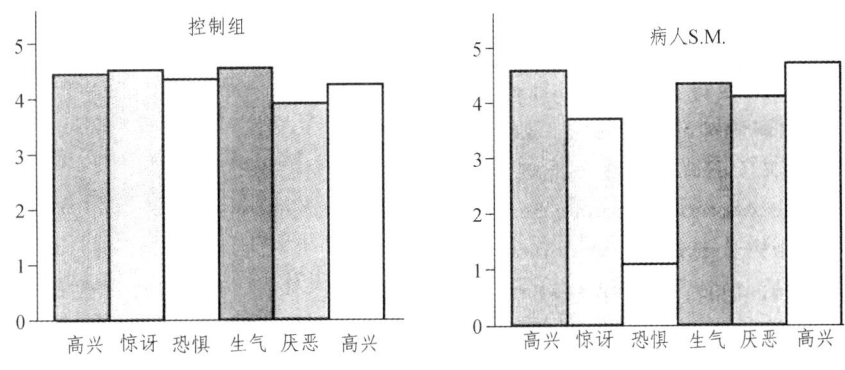

图 5-3 控制组（左图）和 S.M.（右图）对表情的情绪强度评分

研究者发现，当 S.M.在画不同情绪特征的图画时，有一个让人困惑的现象，她能够描绘许多种情绪，但是不能够描绘恐惧。一开始她犹豫再三，解释说是因为想不出该怎么画。被催促之后，她画了好几分钟，最后画出的竟然是一个小孩在爬行。也许弗洛伊德主义会解释说这幅画来自 S.M.遥远童年的一个恐惧时刻。毫无疑问，S.M.自己是无法解释为什么会画这幅画的。她不仅不能够辨别恐惧情绪，也不能够画出恐惧。这与她在其他情绪识别和复制能力上的正常形成了鲜明对比（见图 5-4）。

S.M.现象的谜底最近才揭晓。我们将在本章稍后详细说明。但在此之前，有必要考查这个案例的一些重要发现。研究者从她身上得到了两个重要发现。

第一，杏仁核在辨别恐惧的面部表情中扮演重要角色。这也不奇怪，因为先前的研究已经指出杏仁核对其他情绪（包括情绪记忆）的加工是非常重要的。尽管有可能杏仁核对加工或贮存所有情绪性记忆都起作用，但很明显这个脑区对恐惧情绪的表征尤为重要。

第二，人们可以在理解其他情绪毫无问题的情况下，却对某种特定情绪不能理解。这个现象促使我们用一种新的观点思考情绪的神经基础。类似视觉研究者强调大脑表征物体有多个区域和通路，情绪研究者开始强调情绪加工和表征具有分布式特征。

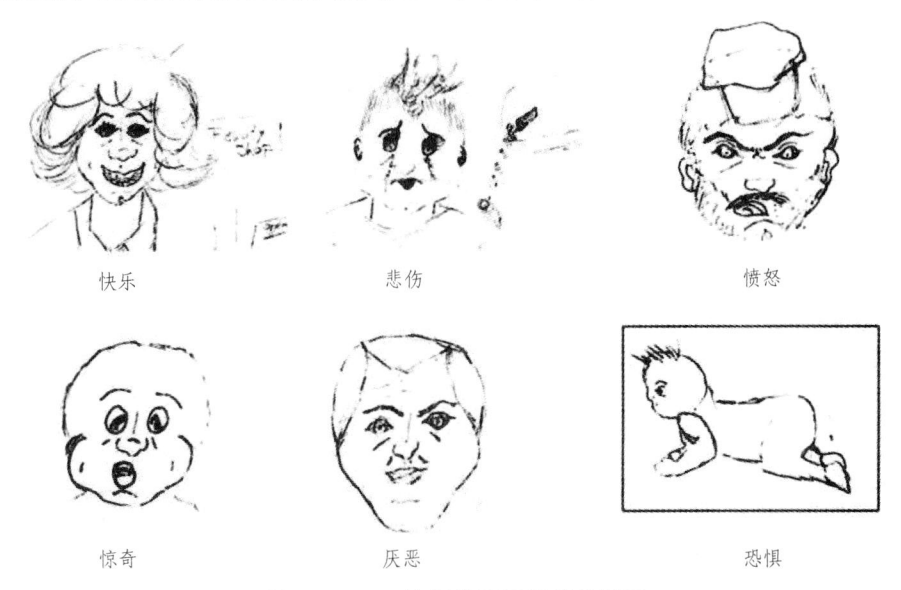

快乐　　　　　　　悲伤　　　　　　　愤怒

惊奇　　　　　　　厌恶　　　　　　　恐惧

图 5-4 S.M.绘制的不同情绪的图画

本章开头我们会综述有关情绪的一些基本概念，然后会转向情绪在学习中的作用。例如，情绪状态是如何影响记忆的。接下来，我们会探讨情绪如何影响行为。最后以一个调查表作为总结，归纳与情绪相关的大脑结构的最新研究。

如果没有情绪，无法想象我们会变成怎么样，我们将如何与世界交流。情绪的认知神经科学很晚才出现，因为情绪是一种难以系统研究的行为。但是，研究者们开始挑战这个问题，情绪也成为一个越来越重要的研究课题。

开心、悲伤、恐惧、焦虑、兴高采烈、受挫、失望、愤怒、愉悦、厌恶、兴奋、害羞、内疚和着迷，这些仅是我们描述情绪生活词汇中的一部分。不幸的是，尽管我们情绪词语非常丰富，但这些词语却难以转化为可以在实验室研究的具体状态和变量。为了统一大家对情绪的定义，研究者主要关注两类主要的情绪类别：① 基本情绪，如可以通过面部表情表达的情绪；② 情绪维度，如对事件的反应。

5.2 基本情绪

微课：基本情绪（上）　　微课：基本情绪（下）

虽然我们可能使用诸如兴高采烈、欢喜和愉快之类的词语来描述我们的感觉，但大多数人都会觉得这些词语只是对快乐感觉的不同描述。从达尔文研究人类行为的进化基础开始，就有研究者提出我们可以定义出有限几种具有文化普遍性的基本情绪。达尔文的研究方法包括询问那些熟悉世界上不同文化的人关于各种文化中其情绪生活是怎么样的。通过这种讨论的方法，达尔文认为人类进化了一套数目有限的基本情绪状态，且每种情绪状态都有它独特的适应意义和生理表达形式。

有研究者通过对面部表情普遍性的研究来分类基本情绪（Ekman 和 Friesen，1971）。通过对世界上不同文化的研究，Paul Ekman 发现，面部表情所表达的情绪在各种文化间没有不同。不管你是来自纽约、北京还是巴布亚新几内亚，通过面部表情表达高兴、悲伤、恐惧、厌恶、愤怒或惊讶在不同文化背景下基本上是一样的（见图 5-2）。Ekman 和其他研究者认为，愤怒、恐惧、厌恶、高兴、悲伤和惊讶是 6 种基本的、用来表达情绪状态的面部表情。

虽然对于某个具体情绪列表是否能够包含所有情绪经验还存在诸多争执，但大部分人接受这种观点：存在着基本的、普遍的人类情绪。恐惧和愤怒等基本情绪已经在各种动物中得到了证实，而且这些情绪由皮质下回路控制。最终，科学家们接受了基本情绪这个观点。这样有助于进一步研究不同情绪状态和心境的神经机制，以及面部表情的神经和发展基础。

5.2.1 情绪的维度

分类情绪的另外一种方式，不是把情绪看成各种不同的状态，而是把它看成在一个连续维度上对各种事件做出的反应。例如，大部分人会认为高兴是一种愉悦情绪而愤怒是一种不愉悦情绪。但是，在路上捡到一枚硬币，我们会感到高兴。同样的，买彩票中大奖我们也会感到高兴。虽然这两种情况下我们都经历了某种名为高兴的情绪，但它们的强度是截然不同的。有一种按维度划分情绪的方法就认为，针对刺激和事件的情绪反应可以表示为两个因素：

效价（高兴/不高兴或好/坏）和唤起程度（内部情绪反应的强度、高/低）（Osgood 等，1957；Russell，1979）。在路上捡到硬币我们可能会惊喜和高兴，但大部分人不会把他们对这个情景的反应描述为强烈的或高度唤起的情绪。然而，赢得彩票很可能会导致强烈的、高唤起和狂喜的状态。通过使用维度的方法（即采用效价和唤起程度），研究者可以更具体地评估刺激引发的情绪反应。

第二种划分维度的方法是用由情绪引发的行动和目标来划分。这种方法已经在认知神经科学领域运用。Richard Davidson 和他的同事（1990）认为，不同情绪反应或者状态可以驱使我们或者去接近或者远离某个场景。例如，高兴和惊讶可能增加接近或参与进入情境的趋势，然而恐惧和厌恶可能驱使自己离开诱发情境。

显然，以基本和维度的方式去定义情绪是无法囊括我们所有的情绪经验的。但是，它们为我们科学地研究情绪提供了一个初始框架。没有任何一个单独的方法是正确的。在研究中，我们必须明确我们对情绪的定义，唯有这样才能从各种研究结果中归纳出有效的结论。

5.2.2 情绪加工的神经系统

1. 早期概念：边缘系统

在之前 S.M. 的例子中我们已经提到，情绪的认知神经科学研究的一个目标是：针对各种情绪状态和情绪加工过程，辨别和理解其背后的神经系统。事实上，情绪行为背后存在一个大脑结构网络，这已经不是什么新观点了。早在 1937 年，James Papez 就提出了一个脑和情绪的回路理论，认为情绪反应涉及由下丘脑、前丘脑、扣带回和海马组成的网络。Paul MacLean（1949，1952）后来把这些脑结构命名为 Papez 回路（Papez circuit）。他随后扩展了该情绪网络，加入了杏仁核、眶额皮质和部分基底神经节。他把这个扩展的情绪神经回路命名为边缘系统（见图 5-5）。

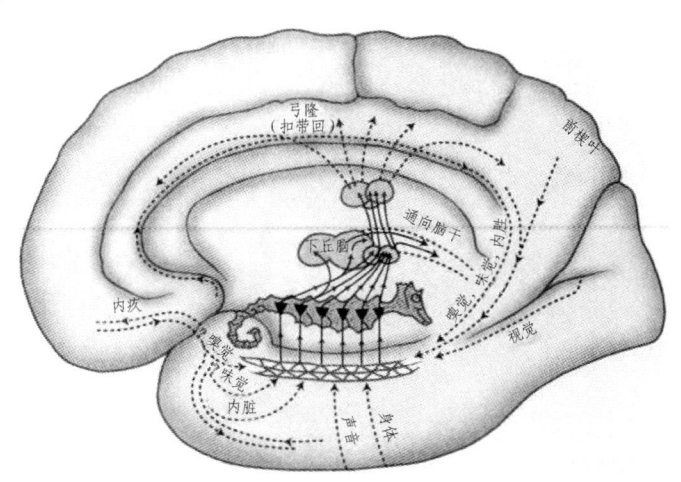

图 5-5 MacLean 的边缘系统

海马因其解剖形状而命名，是边缘系统的中心。这个结构在图中用海马的形状表示出来，其中黑色三角形代表锥体细胞。海马被认为不仅接收外部感官的信息输入，而且接收来自内部环境和内脏的信息输入。这些内部和外部输入的整合被认为是情绪体验的基础。

MacLean 确定边缘系统为"情绪"脑的早期工作影响深远。时至今日，在情绪的神经基础研究中，我们常常能够看到关于"边缘系统"或"边缘"结构的文献。边缘系统的说法最近依然流行，主要是因为边缘系统加入了眶额皮质和杏仁核两个区域。这两个区域已经成为情绪的神经基础的研究焦点（Damasio，1994；LeDoux，1992）。值得指出的是，经过这么多年，MacLean 所描述的边缘系统概念仍未得到支持（Brodal，1982；Kotter 和 Meyer，1992；LeDoux，1991；Swanson，1983）。

虽然我们已知边缘系统的某几个部分在情绪中起一定作用，但我们无法制定一个标准来定义哪些结构和通路应该包含进边缘系统。同时，经典的边缘区域如海马，已经被证实对一些非情绪性加工过程（如记忆）有着更为重要的作用。由于没有一个明确的说法来回答为何一些脑区被划为边缘系统而另一些不是，对于我们现在理解情绪的生理基础来说，MacLean 的边缘系统概念更倾向于被看作是种描述性或历史性的划分而非功能性的划分。

早期研究者确定情绪的神经回路时，倾向于把情绪看作是一个单独的概念，可以定位到某一个特定的回路（如边缘系统）上，从而把情绪脑与大脑其他部分分开。这些年，情绪研究变得更为精细和复杂。我们知道情绪是一种具有多面性的行为，很难由一个单独神经回路或脑系统来定义或概括。事实上，S.M.在双侧杏仁核损伤后只表现出在恐惧识别上的缺陷就支持了这种观点。

当前的研究关注的是特定类型的情绪任务及特定情绪行为的神经系统。我们也不再认为情绪只有一个神经回路。而是认为，根据情绪任务或情景的不同，我们可以预期有不同的神经系统参与到其中。这些系统可能包括一些在一定程度上只负责情绪加工的脑区，同时还包括那些具有多种功能但具体功能取决于特定情绪是如何作用的脑区。例如，负责注意警觉的脑区也参与侦测威胁信号。

杏仁核并非情绪加工中唯一重要的区域。另外还有一些脑区参与情绪加工。例如，情绪的认知神经科学研究关注于在不同情绪任务中起作用的多个脑区（如眶额皮质、扣带前回、下丘脑、基底神经节、脑岛、躯体感觉皮质）。我们稍后将对这些区域进行介绍。现在，让我们关注一下贯穿于 S.M.案例的杏仁核［见图 5-6（b）］，它的主要功能就是加工情绪。对于这个区域的理解在情绪的认知神经科学研究中尤为重要。

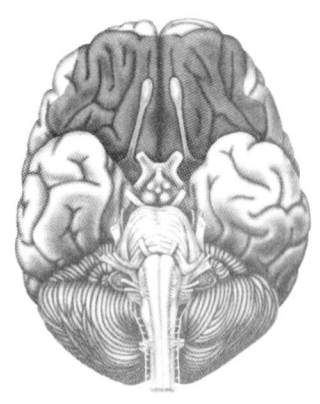

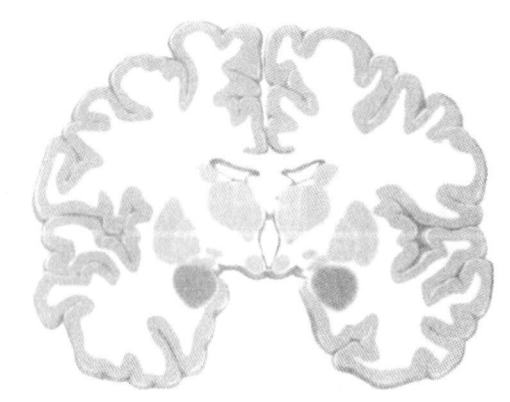

（a）眶额皮质　　　　　　　　　　（b）杏仁核

注：眶额皮质（OFC）又常常被分为腹内侧前额叶皮质（红色）和外侧眶额皮质（绿色）

图 5-6　情绪加工的核心神经区域包括

2. 杏仁核

正如上面提到的,杏仁核是一个杏仁状的小结构,位于颞叶内侧,与海马前部相连。在20世纪初期,颞叶内侧这一结构首先被认为与情绪有密切联系。当时,Heinrich Klilver 和 Paul Bucy (1939) 发现,猴子在损伤杏仁核后出现了异常情绪反应。他们称这种情绪异常为"心理盲"(psychic blindness)。这个现象的一个显著特征就是动物失去了恐惧情绪,表现为对应该引发恐惧反应的物体不再产生回避行为。直到20世纪50年代,杏仁核才被认定是与恐惧相关的缺陷(又称作 Kluver-Bucy 综合征)的主要内侧颞叶结构。从那时起,杏仁核成为大脑情绪加工研究的重点。

尽管人类在杏仁核损伤后并不会表现出典型的 Kluver-Bucy 综合征,但就像本章开始提到的 S.M.那样,会有很多微妙的情绪加工缺陷。

5.2.3 内隐情绪学习

请想象这样一个场景。一天,一个年轻人坐火车去上班,与一个素未谋面的乘客攀谈起来。交谈才不到几分钟,不幸的事情发生了——火车撞上了一辆汽车。火车上的乘客都被吓坏了。一些人受了伤,汽车司机当场死亡。这个吓坏了的年轻人虽然只有点轻微擦伤,他还是立刻下了火车,决定回家。几个月后,这个年轻人应邀参加一个鸡尾酒会。在那里,他见到一个非常面熟的客人,但他没有能够马上认出来他是谁。这位客人开始和他讲话。不知什么原因,这个年轻人突然间觉得很紧张、浑身不自在,于是找理由走开了。后来,年轻人向酒会的主人问起那位客人,才意识到那个人就是火车发生事故时同他攀谈过的乘客。

尽管那个年轻人开始不能有意识地认出酒会上的那位客人就是火车上攀谈过的乘客,但在酒会上这个人再次同他交谈时,他的情绪反应显示他对这个人是有某种记忆的。他表现出了生理上的唤醒。这让他感觉浑身不自在和紧张。他的身体反应表明这个乘客/酒会客人的视觉形象已经与那不幸的一天以及事故的不幸后果联系在一起。

这种形式的学习——一个中性刺激通过与一个令人厌恶的结果匹配从而让这个中性刺激变得让人厌恶——是恐惧性条件反射的一个例子,也是研究杏仁核在情绪学习中作用的一个最重要范式。恐惧性条件反射是一种经典条件反射,其中的无条件刺激是某种令人厌恶的东西。使用恐惧性条件反射范式来研究情绪学习的一个优点就是它是跨物种的,从果蝇到人类均适用。

图5-7展示了恐惧性条件反射在实验室是如何操作的。

(1) 训练之前,三种不同的刺激——光(CS)、脚部电击(US1)和强噪音(US2)——单独呈现,脚部电击和噪音都能使鼠产生正常的恐惧反应。

(2) 训练时,光(CS)和脚部电击(US1)同时呈现引发老鼠正常的恐惧反应(UR)。

(3) 在训练之后的测试中,不仅单独呈现光刺激会引起恐惧反应(CR),而且由于老鼠受到强噪音惊吓并形成了光与电击之间的恐惧联系,所以当光和噪音一起出现而不电击时还会引发一种增强恐惧反应,即增强条件反射。

在引入神经科学术语之前,我们先来简单解释一下这个范式。该实验检测了老鼠对于特定刺激的反应,并且追踪在学习过程之后这些反应会有怎样的改变。在前训练阶段,笼子里的灯亮起来时老鼠不会有恐惧反应,因为灯光只是一个中性刺激。当这个老鼠的足部接受电击后,会跳起来(这个反应称作惊跳反应),因为电击是一个与生俱来的厌恶刺激。

只给光（CS）：无反应　　只电击脚（US1）：正常惊吓（UR）　　只给噪音（US2）：正常惊吓（UR）

光和电击结合：正常惊吓（UR）　　只给光：正常惊吓（CR）　　光和声音结合，但无电击增强的惊吓（增强的CR）

图 5-7　恐惧条件反射

如果这个老鼠在后来的训练中灯光都与电击匹配出现（灯一亮起就发出电击），那么灯光就与将要到来的电击联系在了一起。实际上，只有灯光亮起，没有足下电击的话，也会引发老鼠的惊吓反应。另外，如果灯光（已经与足下电击相联系）再与另外一个厌恶刺激（如噪音）一起出现，那么在同样是灯光单独出现的情况下，老鼠的惊吓反应会更强烈。在测试过后，如果灯光长时间不与足下电击同时出现，那么灯光与足下电击的联系就会消退，还原成老鼠的一个中性刺激。

现在我们回到神经科学术语，在图 5-7 所示的实验中，灯光是一个条件刺激（CS），因为我们要让老鼠建立一个中性刺激与一个厌恶刺激的条件反射。然而，在训练之前，灯光只是一个中性刺激，不能引发老鼠的反应。在前训练阶段，老鼠会对那些天生的厌恶性无条件刺激（US）产生正常的惊跳反应，如足下电击或巨大噪音，这都会唤起与生俱来的恐惧反应。在训练阶段，灯光与足下电击建立联结，灯要熄灭的那一刻发放电击。老鼠对于电击产生自然的恐惧反应（一般是惊吓或跳起），这种反应称作非条件反射（UR）。这个阶段称为习得阶段。在灯光（CS）与电击（US）匹配出现几次后，老鼠学习到灯光预示着电击，老鼠最终对单独出现的灯光也表现出了恐惧反应。这个预期性的恐惧反应就是条件反射（CR）。

在出现另外一个恐惧刺激或是焦虑状态的情况下，条件反应会增强。例如，当老鼠看见灯光（CS）的同时给它一个噪音（不同的 US）会引发更强的惊跳反应。如果灯光（CS）单独出现，不伴随有电击，这样多次之后老鼠就不再把 CS 和 CR 联系在一起。这种现象称为消退。因为在这种情况下，不再有 CR（老鼠又会呈现训练之前的反应）。

在这种恐惧学习范式下，很多反应都可以被看作是 CR。我们回到火车上的年轻人那个例子。乘客就是 CS，意外事故是 US，意外中的恐惧和痛苦是 UR，酒会上那个乘客出现之后年轻人感受到的不自然和紧张就是 CR。习得的 CR 可以是各种各样的，酒会上的那位男子和遭电击的老鼠仅是其中的两个例子。一般来说，测量自主神经系统的唤醒，如心率改变和皮电反应在检测 CR 时是非常有用的。

不论使用的刺激是什么，引发的反应是什么，有个现象在老鼠身上始终一致（稍后会讲到在人类身上也是成立的）：杏仁核损伤会削弱恐惧性条件反射。杏仁核损伤通常不会阻碍对于厌恶事件的无条件反应，说明杏仁核不是引发恐惧反应的必要条件。然而杏仁核损伤会阻碍与厌恶性 US 相关联的中性 CS 对于 CR 的习得和表达。

利用恐惧性条件反射范式，Joe LeDoux（1996）、Mike Davis（1992）和 Bruce Kapp 及其同事（1984）描述了从刺激知觉到情绪反应的恐惧学习过程的神经通路图。通过这些研究可知，杏仁核是由一些亚核组成的复杂结构。如图 5-8 所示，杏仁核的外侧核负责整合来自大脑多个区域的信息，使恐惧反射中的联结得以形成。接着，外侧核将信息投射到杏仁核的中心核。如果一个刺激被分析加工且置于适当情景，当它被确认代表的是某种威胁或潜在的危险时，到达中心核的这些投射就会引发出情绪反应。

恐惧性条件反射通路的一个重要特征是：US 或 CS 信息可以同时经由两条独立路径到达杏仁核（Joe LeDoux，1996）。一条叫低通路（low road），快速而粗略。通过这条皮质下通路，关于刺激的感觉信息投射到丘脑，丘脑再将信号直接传递到杏仁核。丘脑并不会对感觉信息进行复杂的分析，但它会给杏仁核一个粗略的信号来指明该刺激是否大致类似于某个条件刺激。

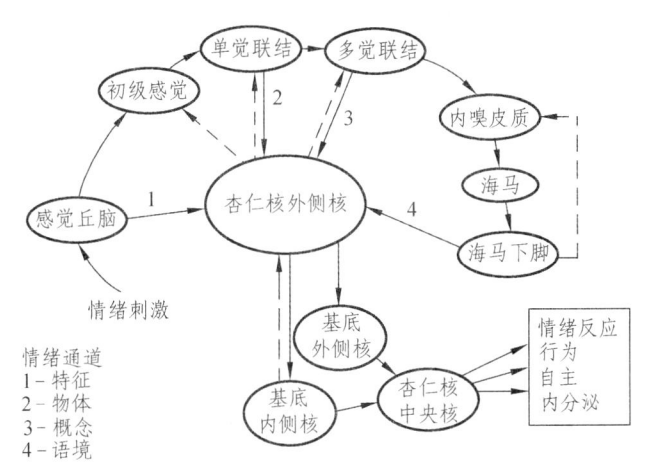

图 5-8　杏仁核通路和恐惧条件反射

同时，关于刺激的感觉信息还经由另一条皮质通路投射到杏仁核，称为高通路（high road）。高通路有些慢，但是可以对刺激给出更为彻底、完整的分析。感觉信息先被投射到丘脑，然后丘脑将信息发送到感觉皮质进行更精细的分析，最后感觉皮质将分析的结果投射到杏仁核。低通道让杏仁核迅速接收到信息以便让杏仁核启动，或者说做好准备。这样一来，如果来自高通路的信息能确认感觉信息就是 CS 的话，那么杏仁核可以立刻作出反应。尽管使用两条通路向杏仁核发送信息看似有些多余，但需对威胁性刺激做出反应时，这种兼顾速度和准确性的机制更具适应性。图 5-9 展示了杏仁核对于威胁性刺激做出反应的神经回路。

当某个徒步旅行者遇到一条响尾蛇时，视觉信息通过皮质"高通路"和皮质下"低通路"投射到杏仁核，从而激活情感性记忆。这些记忆不仅引起如心率和血压增加等自主性变化，而且也通过投射到额叶皮质而影响接下来的行动。徒步旅行者将运用这些负载情绪的信息决定他下一步的行动：是转身跑开还是慢慢绕开这条蛇？

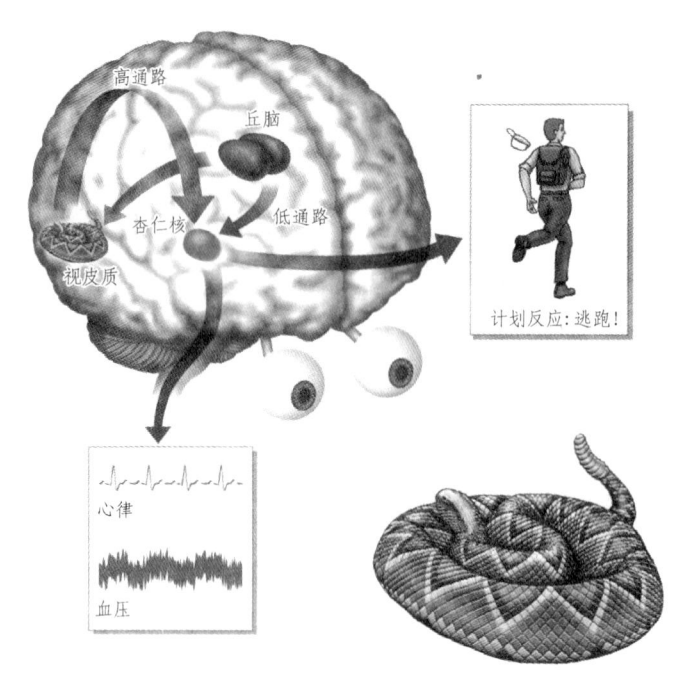

图 5-9　杏仁核接收来自两条通路的视觉信息

在通过恐惧性条件反射学习对厌恶的事件作出反应时，杏仁核的作用被认为是内隐的。使用内隐这个术语是因为学习过程是通过行为或是生理反应（如自主神经系统的唤醒或潜在惊吓）间接表达出来的。在非人研究中，我们只能通过间接或是内隐表达方式对 CR 进行评估。但在人类研究中，我们还可以让被试报告他们是否知道 CS 代表了一个潜在的厌恶性后果（US），从而直接评估他们的反应。尽管杏仁核损伤病人不能表现出一个间接的 CR，但是当要求他们外显地或有意识地报告恐惧性条件反射的各个特征时，并没有表现出缺陷。杏仁核损伤似乎对后面这种能力没有什么影响。

一个类似于 S.M.的病人 S.P.很好地说明了这个概念。S.P.也患有双侧杏仁核损伤（见图 5-10）。为了治疗癫痫症，S.P.在 48 岁时做手术切除了右侧杏仁核。当时的 MRI 显示她的左侧杏仁核也已经损伤，很可能是由于颞叶内侧硬化症造成的。这种综合征会导致大脑颞叶内侧区域神经损伤（Anderson 和 Phelps，Phelps 等，1998）。像 S.M.一样，S.P.不能识别他人的恐惧表情。

在一个减轻癫痫发作的外科手术中，右侧杏仁核和包括海马在内的一大块右侧颞叶被切除了。左侧杏仁核病变在白色带状处清晰可见，表明这个区域的细胞已经被神经疾病所破坏。

在一项考查杏仁核在人类恐惧性条件反射中作用的研究中，研究者给 S.P.看一张蓝色方块图片（CS），图片呈现时间为 10 s。在习得阶段，当蓝色方块（CS）呈现 10 s 结束时给 S.P.的手腕施加中等强度的电击（US）。实验测量的是皮电反应（见图 5-11），结果发现她对于电击产生正常的恐惧反射（UR）。但是仅当蓝色方块（CS）出现时，她的皮电没有变化，即便是让她反复学习过后也还是如此。对于蓝色方块，皮电没有发生变化说明她没有习得 CR。

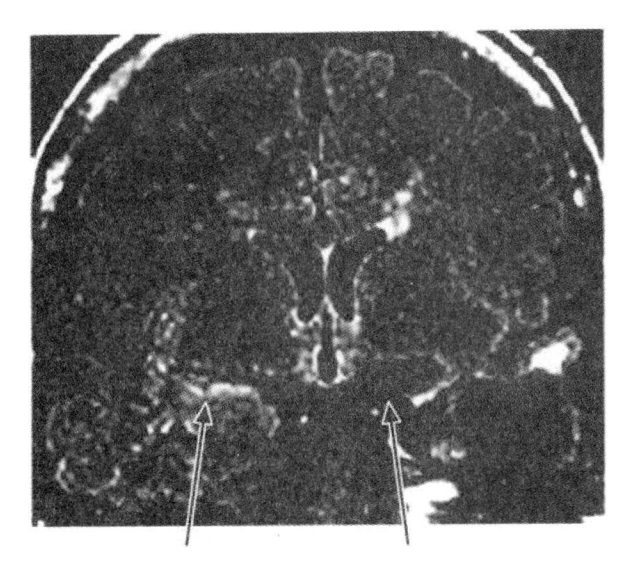

图 5-10　病人 S.P.双侧杏仁核损毁

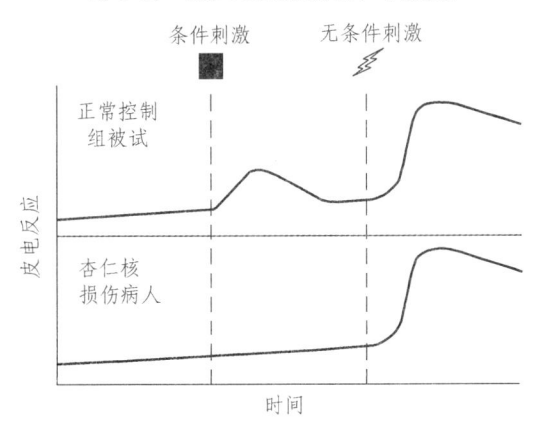

图 5-11　条件刺激和无条件刺激导致皮肤电导增强

与控制组不一样，S.P.在训练之后对蓝色方块（条件刺激）没有反应，但她对电击（无条件刺激）则确实有反应。

接下来的实验中，研究者向 S.P.展示她自己的数据和一个对照被试的数据，如图 5-11 所示。当她被问到有何感想时，她对当蓝色方块（CS）出现时她的皮电反应（CR）竟然没有变化感到有点惊奇。她报告说在最开始的习得训练中，她就意识到蓝色方块出现后紧接着手腕就会有电击。她不明白她的皮电反应为何不能反映她意识中知道的事情。

对于恐惧性条件反射事件中完好的外显知识和损伤的条件反应之间出现的分离现象在其他杏仁核损伤病人中也同样存在（Bachara 等，1995；LaBar 等，1995）。我们也提到，外显或陈述性记忆依赖于颞叶内侧的另一个结构——海马。海马损伤会损害针对某一事件的外显记忆。恐惧性条件反射在双侧海马损伤但杏仁核完整的病人身上，有着与 S.P.相反的表现。这些病人对于蓝色方块（CS）产生正常的皮电反应，表明他们习得了条件反应。但是，当问他们在条件反射过程中发生了什么，他们不能回答蓝色方块的出现是与电击相联系的，或是根本不记得蓝色方块曾经出现过。

这种杏仁核损伤与海马损伤病人的双分离说明：杏仁核是情绪学习内隐表达的必要条

件，但是对于情绪学习和记忆的其他方面就不一定如此。海马对刺激的情绪特性的外显或陈述性知识的习得是必需的，而杏仁核对于内隐恐惧性条件反射的习得和表达则尤为重要。

5.2.4 外显情绪学习和记忆

尽管上面的双分离现象清楚表明了杏仁核在内隐情绪学习中是必要的，对外显情绪学习不是必要的，但我们仍然不能由此下结论说杏仁核完全没有参与外显学习和记忆。事实上，处理情绪事件或情绪信息时，杏仁核会与其他记忆系统相互作用，尤其是海马记忆系统。杏仁核通过两条主要途径与基于海马的陈述性记忆相互作用。首先，在对那些可以外显学习其情绪特征的刺激进行正常的间接情绪反应时，杏仁核是必需的。当然这是通过除恐惧性条件反射以外的其他机制实现的。其次，杏仁核通过调节外显或陈述性记忆的贮存来增强对这些情绪事件记忆的强度。

在厌恶性经历缺少的情况下，关于一个刺激的情绪属性的外显学习可以通过如图 5-12 所示的指导式恐惧范式（instructed fear paradigm）演示出来。人们学习到蓝色方块预示手腕遭电击的方法有两种。图 5-12（a）表示的是恐惧性条件反射。图中那个人对蓝色方块产生恐惧，因为之前蓝色方块伴随电击出现。5-12（b）表示的是指导式恐惧。图中人学会对蓝色方块恐惧是因为被告知它可能伴随有电击。前面也提到，杏仁核对于恐惧性条件反射中的条件恐惧反应起着关键作用。那么，问题是在指导式恐惧过程中，杏仁核对恐惧反应的间接性表达是否也同样起作用？

（a）恐惧条件反射

（b）指导式恐惧

图 5-12 两种人类习得某个事件厌恶属性的方法

Elizabeth Phelps 和她的同事（Funayama 等，2001；Phelps 等，2001）解决了这个问题。

他们发现尽管外显学习蓝色方块的情绪属性依赖于海马记忆系统,但在表达对蓝色方块的某些恐惧时,杏仁核起着重要作用。在指导式恐惧范式中,即便在没有遭受到电击的情况下,杏仁核损伤病人可以学习到而且可以外显报告蓝色方块会与手腕电击伴随出现。但是与控制组健康被试不同的是,他们在蓝色方块出现时没有表现出应有的惊吓反应。另外,杏仁核损伤被试也不像控制组健康被试那样表现出与杏仁核激活相联系的皮肤电导升高。这些研究结果表明,对人类而言,与在恐惧性条件反射下的情况不同,当情绪学习是外显时,杏仁核对于恐惧反应的间接性表达有时起着很重要作用。相似的缺陷在杏仁核损伤病人对于情绪场景的反应中也可以观察到(Angrilli 等 1996;Funayama 等,2001)。

尽管情绪学习的动物模型强调杏仁核在恐惧性条件反射以及在对条件性恐惧反应的间接性表达中起重要作用,但人类的情绪学习却要复杂得多。我们可以通过很多学习方法使客观世界中的刺激与潜在厌恶性结果相联系。这些方法包括指导、观察和经验等。不论我们以什么方法学习到刺激的厌恶或威胁属性(外显陈述性的或内隐的,或两者都是),杏仁核对间接表达刺激的恐惧反应都发挥着作用。

关于指导式恐惧的研究表明,刺激情绪属性的陈述性表征(基于海马)可以影响杏仁核的活动,并由此来调节一些间接的情绪反应。但是相反的情况有可能发生吗?也就是说杏仁核可以调节海马的活动吗?James McGaugh 和他的同事(1992,2000)就证明了这种情况的存在。他们发现杏仁核可以调节针对情绪事件的陈述性记忆强度。

我们在日常生活中怎样使用陈述性记忆呢?以我们的日常生活区例,如我们把钥匙放哪儿了?我们昨晚对朋友说了什么?或是我们是否在离开家之前把电熨斗关了,等等。但当我们回头看我们的生活时,我们不会记得这些平凡的小事。我们记住的是初吻、在学校被朋友戏弄、毕业时家人的自豪,或是听到某个悲惨意外事故的情景等。那些能长久维持的记忆都是情绪性的或是那些重要的事件。持久性的原因有可能与杏仁核的激活有关。

在丘吉尔的自传《我的早年生活》(*My Early Life: A Roving Commission*,1930)中,他详细描述了一次参加中学入学考试的经历:"我在试卷的最上方写下了自己的名字后,我写下问题'I'的序号,思索了很久之后,我给它加了个括号变成'(I)'。但这之后我想不出任何与问题相关的内容。突然不知道从哪里冒出一团墨迹和几块斑点,我盯着它们有足足两个小时,然后那位慈祥的监考官把我的试卷和其他人的一起收走,摆到了校长的桌子上。"

尽管这件事发生在丘吉尔写作之前几十年,他对细节仍旧记得一清二楚。是什么让这件事在丘吉尔的记忆中如此与众不同?这并不是他参加的第一次考试,也不是他第一次搞砸的考试。但是在那种环境下(名校的入学考试),这是件重要且令人尴尬的事件。参加考试的他很紧张,当他发现自己根本答不出题的时候,情绪处于特别高的唤醒水平。

唤醒反应可以影响陈述性或外显记忆的贮存能力。这样就可以解释为什么丘吉尔会对那次考试的细节印象深刻。这种现象在对很多物种的研究中都有发现。例如,制造一个唤醒反应可以提高老鼠在陈述性的、基于海马的记忆任务上的表现。在一系列研究中,McGaugh 及其同事(1996)发现杏仁核切除可以阻止唤醒对于记忆的促进作用。

这项研究在两个重要方面帮助我们理解了杏仁核在唤醒对陈述性记忆提升效应中的作用机制。其一是杏仁核起的是调节作用。在这些研究中,任务的习得依靠的是海马。例如,研究者常用 Morris 的水迷宫任务来测试老鼠的空间能力和记忆力。切除杏仁核不会降低老鼠在普通条件下学习任务的能力。但是老鼠在训练过后立刻被高度唤醒,如通过施加身体紧张性刺激或注射模拟唤醒反应的药物，就会提高其任务保持力。也就是说唤醒增强了记忆。杏仁核切除所阻碍的是唤醒状态促进的记忆提升，而不是记忆获取本身。换句话说，对这些基于海马的任务习得，杏仁核并非必要条件；但对基于唤醒的记忆调节来说，杏仁核是必不可少的。

其二，唤醒的调节效应可以发生在对任务编码之后，也就是发生在记忆保持的过程中。学习过程之后立即注射模拟唤醒反应的药物可增强老鼠对任务的记忆。学习之后给予老鼠身体紧张性刺激也能产生相同的结果。在学习之后立刻使用药物暂时性损伤杏仁核会消除所有唤醒提升记忆效应（Teather 等，1998）。所有这些研究都表明杏仁核通过增强保持力调节海马或陈述性记忆，而不是通过改变对于刺激的编码实现的。由于这种效应是在保持阶段发生的，因此杏仁核被认为是增强了海马的记忆巩固能力，在早期编码之后，巩固一直发生，或多或少使记忆变得稳定。当有一个唤醒反应时，杏仁核通过增强记忆巩固以改变海马的加工过程。McGaugh 和他的同事（1996）发现，杏仁核的基底外侧核对这个效应起着重要作用。但是近期研究表明，从早期编码阶段开始（并不只是巩固阶段），杏仁核就与海马直接相互作用。这些反过来又对长时巩固起了积极的促进作用。因此杏仁核可以在多个阶段调节基于海马的陈述性记忆，形成提升保持力的网络效应。

杏仁核对情绪记忆、陈述性记忆的提升作用在人类中也同样存在。多年来的大量研究都发现，轻度的唤醒反应可以增强对情绪事件的陈述性记忆（如 Christianson，1992）。这种效应在双侧杏仁核损伤病人中是不存在的。有趣的是，对单侧杏仁核损伤病人的研究发现，右侧杏仁核而非左侧杏仁核对于提取负性且高唤醒的自传体情绪记忆有着重要作用（Buchanan 等，2006）。另外，功能神经成像研究发现，情绪刺激出现时人类杏仁核的激活与这些刺激的唤醒提升回忆（arousal enhanced recollection）相关（Cahill 等，1996；Hamann 等，1999）。在回忆与现在行为相关的情绪信息时，杏仁核和海马间的有效连通性出现了双向增强（Smith 等，2006）。这些研究说明，正常的杏仁核功能在人类由唤醒引发的陈述性记忆提升中发挥着作用。

唤醒反应的机制似乎与杏仁核调节唤醒刺激的遗忘速度有关。换句话说，唤醒可以改变我们遗忘的速度。这与记忆的后编码效应一致，如提升海马贮存或巩固效应。尽管唤醒性或非唤醒性事件在事件发生后立即回忆的话，效果可能是差不多的，但是唤醒性遗忘的速度会更慢（Kleinsmith 和 Kaplan，1963）。健康控制组被试对于唤醒性事件的遗忘会更慢，而杏仁核损伤病人对于两种事件的遗忘速度是一样的（LaBar 和 Phelps，1998）。

动物实验和人类实验都发现杏仁核调节海马对于唤醒性事件的巩固作用。然而，这种机制并非存在于情绪对于人类陈述性记忆作用的所有方面。情绪事件比日常生活事件更为独特，它们还形成特异性的事件类型。这些以及其他一些因素都可能不通过杏仁核而增强对于情绪事件的陈述性或是外显记忆（Phelps 等，1998）。

例如，急性应激（acute stress）有助于增强记忆力。Kevin LaBar 和他的同事（Zorawski 等，2006）发现，在习得恐惧性条件反射时释放的内源应激激素（皮质醇）的多少准确地预示着人类在一天之后对这些恐惧记忆的提取程度。然而 Robert Sapolsky（1992）和其同事发现，极度唤醒和慢性应激会减弱海马记忆系统的能力，这种记忆的削弱是由作用于海马的应激激素（如糖皮质激素）过量引起的。但在这个过程中，杏仁核的具体作用还不甚明了。

杏仁核与海马记忆系统、外显记忆之间的交互作用既特殊又复杂。杏仁核能够调节对唤醒性事件的贮存，以保证其不会随时间而遗忘。同时，我们可以在没有亲身经历厌恶性后果的情况下，外显地学习到环境中的刺激与潜在的厌恶性结果之间的联系。这种外显的、基于海马的、对于事件情绪属性的表征可以影响杏仁核活动以及某些间接恐惧反应。杏仁核与海马的交互作用有助于确保我们长期地记住那些重要的、充满情绪性的信息或事件。这也最终保证了我们的身体对威胁性事件的反应是适当且具有适应性的。

5.3 社会性反应

微课：社会性反应

人类的杏仁核对多数形式的外显评价都不很重要。也就是说，有意识地标定一个刺激是好的、坏的、唤醒性的或是中性的并不依赖于杏仁核。然而，也有例外：人类的杏仁核在对一系列社会性刺激（如面部表情）的正常反应中发挥着重要作用。同时，它在划分社会群体中似乎也有一定的作用。

我们先回顾一下本章开始部分 S.M.案例中的一个概念——杏仁核参与恐惧面部表情加工。功能神经成像证据也支持了这个说法。快速呈现人类面孔时，与中性面孔比较，呈现恐惧表情的面孔时，杏仁核的激活增强了（Breiter 等，1996）。尽管杏仁核对于其他表情如快乐、愤怒也会产生反应，但它对恐惧的反应明显比较强烈。

在杏仁核对恐惧面部表情的反应中值得注意的一点是，可能在被试还没察觉到自己看见了恐怖面孔时杏仁核就已经有反应了。下意识呈现的恐惧表情（即快速呈现以致被试不能意识到其呈现）被其后的中性表情掩蔽。这种情况下杏仁核仍会被激活，且下意识呈现与意识水平可见的恐怖表情会引起同样强度的反应（Whalen 等，1998）。

杏仁核在外显评价恐惧面孔上的这种作用还可以延伸到对面孔的其他一些社会判断上。例如，看一个人面部的照片，指出这个人是否值得信任或是否可以接近（Adolphs 等，2000）。然而，杏仁核并非在所有类型的社会沟通中都起着至关重要的作用。不同于眶额皮质损伤，杏仁核损伤病人在对社会性刺激反应的能力上并没有表现出总体性的减退。他们可以正确解释情绪情景、对情绪音韵（表达情绪的语音）给出正常评价，甚至可以正确分辨别人使用的恐惧语气（Anderson 和 Phelps，1998；Scott 等，1997；Adolphs 等，1999）。他们没有表现出其他非情绪面孔识别的缺陷，甚至对那些情绪内容识别错误的表情，他们也可以认出这些表情间的相似性；他们可以做出全部的表情并可以用其与人交流（Anderson 和 Phelps，2000）。

S.M.的缺陷是非常特别的。在对 S.M.检查了近十年之后，Adolphs 及其同事（2005）终于对这种特别的缺陷作出了解释。他们通过计算机软件，只把恐惧或快乐的面部表情的一部分呈现给被试看，试图找到被试在区分表情时主要依赖的是脸的哪个部分。结果发现健康组被试都是依赖于眼睛来判断表情的，而 S.M.不是从眼睛获取信息。事实上，其后的眼动研究发现不论那张脸的表情是什么，S.M.从不看人的眼睛［见图 5-13（a）］。

因此，与正常被试不同，如果 S.M.自发地不使用眼部来获取面孔信息，那为什么她只是不能识别恐惧面孔？这是因为大多数表情都可以使用其他线索来进行识别。例如，快乐表情就包含嘴角翘起的微笑。但是恐惧表情识别的主要特征在于白眼球（即巩膜）面积的增加（见图 5-14）。这可以从类似"我可以看到他眼中的恐惧"这样的短语中得到证实。更加实验性的证据包括，一项研究显示，健康被试单单只看到恐惧面孔白眼球增大，无须伴随其他脸部信息就足以使其杏仁核激活增加（与快乐表情的眼白对照；Whalen 等，2004）。

奇妙的是，给 S.M.一个简单的指示"盯着眼睛"便可以有效克服她的缺陷。在给予指导语后，她在恐惧面孔识别上没有任何困难［见图 5-13（b）］。由此看来，大脑中存在一个在遇到任何表情时都会自动指引视觉注意到眼部的系统，杏仁核似乎是构成这个系统不可或缺的一部分。杏仁核的这种新异功能还未被完全了解。这只是情绪研究中诸多前沿话题中的一个例子。

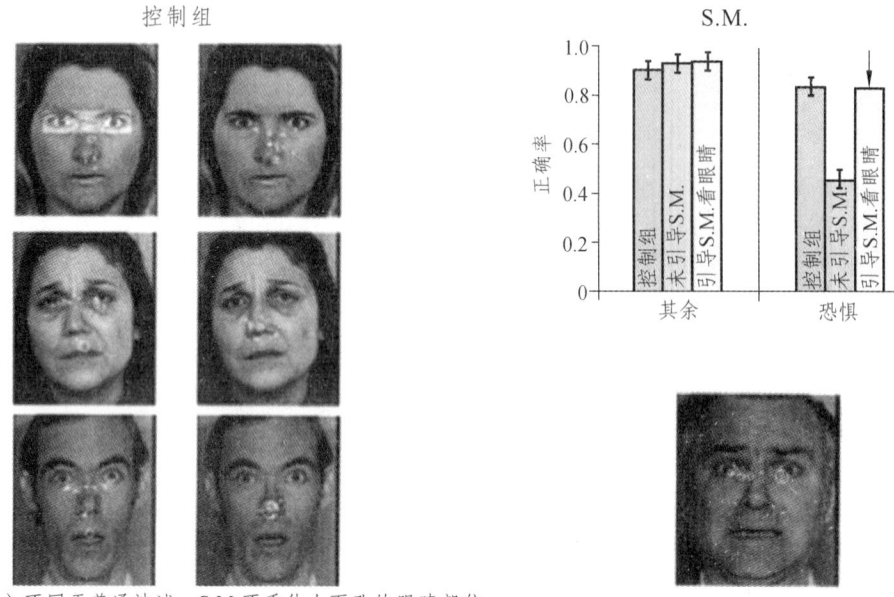

注：（1）不同于普通被试，S.M.不看他人面孔的眼睛部位。
（2）然而，如果明确要求注视眼睛，S.M.是可以像健康人一样识别恐惧表情的。最下一排图片显 ZF，如明确要求，S.M.是可以注视眼睛的。红线表示眼睛的移动轨迹，白圈表示注视点

图 5-13　杏仁核损毁后，面孔知觉时的异常眼动模式

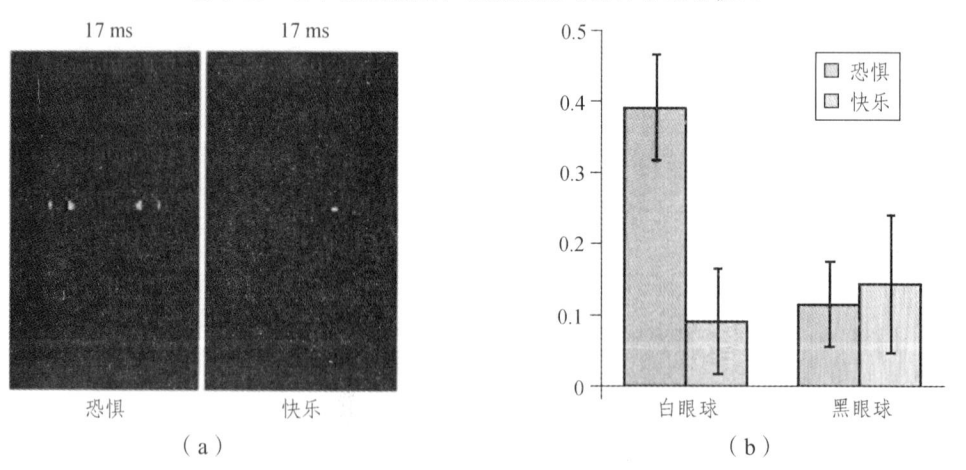

注：（1）在恐惧表情中，白眼球面积要比在高兴表情中大。
（2）注视白眼球和黑眼球时，左侧杏仁核腹侧的激活表明只需恐惧的白眼球就会引发高于基线水平的反应。黑眼球是一种控制刺激，形状与（1）完全一样，只是黑白颠倒过来（这样在白色屏幕上眼白实际上是黑的）。

图 5-14　仅是白眼球的不同大小就足以引发杏仁核对恐惧表情的不同反应

5.4 情绪脑区映射

5.4.1 基于杏仁核的展望研究

很多情绪任务（从恐惧性条件反射到社会反应）都涉及杏仁核。我们目前只关注了它在恐惧反应和威胁性情绪事件中的作用。然而这并不代表杏仁核只对负性刺激有反应。在某些更为特定的情景下，杏仁核也会对正性刺激作反应。例如，杏仁核对海马巩固效应的调节，似乎是以唤醒程度（对正性或负性事件的反应）为中介来发生作用的（Hamann 等，1999）。另外，杏仁核还在一些奖赏刺激是在与中性刺激相联系的学习任务中起作用（Gaffan 和 Harrison，1987；Johnsrude 等，2000s；Gallagher 和 Holland，1992；Hampton 等，2007）。这说明，虽然杏仁核对负性或恐惧刺激特别敏感，但它只对这两类刺激有反应的观点是不正确的。这种偏好对有机体来说显然是有进化优势的。

我们目前对杏仁核的讨论集中在其独立的作用上。然而，在情绪的认知神经科学研究中，一些令人惊喜的最新研究开始初步描绘杏仁核是如何与大脑其他区域共同作用，从而产生正常的情绪反应。例如，尽管恐惧性条件反射的习得需要杏仁核参与，但是条件反应正常的消退却需要杏仁核与前额叶皮质的共同作用（Morgan 和 LeDoux，1999）。考查奖赏与刺激联结能力的研究发现，杏仁核和眶额皮质在这类任务中可能共同起作用（Baxter 等，2000；Hampton 等，2007）。另外，关于抑郁的神经解剖学模型发现，抑郁症患者的一个脑回路（由杏仁核、眶额皮质及丘脑组成）过度活跃，从而导致一些抑郁症状出现（Drevets，1998）。最后，Damasio 的躯体标识假说（somatic marker hypothesis）提出，杏仁核和眶额皮质既相互作用又各自独立地对情绪决策做出贡献。

5.4.2 其他与情绪相关的脑区

之前我们都在讨论杏仁核在情绪中的重要作用，但这并不意味着情绪研究只关注杏仁核这一个神经区域。我们反复强调杏仁核对一些情绪很重要，但并非对所有情绪都很重要。这让我们不禁要问，对其他情绪来说，哪些脑区是必不可少的呢？这就是接下来我们要讨论的。

1. 愤怒

功能脑成像技术对我们分辨各种不同情绪的神经基础提供了极大的帮助。研究者给被试呈现不同的面部表情（或其他情绪刺激），然后分析对应各种情绪，大脑哪些区域会有特异性激活。James Blair 及其同事（1999）在一项关于愤怒神经基础的标志性研究中采用的就是这种方法。他们使用计算机程序让一张中性脸逐渐变为愤怒脸［见图 5-16（a）］，寻找与表情强度的递增相联系的脑区。他们发现右侧眶额皮质激活（OFC）随着被试观察到的愤怒表情强度的增加而增加，但在悲伤面孔中却没有（见图 5-17）。这些结果表明眶额皮质与愤怒面孔的外显情绪识别有关。

(a)

快乐　惊奇　恐惧　悲伤　厌恶　愤怒

(b)

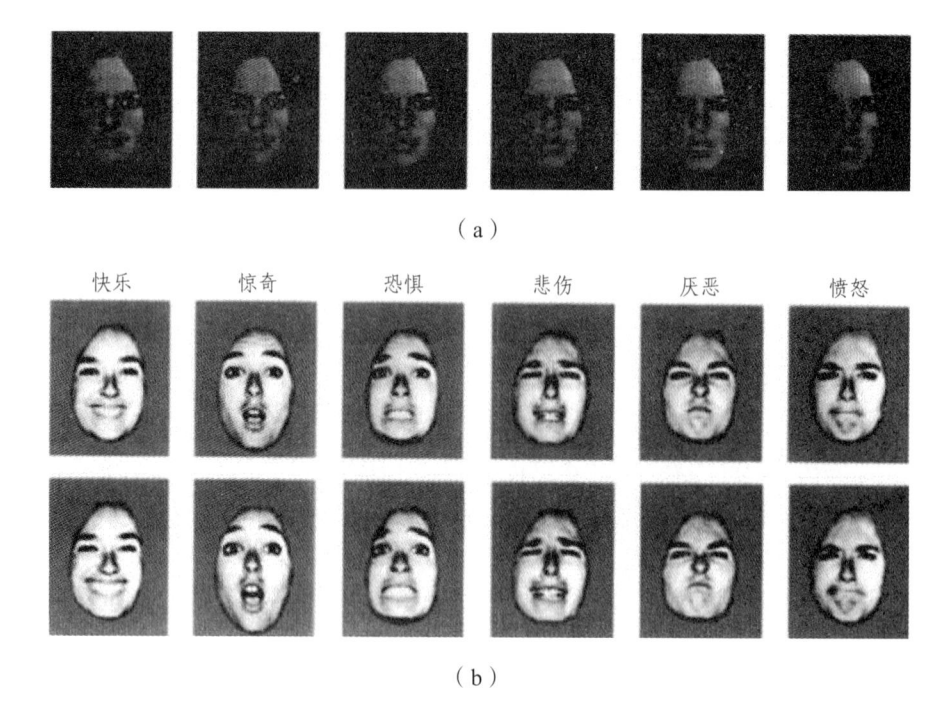

注：(a) 以 20% 的递增变化率，从中性表情（最左）到愤怒表情（最右）的变换。
　　(b) 各种面部表情从 100%（上排）到 150%（下排）的变化。
在研究面孔识别时的神经联系时，这种经过变形软件处理后的面部表情已经被证明是一种非常有效的刺激。

图 5-16　面部表情逐渐变化示例

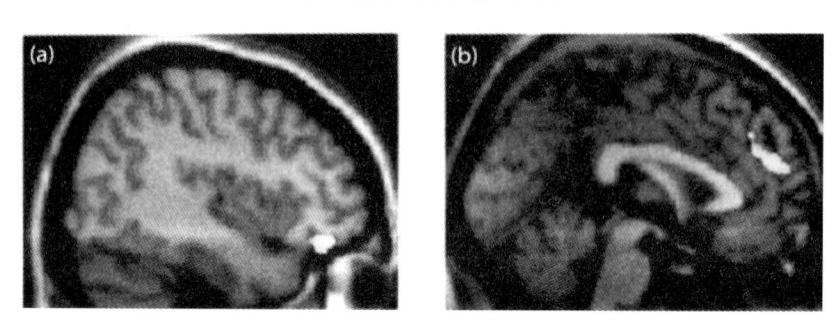

图 5-17　愤怒知觉的神经机制

愤怒表情增强时激活也随之增强的脑区包括图 5-17（a）所示的右侧眶额皮质和（b）所示的扣带前回。

眶额皮质参与愤怒情绪加工在双耳分听任务中体现得更为明显（Sander 等，2005）。实验中，被试的一个耳朵听到的是用中性语气讲出的无意义短语，而另一个耳朵是用愤怒语气讲出的无意义短语，然后让被试选择注意其中一边的耳朵。结果发现，右侧杏仁核和额上沟（涉及高水平听觉加工）受到愤怒语气的调节，且与注意与否无关。另一方面，眶额皮质只会被注意到的（即选择性听到的）愤怒语气所激活。这进一步证明了眶额皮质在对愤怒的外显加工中具有重要作用，而且说明眶额皮质可对多通道的愤怒信息进行反应。而杏仁核和额上沟可能参与内隐愤怒的检测和加工。

2. 悲伤

Blair 及其同事（1999）用同样的范式研究了悲伤情绪。他们发现左侧杏仁核和右侧额极的激活都与悲伤表情的强度相关。然而这些结果与近期研究有不一致之处。Adolphs 和 Tranel（2004）发现，损伤右侧杏仁核比损伤左侧杏仁核导致更严重的悲伤面孔识别缺陷。Blair 等的结论中使用的是判断情绪强度的实验任务，而非标定是"快乐"还是"悲伤"。因此，Blair 等补充说，他们采用的是一种更敏感的方法，可能因此导致了不一致的实验结果。

在另一项研究中，研究者对悲伤或快乐表情进行掩蔽处理，来寻找对情绪进行自动、内隐加工的大脑区域（Killgore 和 Yurgelun-Todd，2004）。这些研究者发现杏仁核与快乐面孔的分析有关，但与悲伤面孔无关。这使问题变得更加复杂。然而，值得注意的是，由于每个研究采用的是不同的实验任务，这些实验结果不能直接进行比较。虽然学术界对杏仁核在悲伤面孔加工中的必要性还没有达成共识，但杏仁核应该参与了悲伤面孔加工。至少，这些复杂的研究结果似乎与愤怒加工的研究结果相似，都表明情绪检测中存在着内隐和外显两个不同系统。

3. 厌恶

不同于悲伤情绪研究，关于厌恶的研究结果比较一致。事实上，研究者都认为，前脑岛对厌恶情绪的检测和体验都至关重要（Philips 等，1997，1998）。基于成像研究的这个结论与一位脑岛损伤病人的报告相一致。这位病人在各个感觉通道上都无法识别厌恶情绪（Calder 等，2000）。

近期，Giacomo Rizzolatti 及其同事的一项研究（Wicker 等，2003）证实了上述结论并更进了一步。他们分析了人们在观察他人经历厌恶和自己亲身经历厌恶时的神经反应，发现人们在看到别人的厌恶经历或自己闻到臭味（直接的厌恶体验）时激活了前脑岛的相同部分。这些结果在两个方面体现出它的重要性。第一，这些结果进一步证明了，脑岛与识别他人厌恶体验以及直接体验厌恶情绪相关联。第二，他们认为理解他人的情绪需要自己模仿这种情绪。而在这个模仿的过程中，人们在某种程度上也经历了这些情绪。后面这个结论意味着情绪在共情和心理理论中起作用。

4. 不同的系统，共同的成分

把每种情绪与某一个大脑结构相联系的解决方案可能过于简单化。然而，通过揭示与不同情绪相联系的各个大脑结构，我们可以得出结论：情绪反应并不是仅由哪个单独的脑区作用而引起的（见图 5-18）。研究者面临的挑战已经从确定特定情绪对应的特定脑区变成确定这些区域如何相互作用及确定是否有一些相互作用对不同情绪体验是共同的。

最后，有让人信服的证据表明扣带前回（ACC）对一般化的情绪加工至关重要。一项研究表明看影片及回忆不同情绪体验时的情绪唤起都会增强 ACC 活动（Lane 等，1997）。还有，ACC 被认为接受来自杏仁核、眶额皮质及前脑岛的神经投射（Devinsky 等，1995）。这说明它有可能是一般情绪回路的核心成分。ACC 在辨认厌恶（Wicker 等，2003）及愤怒表情（Blair 等，1999）时会被激活。这些观察结果可为我们提供一些参考，但还远不足以下结论。随着情绪研究的推进，研究者需要弄清楚的一个关键问题是：大脑的不同区域是如何相互作用以促进情绪的检测和体验的。

情绪	相关脑区	功能角色
恐惧	杏仁核	学习，逃避
愤怒	眶额皮质，扣带前回皮质	表明违反社会准则
悲伤	杏仁核，右侧颞极	退缩
厌恶	前脑岛，扣带前回皮质	规避

（a）

（b）

（c）

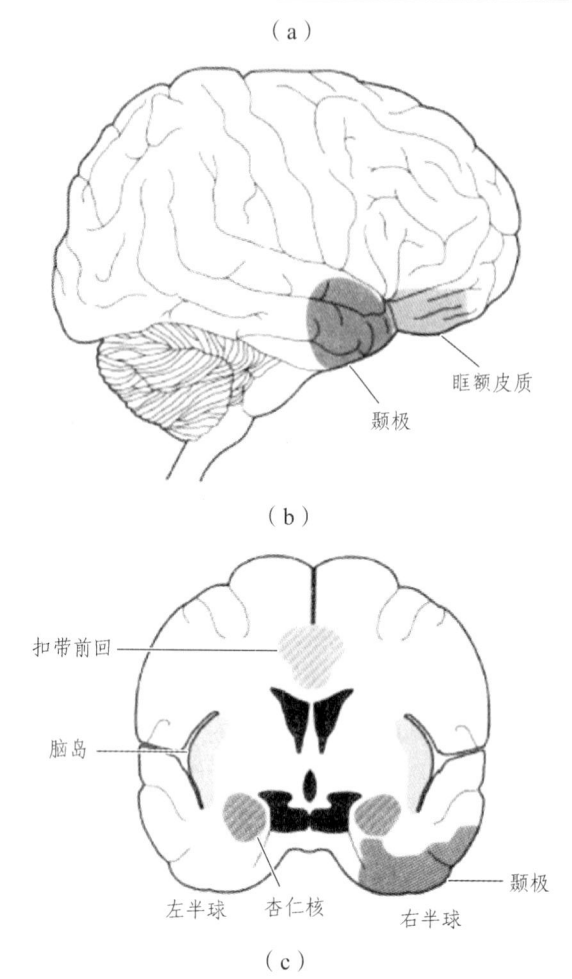

图 5-18 与各种情绪相关联的脑区

在差不多一个世纪的时间里，科学家们把情绪状态看做是大脑加工的结果。然而直到最近，伴随着针对双侧杏仁核损伤之后引发缺陷这样的个案研究，以及能显示情绪加工在大脑中的激活位置和模式这样的功能成像研究，我们对情绪的功能神经解剖学的了解才有了重大进展。

科学家们在研究情绪时需要面对诸多挑战。由于很难定义情绪这种行为，我们难以对其进行操纵并采用科学方法进行研究。情绪的认知神经科学研究就面临这样的挑战。早期的研究和理论趋向于将情绪与认知分离，暗示它们各自可以被独立地研究和理解。然而，随着有关情绪的神经科学研究发展，科学家们越来越清晰地认识到，情绪不能被视为独立于其他"认知"的能力，反之亦然。情绪和其他认知功能的神经系统是相互依存、相互作用的。虽然情绪像其他行为那样，也拥有其独特和定义性的特征，但是最近的研究强烈反对简单地把情绪和认知割裂开来。过去，情绪的认知神经科学研究常常强调杏仁核的重要性。关于杏仁核对情绪的作用，我们的理解曾经很大程度上是来自相关动物的研究。正如在恐惧性条件反射研究中看到的那样，无论对于人类还是其他物种，杏仁核对内隐情绪学习起着举足轻重的作用。此外，通过与海马的共同作用，杏仁核也对外显情绪学习和记忆产生影响。另外，杏仁核也对社会互动有显著影响，它使我们在评定他人面部表情时能自动从他人的双眼中获取信息，以及让我们对个体的归类变简单。

杏仁核不再是探究情绪的神经机制研究中的唯一焦点。实际上，各种不同的情绪会与除杏仁核外其他的神经结构相关联，包括眶额皮质（愤怒）和脑岛（厌恶）。但是，纵然能将这些结构与不同情绪对应起来，对情绪的认知神经科学研究方法已经不再着眼于对独立、分离的神经结构研究，而逐渐转变为着眼于整个神经系统的研究。毫无疑问，杏仁核、眶额皮质和脑岛在不同形式的情绪加工中各自起着关键作用。显然，我们要想了解正常情绪反应和适应性情绪反应在大脑中是如何产生的，就必须了解这些结构彼此之间以及与其他脑区是如何相互作用的。

5.5 思考题

1. 简要描述边缘系统假设和它在情绪的认知神经科学中的历史地位。
2. 解释杏仁核在恐惧性条件反射中的作用。回答必须包括情绪性学习的神经通路（基于非人类动物模型），以及解释为什么杏仁核在情绪性学习的作用中被认为是内隐的。
3. 在情绪性学习和记忆中，杏仁核和海马是通过哪两条通路交互作用的？
4. 有什么证据证明存在不同水平的（即内隐和外显）情绪加工？依据这两种加工来划分神经通路有什么潜在的好处？

第 6 章 社会认知

社会认知神经科学（social cognitive neuroscience）是一个新领域，旨在理解大脑功能怎样支持社会行为背后的认知过程。

本章我们关注心理学家研究的一些最基本的问题：我们怎样认识自己？我们怎样认识他人？在我们认识自己和他人的过程中，大脑能告诉我们哪些可能的相似过程呢？理解自己和他人只是我们在社会的海洋里成功航行的一个方面。我们也需要学习社会规则并用它们来指导我们的行为。我们怎样在社会规范下做出决策呢？大脑能告诉我们一些什么样的可能涉及的心理功能呢？这些问题的回答将给我们的日常经验带来一些启发。关于自我、他人、社会知识以及社会程序的神经表征研究是本章社会认知神经科学要讨论的话题。

6.1 自我知觉和自我知识

微课：自我知觉和自我知识

苏格拉底强调"认识、自我"的重要性。对此，我们究竟做得怎样呢？我们通过收集自我信息的自我知觉过程来发展我们的自我知识（如关于我们个性、欲望和思维的信息）。由于自我同时是知觉者和被知觉者，自我知觉是一个独特的社会认知过程。换句话说，当我们思考我们自己时，自我在进行思考的同时也是我们思考的对象。此外，我们的自我感觉部分取决于我们知觉到的自我知识与他人的个性、欲望及想法之间存在差异。例如，尽管你是为数不多的杏仁蛋白软糖喜爱者，但你也会承认，绝大多数人还是喜欢其他种类的糖果。你的个人偏好会使你有些与众不同。

6.1.1 自我参照加工

为什么我们对一些信息的记忆会比另一些深刻呢？根据 Fergus Craik 和 Robert Lockhart 的记忆加工水平模型（1972），对记忆材料的加工深度会深刻影响信息贮存。Craik 和 Lockhart 发现，在对信息进行更具意义的加工后，其记忆效果会好于只是肤浅加工的效果。例如，如果给你一个单词表，你可以思考这些单词的意义，也可以只考虑这些单词的字体，那么在前一种情况下你更有可能记住这些单词。20 世纪 70 年代后期，两组科学家扩展了这些观点。他们同时发现当信息和自我相关联时，其加工可以实现最深水平加工（Markus, 1977; Rogers 等, 1977）。当人们把信息通过与自我相关联而进行加工时，其记忆效果会著好于其他加工方式。例如，在评价幸福这个词多大程度上描述了他们自己，或多大程度上描述了美国总统后，人们在前一种情出下更容易记住这个单词（见图6-1）。而且，即使人们在评价这个形容词时不知道之后将有记忆检测，结果也是与自我相关时记忆更好。与自我相关联的加工导致记忆提升即为自我参照效应（self-referenteffect）。

（a）被试回答一系列关于他们自己人格特质和他人人格特质的问题。
（b）然后他们会被问到他们能记起哪些特质单词。

图6-1 一个典型的自我参照加工实验

为什么通过与自我相关联而进行加工后的信息会记得更好呢？研究者提出了两个假说。一个假说是，自我是深度加工效应的一个极端点。通过这个极端点信息会被更深加工，因而记忆也会被显著改进。之所以与自我相关联的信息会被加工更深，是因为凡与自我相关的信息会自然吸引我们更多注意和投入。或者，由于一个关于人格的形容词会和很多与自我相关联的贮存信息相关，因此加工水平自然就会更深。相反，当只要求判断一个人格形容词的音节数时，就只需考虑这个单词的单维信息。另一个假说认为自我事实上是一个特殊的认知结构，有其独特的帮助记忆或组织成分，以不同于其他认知结构的方式促进加工。

尽管研究者进行了大量行为研究来检验这些假说，但是通过对自我参照效应背后神经系统的了解，我们才获得了实性进展。如果自我是一个特别的认知结构，有其独特的信息加工过程，那么自我参照效应与独特的神经区域激活有关。William Kelley和他的同事是最早运用功能性磁共振成像（fMRI）检验这个假说的研究人员之一。被试处于三个实验环境中的一个，对人格形容词做判断：与自我相关联（"这个特质描述了你吗？"）、与另一个人相关联（"这个特质描述了乔治·布什吗？"）或者与印刷格式相关联（"这个单词是用大写字母呈现的吗？"）。与之前很多自我参照效应研究的结果一样，被试最有可能记住自我相关联条件下的单词，而印刷格式相关联条件下的记忆效果最差。

自我参照效应只是自我对认知具有独特影响的一个例子而已。那么，自我知觉的还有哪些独特过程呢？神经科学研究又怎样帮助我们理解这些过程呢？一系列行为研究显示，判断他人与判断自己拥有某个特质使用了不同的信息源。换句话说，人们不但对于判断与自我关联的单词有更好的记忆，而且用来判断的过程也是用一种独特的方式完成的。具体来说，当我们判断一个形容词是否呈自我描述性时，我们依赖于概括我们自身人格特质的自我知觉，而不是依赖于考虑我们生活中的各种事件。相反，当我们对他人做这种判断时，我们常常关注那个人曾经表现过的一些与形容词有关的具体事例。

概括起来，这个研究提示，自我参照加工与加工我们不是很了解者的有关信息涉及不同神经系统。自我参照加工对信息所产生的记忆效果要显著强于其他形式加工所导致的记忆效果。针对自我的深加工依赖于内侧前额叶皮质。内侧前额叶皮质在自我判断中究竟起到何种心理功能，还需要更多研究。例如，在自我参照的 fMRI 研究中，内侧前额叶区域选择性损伤的病人是很少见的。因此，我们还不清楚，这个区域损伤是否会以及怎样影响我们准确做出人格判断的能力。内侧前额叶区域可能对存储或提取关于自我的知识具有重要作用。最后，由于这些独特的神经系统在使用各种不同信息来源做出自我描述判断时所起的作用，人们可利用这些独特的信息来源来进行这些判断。关于自我的判断依赖于对我们人格特质的概括，而对他人的判断依赖于对生活中具体事件的记忆。遗忘症病人尽管不记得他们生命中的特定事件，但是能做出自我描述判断。

6.1.2 自我知觉是一种动机过程

前文提到的研究讨论了加工自我相关信息的一系列方式，但是它们并没有指出我们究竟怎样准确地加工这些信息。自我判断在一定程度上是独特的，因为这个过程常常是不准确的；人们有用积极方式看待自己的动机。多种行为研究表明，人们常常有不切实际的积极自我知觉（Taylor 和 Brown，1988）。大脑怎样使我们维持这些关于自己的积极幻觉呢？尽管关于自我知觉偏差的研究还在开展之中，但是最近的一些研究结果提示，一些独特的高级前额叶区域使人们可以选择性地关注他们自己的积极面，同时也阻止其偏离现实太远。尽管自我知觉有时会偏向积极的方向，但平均来说，自我知觉并不是凭空想象的或完全脱离实际的。准确的自我知觉对展示恰当的社会行为十分重要。例如，人们必须有一定的洞察力来保证自己遵守社会规则并且避免了社会错误。

综上所述，前额叶皮质的几个区域是自我对认知具有独特影响的神经基础。由于自我陈述性判断时用到的人格特质概括有独立神经系统支持，我们有可能在缺乏具体自传式记忆的情况下保持自我意识。

6.2 对他人的知觉

尽管自我知觉和意识是人类认知的重要特征，我们也渴望与他人交往并理解他们的行为。这种好奇心在人一出生时就有，而且，作为一种主要动机贯穿一生。在成年期，人的大多数谈话都是在议论他人。社会心理学家认识到，我们在知觉社会世界时，理解他人是一个独特的挑战。我们的自我知觉可优先提取丰富的自传体记忆，以及那些可能只可意会不可言传的心理状态和内部生理信号。相反，我们对他人的知觉是无法通过直接进入他们的心理和生理状态而获得的。取而代之，我们可以直接提取的只是他们表现出来的言语和非言语线索。虽然我们不能直接进入他人的心理状态，但我们常常通过推测他人可能在想什么来理解他人。

6.2.1 理解他人的心理状态

推测他人当前心理状态的能力（即他人的信念），对于我们在广泛的社会行动（如合作、同情和准确预期别人的行为）中获得成功是很关键的。David Premack 和 Guy Woodruff（1978）

创造了心理理论（theory of mind）这一术语来描述我们推测他人心理状态的能力。心理理论也叫心智化（mentalizing），已经得到了发展心理学以及近来的认知神经科学的广泛关注。

由于他人的心理状态并不总是和那些看得见的线索相一致，因此理解他人的心理状态是很重要的。许多关于心理理论的行为研究者都致力于弄清楚这种能力在人的一生中是怎样发展的。在 3～4 岁时，人们的身体优势使他们对世界有自己的观察角度，而这个角度与他人根据他们的身体优势所看到的是不一样的。到 5～6 岁时，儿童领会到他们的心理状态和他人是不同的。具体来说，他们意识到两个人可以拥有关于世界状态的不同信念。在 6～7 岁时，儿童能领悟到，一个人说话的字面意思只是其要表达意思的一部分，或者甚至其字面意思和真实的想法完全不同。例如，他们能听懂讽刺，能区别玩笑和谎言。在 9～11 岁时，儿童可以同时表征不止一个人的心理状态，并且能察觉到一个人伤害了另一个人的感情。

6.2.2 心理理论的神经基础

社会认知神经科学家感兴趣的是，大脑怎样使我们有能力去推测他人的心理读、懂他人的非言语暗示，以及理解这两者之间的关系？哪些大脑区域与这种能力有关？

一系列研究已经表明，内侧前额叶皮质对推测他人心理状态起到重要作用。Jason Mitchell 和他的同事发现，与加工他人的其他信息相比，当人们对他人的人格形成印象时，内侧前额叶皮质起到了重要作用。例如："在晚会上，他是第一个在桌子上跳舞的人。"然后一个提示出现，告诉被试应该怎样思考这些照片上的面孔和相应的人格陈述。在印象形成任务中，被试需要对照片中人的人格进行推测：在顺序任务中，被试需要记住这些与特定面孔相关联的人格陈述词的顺序，照片如图 6-2 所示。以上两种条件都要求被试考虑他人，但是只有在印象形成任务中，被试需要推测他人的内心状态。结果发现，内侧前额叶皮质在印象形成任务中比在顺序任务中的激活要强得多。

（a） （b）

（a）被试看系列带有人格描述句子的人脸照片。被试或者对照片上的人形成人格印象，或者注意这些描述性句子的出现顺序。
（b）与记忆描述性句子的出现顺序相比，内侧前额叶激活和人格印象形成相关。

图 6-2 一个人格推理研究

这个研究的结果提示，内侧前额叶皮质在对他人内心状态形成印象的过程中起到重要作用，而在考虑他人的其他类型信息时作用不明显。随后的研究发现，内侧前额叶皮质只在对生命体形成印象时起作用（Mitchell 等，2005），而对非生命体形成印象时，内侧前额叶皮质不牵涉其中。总结起来，这些工作表明，内侧前额叶皮质在推测其他人看不见的心理状态时起到重要作用。

例如：在图 6-3 中，先是 Sally 把一个弹球放进一个篮子里，然后离开了房间。Anne 随后进入这个无人的房间，把弹球移到了抽屉里。然后 Sally 再次回到房间里。这里关键的问题是，Sally 会到哪里去找弹球？要正确回答这个问题，被试必须忽略他自己关于弹球位置的知识，而从 Sally 的角度来回答问题。Sally 并不知道 Anne 的这个小动作，所以她预期弹球在她原来放的位置。不能意识到 Sally 和被试并没有分享同样知识的人，会预期 Sally 将到抽屉中寻找弹球。要解决这个 Sally-Anne 任务，被试必须明白 Sally 和 Anne 对事情有不同信念。也就是说，他们必须认识到人们可以有不同的看问题的角度。图 6-3 为研究心理理论的 Sally-Anne 错误信念任务。这个任务用来检测小孩子是否了解 Sally 在考虑弹球的放置位置时是怎么想的。由于 Sally 没有看到 Anne 把弹球从篮子里移到抽屉中，因此 Sally 应该到篮子中去找弹球。

图 6-3 研究心理理论的 Sally-Anne 错误信念任务

右半球颞顶联合区的激活与推测他人心理状态是相关联的。但是需要注意的是，这个区域并不是对任何关于他人的社会相关信息都会有反应。在一个研究中，被试接受关于某个人的三种类型信息：社会背景、心理状态和一个生活事件。当被试接受这种与心理状态有关的信息，而不是其他社会背景或生活事件之类的信息时，右半球颈颞顶联合区被显著地激活了。

6.3 汇合自我知觉和他人知觉

内侧前额叶激活与自我和他人知觉都是相关的。为什么同一个脑区会参与两个过程呢？一种可能是同一个脑区被两个任务同时征用，因为一个共用的心理功能可以完成这两种类型的任务。例如，人们可能依靠自我表征来推测其他人的心理。模仿理论（simulation theory）认为心理理论是以推己及人的能力为基础的，即通过想象自己站在别人的位置来推测别人的心理。那么，模仿过程怎样从大脑激活中反映出来呢？

6.3.1 内侧前额叶皮质：相似和亲近的他人

模仿理论认为自我知觉和他人知觉之间存在内在联系。因此，内侧前额叶参与两种知觉的原因可能是，自我知觉有时需要参与对他人的知觉。例如，在一项fMRI研究中，科学家发现知觉自我和知觉一个相似的他人均会引起内侧前额叶一个相似的区域激活，但知觉一个不相似的人则不会激活（Mitchell等，2006）。被试阅读关于两个人的描述：其中一个和被试持相似的政治观点，而另一个则持相反的政治观点。然后，被试回答自己的偏好以及推测和自己有相似或相反观点者的偏好。同时，fMRI记录被试的大脑激活情况。结果发现，知觉自我和知觉相似者引起内侧前额叶腹侧一个亚区激活增加，而知觉不相似者则引起内侧前额叶背侧一个区域激活增加。知觉相似者和不相似者涉及内侧前额叶的不同脑区可以这样解释：被试可能认为他们自己的偏好可以预测相似者的偏好，但预测不相似者时就显得信息不充分了。

内侧前额叶支持自我知觉和他人知觉的另一个理由是，我们可能贮存了关于我们自己和我们生活中特别人物的非常丰富的和情绪性的信息。总结起来，这些研究提示，当有关思维过程涉及共同心理机制时，内侧前额叶对于思考自我和他人都是重要的。有时候，对于某个我们还不太认识但又看起来相似的人，我们会利用我们自己的心理状态来理解这个人。另一些时候，由于我们有关于我们自己和亲近的人非常丰富的信息存储，因此这些过程也可能联系起来。

6.3.2 共 情

自我知觉和他人知觉之间的密切关系被概括为共情（empathy）。共情是有意识地进行换位思考来理解别人的思想和感受的过程。尽管我们认识到我们自己和他人之间有区别，但我们还是会随时在我们内心创造出他人的心理状态以更好理解其观点。

fMRI研究的结果和PierreKrolak-Salmon与他的同事（2003）用深部电极所获得的结果一致。他们给要进行神经外科手术的癫痫病人在脑岛部位植入深部电极。研究者发现，当病人看到令人厌恶的面部表情时，脑岛前部开始放电。最后，一个脑岛损伤的个案研究为脑岛中镜像神经元的存在提供了进一步的证据：在脑岛受到损伤后，这个病人失去了识别厌恶情绪的能力（见图6-4）。总之，这些研究显示，脑岛对于体验厌恶和知觉别人的厌恶是重要的。

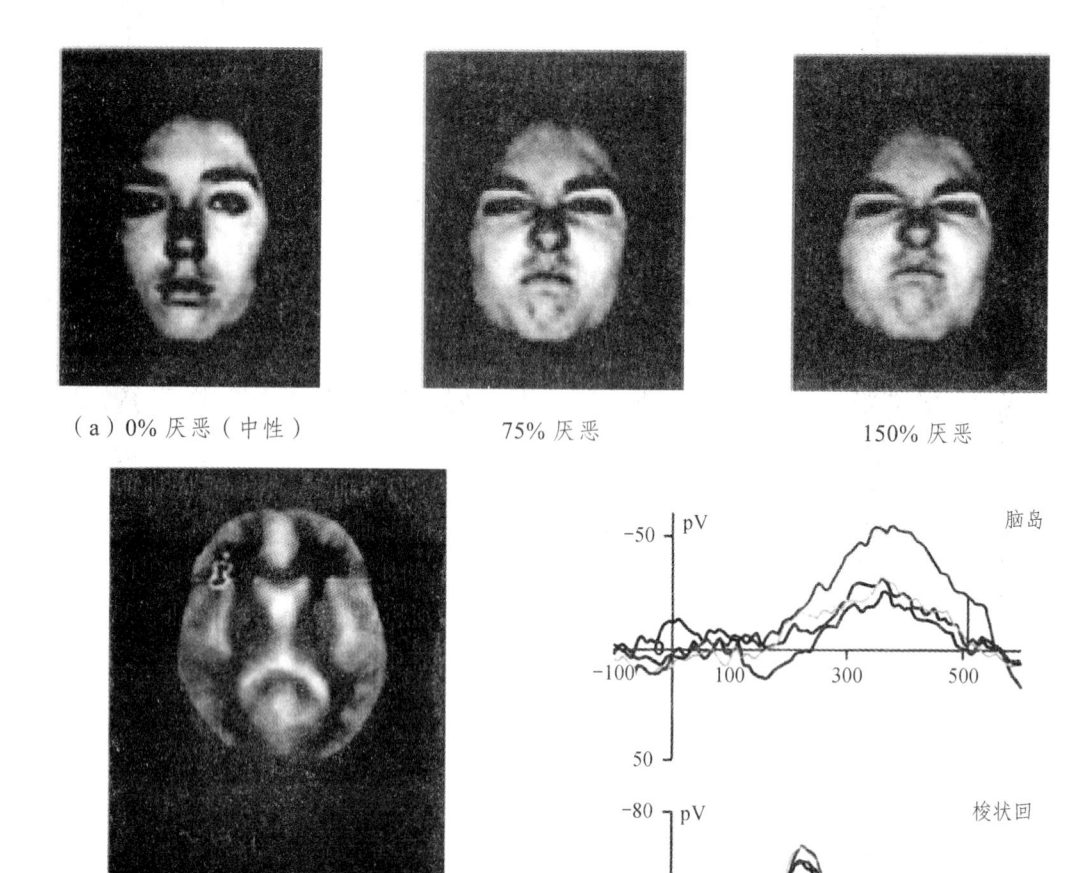

(a) 0% 厌恶(中性)　　　　　　75% 厌恶　　　　　　150% 厌恶

(b)　　　　　　　　　　　　　　　(c)

(a) 用计算机变形技术产生一系列厌恶面孔。100%（没有在这里呈现）对应于一个真实的厌恶表情。75% 是变形后中等程度厌恶的表情，150% 则是变形后极度厌恶的表情。
(b)(c) 当厌恶表情越来越强烈时，脑岛的 BOLD 反应增加。

图 6-4　探索对厌恶反应的神经区域

尽管在其他痛知觉研究中没有发现躯体感觉皮质激活，但是大量针对脑损伤病人的研究发现，与其他脑区损伤病人相比，躯体感觉皮质损伤病人识别他人情绪状态的能力受到了损害（Adolphs 等，2000）。总之，这些研究提示，镜像神经元的工作原理可能造就了我们的共情能力。当我们知觉他人的情绪状态（如厌恶或疼痛）时，与情绪状态相关的脑区也被激活了。此外，这些脑区是否激活，还取决于某个人是否对正在经历这些情绪的人产生了共情。图 6-5 是对疼痛的共情研究。让被试观看其伴侣的手接受一个电击，被试自己体验疼痛时与观看其伴侣体验疼痛时的大脑激活很相似，而且其大脑激活程度和共情相关。

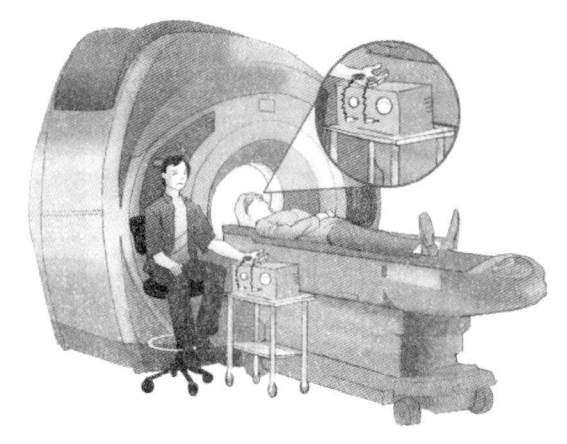

图 6-5 对疼痛的共情研究

6.4 社会知识

6.4.1 社会知识表征

社会行为最复杂的特性之一，是很少有明确的准则。同一行为在一个情境中是适当的，而在另一个情境中有可能完全不恰当。例如，拥抱一个亲密的朋友是爱的表达，但拥抱一个陌生人有可能被认为是侵犯性的。那么，对于一个你认为将会越来越熟悉但还不是亲密的朋友应该怎样呢？什么时候用拥抱方式来问候是适当的？社会认知神经科学只是刚刚开始研究为我们做这些决策的神经系统，实际上还有很多未知的东西等着我们去探索。目前，绝大多数研究发现都提示，额叶对于我们在特定情境下考虑恰当的准则非常重要。

前额叶损伤病人不会考虑情境因素。相反，他们对环境中物体的反应是原型式的，即使这些反应不适合当时情境也是如此。FrancoisLhermi 出演示了一个经典案例（1983，1986）。Lhermitte 邀请一个额叶损伤病人去办公室见他。在房间入口处 Lhermitte 放了一把锤子、颗钉子和一幅画。病人一进门就看到了这些东西。没有任何人提示，他拿起锤子用钉子把画钉在墙上。

在一系列有趣的研究中，Valerie Stone 和他的同事发展出一种社会失言任务，来衡量一个人对世界进行推理的能力。在这些场景中，一个角色无意中说了些不礼貌的话而出现了社会失言。其中一个场景讲述了 Jeannette 和 Anne 的故事：Anne 从 Jeannette 那里收到一个花瓶作为结婚礼物，一年以后 Anne 忘记了这个花瓶是 Jeannette 送的。当 Anne 在屋子里时，Jeannette 不小心打碎了花瓶。Anne 告诉 Jeannette 不用太担心，因为这是一个她从来都不喜欢的结婚礼物。然后，研究者通过如下方式测量被试的社会推理水平：问被试是否在这个情境中有人犯了社会性错误，以及如果有则是为什么。Stone 要求眶额皮质损伤病人、外侧前额叶损伤病人和健康控制组完成这个测验。与其他组相比，眶额皮质损伤病人因不能把他们的社会知识应用到测验场景中而表现糟糕。眶额皮质损伤病人明白 Jeannette 这个角色会感觉糟糕，但他们不明白 Anne 的评价其实是要使 Jeannette 安心。相反，这些病人认为 Anne 是要有意伤害 Jeanette 的感情。这些结果提示，眶额皮质损伤损害了使用社会知识来推测社会交往的能力。眶额皮质损伤病人在推测社会错误时不能考虑到情境因素。

6.4.2 运用社会知识进行决策

前面讨论过的研究显示，眶额皮质对于确定哪些社会知识适用于某一情景是重要的。即使我们知道某一社会情景的准则，我们还是必须决定做些什么来确保我们遵守了这些准则。请看下面的情景：当你去朋友家参加晚会时，你知道作为一个礼貌的客人是有规则的。这些规则可以帮助你避免不适当的行为，但是它们并不总是指向一个特定的行为选择。例如，你可以做出很多行为而且始终保持礼貌。你是先问候你的朋友还是某个陌生人？你是开始吃些东西还是等到晚点再吃？我们怎样对我们的社会行为进行决策呢？支持使用社会知识进行决策的脑机制是什么？

关于大脑是怎样支持我们利用社会知识进行决策的最早期理论之一是由 Antonio Damasio 提出的。在 20 世纪 90 年代早期，Damasio 和他的同事在研究病人 EV.R.（一个眶额皮质损伤病人）时有一个惊人的发现。当面对社会推理任务时，E.V.R.能产生可以解决 x1t 题的方案。但是，他不能根据这些方案的可行性给出一个优先顺序（Saver 和 Damasio，1991）。他会用多种方式描述一系列社会困境问题（如两个室友在选择哪个电视频道时意见不统一），但是他不能分辨哪个方法是解决这个困境的最有效办法。这个发现之所以让人惊奇的理由之一，是眶额皮质在那个时期被认为是处理情绪功能的。因为情绪被认为是决策过程中一种干扰性因素，所以如果损害一个涉及情绪的区域会导致决策能力下降令人惊讶。由于情绪对最优化决策其实是必要的，Damasio 想知道是否损伤眶额皮质会损害决策能力。

Damasio 在 EY.R.的个案研究和后续研究的基础上，发展出了一个躯体标识（somatic marke）假说来解释情绪对于成功决策的必要性以及眶额皮质参与情况。躯体标识假说认为，以生理唤醒形式出现的情绪信息对于指导决策是必需的。当面临一个需要我们做出决策的情景时，我们可能对情景产生情绪化的反应。这种情绪反应作为躯体标识（生理唤醒改变）表现在我们的躯体上。眶额结构被认为支持我们学习复杂情景和通常与某一特别情境相关联的躯体变化（即情绪状态）之间的联系。眶额皮质和其他脑区合作考察诱发了相似躯体变化模式的先前情景，一旦诱发了相似躯体变化模式的先前情景被确定下来，眶额皮质就可以利用这些过去的经验迅速评估可能的行为反应以及它们的回报概率。然后，决策过程就可以选择性关注潜在回报好的"选择—结果"对。

6.5 思考题

1. 为什么我们的大脑有区域负责加工关于自我的信息？
2. 为什么区分自我是重要的？
3. 从进化的角度看，共情和心理理论的发展会给人类的生存带来什么样的优势？
4. 情绪是怎样帮助人们做出好的社会决策的？

第 7 章 列车驾驶作业人机适配性

7.1 列车驾驶界面人因适配性概念及形式化描述

微课：列车驾驶界面人因适配性概念及形式化描述

7.1.1 驾驶界面人因适配性概念

列车驾驶界面人因适配性设计是对列车驾驶工作空间的环境界面设计和工作人员的物理性能及二者之间的匹配情况进行分析，从而获得一种最优方案。列车驾驶界面设计是对整个司机室的各种显示设备、操纵设备及瞭望设备的位置、形状和布置进行设计。司机的物理性能分析内容包括人体姿态、肢体可达性、视域有效性等。这二者之间的匹配问题也就是具有不同人体测量数据的司机群体和司机室组成元件的物理尺寸、布局之间的物理匹配情况。

适配性设计的第一步是对系统在特定环境下的工作任务进行深入分析，工作任务分析需要找出影响任务的作用因素及在正常与异常工作情况下的设备界面需求。任务分析可以采用多种方法，包括观察法、访谈、人类学调查、启发式分析法、录像分析及检查表法等。任务分析通过设备设施、工作对象、操作规程及人员行为等方面反应影响系统效能的关键问题，形成工作任务描述等任务模型，从而为系统的结构设计、布置规划等提供设计依据。在随后的方案设计、详细设计、模型验证、试制以及产品定型等整个产品阶段，这些设计需求会不断被用于设计与评估。适配性设计与评估需要提供不同技术层面的方法与手段，包括方案设计阶段的二维分析、详细设计阶段的三维分析等。

列车驾驶界面人因适配性理论以司机及驾驶环境的主体特征及相互关系为核心要素，包括模型、工具与方法体系三类实体。在列车驾驶界面人因适配性设计理论体系中，驾驶界面与司机是研究对象，建模与仿真是技术手段，司机与驾驶界面的关系及规律是理论依据，设计与评价是应用目的。

列车驾驶界面人因适配性通过研究司机在驾驶环境中的工作行为与驾驶模式，研究与环境界面设计和工作人员的物理性能相关的任务、动作、姿态特征；通过对驾驶任务、动作的抽象，构建基于任务序列的动态适配性关系模型，再现与预测典型驾驶任务中与界面设置关联的司机操纵姿态；从人体姿势适意性角度评价列车驾驶界面的人机匹配程度，为驾驶界面的设计提供优化支持。

列车驾驶操纵模式研究是驾驶界面人因适配性研究的基础，通过对列车运行过程中司机操纵所需的资源定位，确定其对人因界面的需求，列车驾驶操纵模式建模在对驾驶过程的观察以及模拟实验的基础上，对已获得的事实进行加工处理，形成对对象、现象、过程的本质和规律的认识，完成对列车驾驶操纵的形式化描述，其目标是为后续分析提供可操作性和可计算性。

列车驾驶操纵模式与驾驶操作作业类型及任务要求紧密相连，与司机在列车的不同运行状态下执行的相应任务密切相关。因此，需要根据任务分析的理论和方法，从人的认知资源角度出发，建立列车驾驶作业的任务分析模型，全面了解列车司机的工作内容，并将作业任务分解为层级结构，知悉驾驶任务的执行过程，从而为研究列车驾驶操纵模式、进行驾驶界面人因适配性设计评估奠定基础。

7.1.2 列车驾驶操纵的定义及其形式化描述

定义司机完成驾驶操纵的作业资源为 R，需要完成的驾驶作业任务为 T，则驾驶过程是驾驶作业 T 对作业资源 R 的需求映射，可表示为

$$T \rightarrow R$$

考虑到驾驶作业任务的复杂性，通常可以把作业任务分解为多个子域，并通过多个子域的需求映射来实现，表示为 $\{T \rightarrow R_{1i} \in N\}$，其中，$N = \{1, 2, \cdots, n\}$。

定义 M 为司机的操纵模式，是为了完成特定任务目标的一系列运用其认知资源进行的与驾驶作业任务逻辑相关的映射集合，反映了资源的投放过程：

$$M = \{M_{1i} \in N\}$$

式中，$N = \{1, 2, \cdots, n\}$，M 表示第 i 个子任务目标的操纵模式。该映射中，R、TM 之间的关系可以表述为司机运用操纵模式 M，消耗（投放）资源 R 来完成对应的任务 T。

这样列车驾驶工作可以表示为

$$W = [R, T, M]$$

式中，T 表示司机的作业任务，可以是整个列车的乘务作业也可以是某个子任务，如 $T = $ 正线运营或 $T = $ 开门；R 是各作业任务的作业资源，如当 $T = $ 开门时，R 表示完成开门操作所需的对环境及操纵台上的仪表的认读、判断、决策及对操纵台上相关操控器件的操纵等认知资源；M 表示完成各项驾驶作业的所有映射，可以是表示整个乘务作业 W，也可以是某个部分的子过程 W，当 $T = $ 值乘时，M 表示包含出勤到退勤的整个乘务作业过程，当 $T = $ 开门时，M 表示停车后打开车门子任务的认知动作过程。

对于司机的驾驶工作，在定义正线运营及其他各子任务（如开门）对应的 W 或 W_i 是等价的，子任务与顶层任务之间只有层次上划分的差异，底层任务的 W_i 由本部分作业任务 T_i、认知资源 R_i 以及完成本部分作业的操纵模式 M_i 组成。

7.2 列车驾驶作业任务分析模型

列车的驾驶任务繁多，包括出勤及接车、出所作业、途中运行、终到与入所作业等环节，而列车人因适配性设计主要涉及动车组列车中与这些驾驶任务相关的显示及控制装置的设计及布置，为反映列车司机在驾驶过程中从何处及如何获取与反馈信息，有必要将驾驶任务 T 分解细化，以得到足够的用于适配性分析的任务信息。任务分析有多种不同的方法，有的是根据执行的动作或者任务进行分析，有的则是根据认知心理学的原理从人大脑信息处理的过程来分析。不过，最有效的任务分析法是逐层进行分析，即先将司机的顶层目标分解成为获取它而必须采取的具体身体或认知行动，然后利用认知心理学的原理将这些行动进一步细分到人的视觉、听觉、知觉、动作 4 个处理通道上。通过这样的细分即可获取驾驶过程中所需的资源 R，同时了解这些资源的使用情况。

进行任务分析的前提是充分了解行车过程的全部操作。工作任务分析方法通常有观察分析法、主管人员分析法、访谈分析法、问卷调查分析法等，这些方法各有所长，在使用中可以相互结合。

7.2.1 层次任务分析法

层次任务分析法（Hierarchical Task Analysis，HTA）是基于人的行为理论，基于次目标层与规则组成的目标导向行为分析理论，是已知较好的任务分析技术。从 1967 年 Annett 和 Duncan 发表了第一篇详细介绍 HTA 的文章起，近 50 年来，尽管工效学的技术和方法不断发展，HTA 却一直作为主要方法被广泛应用。

在 HTA 中，目标可以用多个层次来描述。但有些任务的描述可以被分解为多层的任务描述，而有些任务则不能。因此，是否进行下一层任务分解，取决于任务是否能按照层次描述完全执行。规则决定在一定的条件下可以触发哪个次目标层次分析基于三个原则：

（1）最顶层是任务目标。
（2）目标可以由次目标和功能来衡量。
（3）目标和次目标具备等级关系，虽然任务通常都是有顺序的，但是次目标不一定是按照顺序来执行的。

一般，HTA 的顶层为任务（mission）层，这实际上是待分析任务的总目标；第二层为过程（phase）层、次目标层，是完成总目标需进行的过程；第三层为功能（function）层，由此层来完成次目标，是每个过程需要进行的操作类别；第四层为次任务（task）层，是组成功能层的单一的操作；最底层为行为（behavior）层，由人的基本行为组成。

表 7-1 是一个层次分析的示例，任务是通过非正常行车区间，其中某个过程是接到行车信息，而接到行车信息中需要有一个确认非正常行车类型的功能层，体现在单一任务中有确认信号项，涉及具体的行为则是看地面信号灯显示等。

表 7-1 层次任务分析法举例

层次	编号	举例
任务	—	通过非正常行车区间
过程	1,2,3	接收到行车信息
功能	1.1, 1.2, 1.3…	确认非正常行车类型
次任务	1.1.1, 1.1.2…	确认信号
行为	—	看地面信号灯显示制订行车策略

7.2.2 认知任务分析法

认知任务分析法（Cognitive Task Analysis，CTA）是基于多资源理论，利用人的信息加工模型进行分析的方法。HTA 中随着任务的逐层细分，进行到行为（behaviors）层时，则需要用 CTA 按多资源理论（Visual Audio Cognitive Psychomotor，VACP）进行归类。

VACP 认为人在处理信息时必须用多个处理源，不可能在同一处理源上进行。这些处理源通常由四部分描述：视觉（visual），听觉（audio），认知（cognitive）和运动（psychomotor）（见表 7-2）。听觉和视觉部分指人注意的外部刺激，认知部分指需要的信息处理层面，运动部分指肢体运动。例如，司机执行减速操作时，需先由大脑预先处理减速这一指令（认知），然后控制手调节速度手柄（动作），最后读取实时速度值（视觉）反馈至大脑进行该操作的再确认（认知）。

表 7-2 VACP 多资源模型

视觉（V）	听觉（A）	认知（C）	运动（P）
察觉、发现	察觉、发现	简单反应	说话
文本符号	校验反馈	识别	到达/转换
查找	定位	选择反应	操作
检查	理解	计算	调节/移动
比较一致性	核实与定位	决定	控制
追踪	比较	回忆/准备	键入
对齐	分析模式	判断	写/画

7.2.3 人的信息处理模型

人对外界信息作用的反应，通常需要经过感觉、知觉、记忆、决策、反应选择和运动反应等环节，这些环节组成一个完整的信息加工系统。针对该信息处理过程，许多学者都提出了相应的理论模型，如 Broadbent 模型、Sander 模型和 Wickens 模型。事实上，这些模型都将人看成一个信息加工的系统，包括感觉输入的转变、简化、加工、存储和使用的全过程。因此，这些模型都有基本一致的构架，均描述了人的信息处理过程中的主要元素或者阶段，以及它们之间的假设性关系。一个典型的人的信息加工模型如图 7-1 所示。

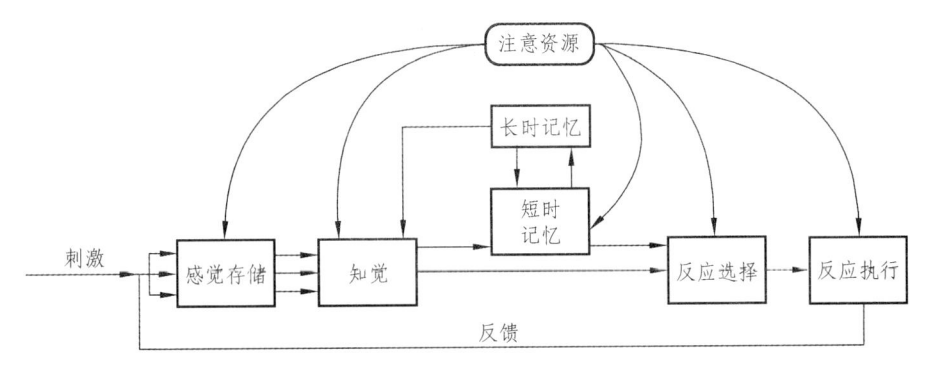

图 7-1　Wickens 信息处理模型

由图 7-1 可以看出该模型有两个总的特点：第一，信息加工表现为一系列阶段，每一阶段的功能在于把信息转变成其他执行形式；第二，模型底部的反馈回路表明信息加工的程序中没有固定的起始点。模型的各个组成部分解释说明如下：

感觉存储：综合利用视觉和听觉感官对外界信息进行接收和存储，感觉存储采取与接受刺激的特性相似的格式编码，视觉以图像形式、声音以声码形式编码。

知觉：对感官接收的信息进行识别，与长时记忆中储存的相关知识经验相关联，该阶段是对粗糙的感觉材料加以解释或赋予意义的过程。

认知：该阶段包括判断和决策两部分内容，首先提取数据和信息，综合应用计算、推理、假设等方式进行集中处理，根据不同的情况灵活判断。在对感知的信息进行判断之后，确定决策目标、拟定备选方案、评价备选方案。

反应选择：对多种备选方案进行优选，考虑各种方案的综合效应，选取最优方案。

反应执行：实施所选择的操纵方案，执行操作。

短时记忆：也称为工作记忆，指对声音编码、语意编码和视觉编码的存储和检索。短时记忆的容量有限，存储时间短暂。

长时记忆：短时记忆的信息在注意的前提下，经过一定的复述和返回复习之后，可以进入长时记忆。长时记忆的容量一般认为是无限的，在时间上可能是永久的。长时记忆储存的是业务知识与工作经验。

注意资源：在信息加工处理的过程中，多个环节都与注意力密切相关。感知判断、决策、反应选择、反应执行和短时记忆都要耗费注意力资源。根据精力集中的程度不同，注意模式又可分为分散注意、选择注意、集中注意和持续注意。

7.2.4　司机驾驶任务分析模型的建立

从上述分析可以看到，人的信息模型较好地解释了司机个体的认知反应过程，即列车的驾驶过程是一个获取信息、处理信息并作出必要反应的过程。然而，该模型对于司机之外所有的对象仅有"刺激"这样的概括描述，而"反应执行"亦只涉及自身的动作反应而不考虑反应类型及实施对象。

这里针对列车司机的驾驶任务分析的特点，将人的信息加工模型与传统的层析任务分析法相结合，来建立一个更为详细的司机驾驶任务分析模型。为此假设：

（1）行车过程中的线路特征、信号等为单一信息流。

（2）司机要在司机室内与控制器件和显示器进行信息交互。

（3）驾驶任务就是整合多种信息源完成决策以达安全、高效行车的目标。

司机驾驶任务分析模型描述了驾驶任务信息加工的全过程，如图 7-2 所示。首先，列车司机综合利用视觉和听觉感官观察路况及各仪表等运行环境的情景，并将感觉进行短期存储。之后，综合多种感知，调用长时记忆中的业务知识、操作规程以及短时记忆中的各种报单、列车时刻表、操纵提示卡、运行揭示等对输入的信息进行知觉加工。知觉加工后的信息或存入记忆库，或进入思维加工过程。司机对记忆库中的经验进行遍历搜索，并通过比较、分析、判断、推理、整合等活动作出决策。最后，执行所选择的响应方法，将决策付诸行动，实现信息的输出，完成列车的操纵作业。如果动作响应与预期的目标存在偏离，会将信息偏差通过反馈回路输入大脑，经过中枢处理加工后做出修正的决策，并将修正的信息指令传递至反应执行器官。如此往复，就形成了闭合回路，实现驾驶作业的认知循环应用。该模型可以体现出列车司机的操作过程、操作对象及信息的流动，为分析驾驶界面的人机交互作用搭建了框架。从列车司机驾驶任务信息加工模型中可以看出，司机每一项任务的完成都经历了"接受外界刺激—知觉—行动"这样一个过程，而知觉和行动又根据任务执行的难度存在不同的信息处理方式。这里以本模型为基础进行司机驾驶作业任务分析。

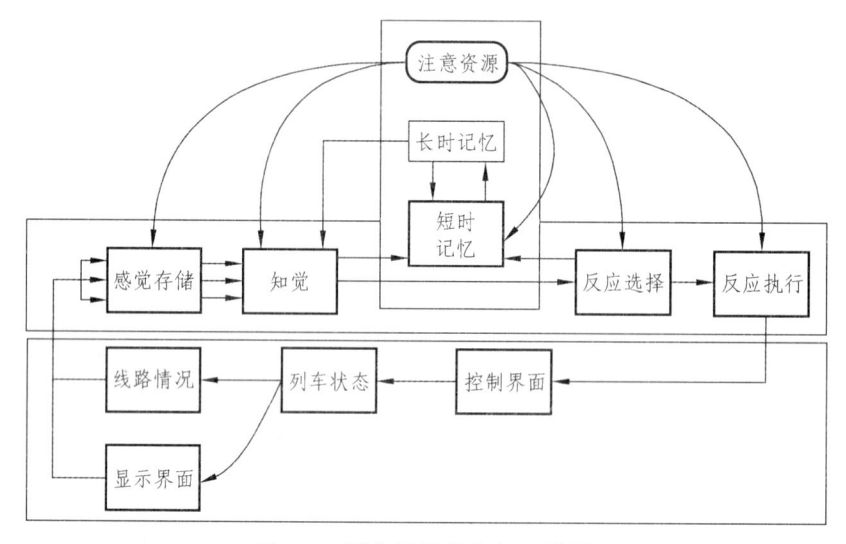

图 7-2 列车司机信息加工模型

7.3 驾驶操纵任务模型

微课：驾驶操纵任务模型

7.3.1 正常行车驾驶任务的确定

以动车组驾驶任务为例，根据长时间对动车组驾驶作业的跟踪观察，结合《CRH3 型动车组司机一次乘务作业标准》《CRH2 动车组司机操作手册》《CRH3 型动车组司机手册》《CRH1 型动车组操作手册》《CRH2 型动车组操作指导手册》中对驾驶工作内容的论述，将列车正常行车的驾驶任务划分为出车准备 T_1、出段 T_2、发车 T_3、过分相 T_4、通过中间站 T_5、正线运营 T_6、停车 T_7、开关门 T_8 等 8 个部分，即为正常行车场景下的 8 个次目标。各个环节司机执行的主要任务如表 7-3 所示。

表 7-3 列车驾驶任务说明

任务编号	任务名称	任务说明
T_1	出车准备	确保设备状态良好，确认列车相关信息准确，以保证列车正常运营
T_2	出段	确认路径相关信息，确保列车安全出段，组织列车投入正线运营
T_3	发车	确保安全正确动车，确认各仪表显示正确
T_4	过分相	注意过分相时机，保证过分相顺利完成，确认各仪表显示正确
T_5	通过中间站	了解列车行车信息，控制好列车速度，需要时注意车机联控与鸣笛操作，确保安全通过
T_6	正线运营	注意路径的观察和监控器、状态屏的查看，注意速度的控制，必要时需进行车机联控及鸣笛的操作
T_7	停车	确保列车安全准确地停车
T_8	开关门	确认站台，确保安全开关门

7.3.2 驾驶任务的分类模型

全面了解驾驶作业内容是为了得到驾驶作业对应的资源映射，然而，根据一般化任务分工分析得到的驾驶作业任务中的任一任务均是综合资源的反映，包含了认知资源的各个分量，不利于任务的分解与归类，因此，有必要依据一定的准则，将列车驾驶的工作任务进行分类。

引入中间模型 T，以司机行为是否易于观测为分类标准，将工作任务初步整理为认知理解的主观任务 T_s 和可观察的客观任务 T 两类。T_s 与 T 一样，仍然反映了整个驾驶任务，它们的区别只是分类标准的不同。因此，有

$$T_1 \cup T_2 \cup T_3 \cup T_4 \cup T_5 \cup T_6 \cup T_7 \cup T_8 = T_s \cup T_0$$

主观任务 T_s 指列车司机查看监控器和状态屏及各种仪表和通信设备等，关注列车运行状态和设备运转状态，分析交通动态；并根据列车的运行情况，回忆知识规则，制定行车策略，评估采取措施后产生的影响，操作实施等工作。这部分工作都是隐含任务，不表现为直接的任务行为。

客观任务 T_0 是指列车司机操作监控器和制动、牵引、换向手柄及操作按钮，呼唤应答及与车站调度员等行车相关人员进行通信，以及记录等易于被记录并量化的工作。

从列车司机操作行为欲达到何种操作目的出发，把工作任务进一步细分下去，将主观任务 T 分为监视任务 T_s 和思考任务 T，将客观任务 T_0 分为调整任务 T_A 和通信任务 T_X。通过这样的分类方法可以将列车司机的所有操作都包括进去，各类任务的含义解释如下。

监视任务 T_s 是列车司机为保障列车的安全、准点运行，通过查看列车监控屏（LKJ 屏或 ATP 屏）、状态屏、各种仪表等了解列车的运行情况、设备的运转情况，以及通过对车外轨道及标志牌、标志物的观察了解线路情况。

思考任务 T_s 体现在列车司机进行信息处理的过程中，列车司机对观察了解到的列车位

置、运行状态等信息进行存储记忆、筛选过滤、处理决策等。

调整任务 T_A 是根据列车行驶要求或行驶状态进行的适当操作及相关设备故障时进行的必要操作。

通信任务 T_c 是列车司机为满足行车需要，借助无线电台进行车机联控，以及呼唤应答和利用乘客信息系统（Passenger Information System，PIS）进行广播。

7.3.3 驾驶任务的分解

驾驶任务的分解首先依据执行各项任务所要达到的行车目标，应用层次任务分析法和认知任务分析法将列车司机驾驶任务进行功能层的划分，功能层可以描述任务层次的作业要求，涵盖为实现相应行车驾驶目标而进行的认知活动以及执行的操作。驾驶任务分解的第二部分将功能层任务继续细分，并划分到具体的列车驾驶界面使用层次。这样，功能层、界面层共同形成有序的递阶层次结构，清晰直观地显示列车司机驾驶任务的构成。

列车司机作为人机系统的监控者和司机，在执行各种认知型作业任务的过程中会涉及与界面的交互。界面层描述的是列车司机为实现相应的行车驾驶，在操作时对应的界面显示，界面层的使用反映了最基本的列车驾驶操作单元。界面层包含三类：人机界面、人与环境界面和思维界面。

在人机界面中，列车司机与监控器、状态屏及各种仪表等显示终端和信息源以及控制器进行信息交换，该部分包含行车信息显示、列车相关操纵信息输入。

人与环境界面是列车司机对周边环境及线路情况状况的观察，包括天气变化、道路周边状况及各种标志牌等。

思维界面为列车司机通过与行车相关人员进行信息交换以及观察人机界面，对列车位置、运行状态、设备运转状态等信息进行感知、判断及决策时在大脑中构建的思维图像。

通过对列车驾驶的工作任务进行分解，可以得到如表 7-4 所示的基本操作单元。

表 7-4　列车司机驾驶任务分解

任务类型	功能层	界面层
监视任务	收集设备运转状态信息	查看列车 TCMS 状态屏
	收集列车运行位置及相关信息	查看 ATP 显示屏
		查看 LKJ 显示屏
	收集瞭望信息	查看前方路况、信号及标志牌
		观察邻线状况
	收集通信信息	查看通信显示
	收集各仪表信息	查看各仪表显示盘
	收集开关门时的站台信息	查看站台所在位置
思考任务	信息感知	简单反应
		识别辨认
	决策与选择	选择反应
		计算回忆
		思维决策
		判断评估

续表

任务类型	功能层	界面层
调整任务	列车信息调整	调整TCMS状态屏信息
		AIP屏上输入相关信息
		通信显示屏上输入相关信息
		列车相关的测试与试验
	速度调整	操作进入目视
		操作牵引手柄
		操作制动手柄
		设定恒速
	列车运行方向调整	操作换向手柄
	手动过分相	VCB断开
		VCB闭合
	开门	确认"释放"
		确定"开门"
	鸣笛	鸣笛
通信任务	与列车调度员通信	日常通信
	呼唤应答	呼唤应答
	与各车厢通信	PIS通信

7.4 驾驶操纵模式

微课：驾驶操纵模式

在得到列车驾驶的任务模型及完成任务分解后，还需针对模型对应的界面层与司机间的操作匹配关系进行分析，以建立列车司机利用驾驶界面完成驾驶任务的操纵模式。

7.4.1 列车操纵模式模型

列车驾驶的操纵动作是一个典型的有目的运动，是为达到预期目标的反应对于人的有目的性运动反应，学者普遍认为人的运动是由多级响应完成的，活动的描述存在于高层次的运动中，并在较低层次中转化为特定的动作形态，这些高层次的程序称为通用运动程序。Raibert在1977年的实验支持了该观点，实验测试中被试被要求以右手、右臂、左手、口咬笔和右脚夹笔5种方式书写同一段文字，实验结果显示尽管使用不同的肌肉，字迹却明显类似，如图7-3所示，从而说明可能有一个通用的运动程序在控制反应。

（a）右手

(b）右臂

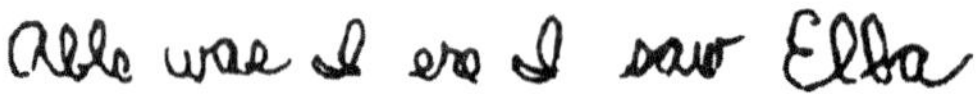

(c）左手

(d）口咬笔

图 7-3　同一个人使用 5 种方式夹笔所写出来的文字

同样，司机在操作过程中亦会形成特定的操纵技巧。这里的技巧指的是以正确的顺序和时间，用正确的肌肉和准确的力量来获得预期反应的能力。技巧具有两个特性：对变化的环境条件的适用性和不同情况下行为的一致性。

基于通用运动程序理论，并考虑到现行乘务制度下司机通常长期操纵同一型号列车，这里建立列车驾驶操纵模式模型。司机在对布置在台面板及仪表板的操作器件进行操作时包含了一系列的指令，这些指令对不同的情况是普遍适应的，只要能够给出反映某种状况的特定参数，就可以得到需要的运动程序。

这里研究的操纵模式限定为对驾驶界面中操纵器件的操纵动作，而非驾驶界面相关动作，如呼唤应答中的手部动作就不属于操纵模式研究范围。

操纵模式 M 是为了完成特定任务目标的一系列运用认知资源进行的与驾驶作业任务逻辑相关的映射集合，反映了资源的投放过程。鉴于本书讨论的驾驶界面人因适配性重点研究驾驶界面中各设备与设施的几何布置与设置的物理性能，操纵模式模型可以描述为一系列为达到操纵任务目的的运动动作规则群：

$$M = OR，OF，OT，OS$$

式中，OR 为操纵资源（Operation Resources），即操纵要使用的驾驶界面要素；OF 为操纵形式（Operation For），即完成操纵的动作类型；OT 为操纵时间（Operation Time），即从某一点到另一点的动作时间；OS 为操纵空间（Operation Space），包括操纵轨迹及速度分布。

上述几部分即可构成司机在操纵列车时的通用运动程序。

7.4.2　操纵资源映射规则

与前面定义的认知资源不同，操纵资源直接确定操纵台的显示或控制器等界面组成要素，驾驶资源为所有操纵台显示控制设备的集合。操纵资源映射规则是一个关系规则，此类规则用于确定操作所使用的操纵台设备，定义为根据基本任务需求选择操纵台设备，记为 $ROR(T) = ((t_1), ror, (t_2), ror, (t_i), \cdots, ror, (t_n))$ 式中，R 为规则集合；OR 为操纵台显示控制设备；T 为界面层任务；n, i 为规则序号；or_i 为第 i 个操纵台显示控制设备实例；t_i 为第 i 个界面层任务实例。

每种界面层任务都会对应一种或几种驾驶台界面设备，因此，可以建立界面层任务与驾驶设备之间的对应关系，如表 7-5 所示。

表 7-5 界面层任务与驾驶设备

界面层任务	驾驶显示控制设备								
	牵引手柄	制动手柄	状态屏	LKJ屏	ATP屏	风笛开关	分相按钮	恒速开关	…
查看状态屏（T'_{M1}）	0	0	1	0	0	0	0	0	…
查看ATP屏（T'_{M2}）	0	0	0	0	1	0	0	0	…
…	…	…	…	…	…	…	…	…	…
操作牵引手柄（T'_{M6}）	1	0	0	0	0	0	0	0	…
操作制动手柄（T'_{M7}）	0	1	0	0	0	0	0	0	…
设定恒速（T'_{M8}）	0	0	0	0	0	0	0	1	…
…	…	…	…	…	…	…	…	…	…

表 7-5 可以形式化描述为驾驶台显示控制设备形成有限集合 OR（or_1, or_2, …, or_n），列车操纵任务形成有限集合 T（t_1, t_2, …, t_n），以 OR 为行，T 为列建立关联矩阵：

$$A_{\text{OR-T}} = [a_{ij}]$$

$$<t_i, or_j> \in R_{or}(t) \quad 0 \quad (t_1, or_j) \in R_n(t)$$

式中，$<t_i, or_j> \in R_{or}(t)$ 为第 i 种界面设备与第 j 种操作任务相关；$<t_i, or_j> \not\subset R_{or}(t)$ 为第 i 种界面设备与第 j 种操作任务不相关。

7.4.3 操纵任务的过滤与转义

根据前面的任务分析，有 $T = \{SM, I, ST\}$，式中，调整任务 TO 具有明确的与驾驶界面相关的动作定义，可以直接运用于几何适配性的分析当中；监视任务 T_s 描述的是司机从驾驶界面仪表显示器件中获取信息及从外部获取路况信息的事件，该部分将其单独划分为一个监视操纵模式，在后面的章节定义；通信任务 T_{xc} 中的车机联控和 PIS 通信，由于司机是通过无线通信设备的送话装置及 PIS 系统的送话装置完成各项通信任务。因此，可以将通信任务转义为司机为完成通信任务而进行的手部操作；主观任务中的思考任务 T，属于隐藏任务，另外，还有通信任务中的呼唤应答任务，这些任务的共同特征是与驾驶界面的布置及设置没有直接的关联关系，因此，在后面分析中将不予考虑。由此可以确定任务转义的过滤规则为

$$[0000000000000001111111111111101]^{\text{T}}$$

7.4.4 监视操纵模式

监视任务 T'_s 描述的是司机从驾驶界面仪表显示器件中获取信息以及从外部获取路况信息的事件，考虑到在列车驾驶作业中司机主要是通过视觉通道来获取这些信息的，因此，可以将监视任务表达为与驾驶界面相关的司机为获取仪表信息而进行的头颈部动作，从而为驾驶界面显示器布置与司机室的几何适配性研究提供便利，在这里定义为监视操纵模式。监视操纵模式为没有手部操作的操纵行为。监视操纵模式的定义为

$$M = \{OR,\ MF\}$$

式中，OR 为操纵资源，操纵要使用的驾驶界面要素；MF 为监控动作形式，完成监视的动作，定义该动作为坐姿状态下司机观察相关操纵资源时头颈部动作。只需知道与该动作相关的显示器件在操纵台中的位置即可得到相应的头颈部姿势，此时，身体的其余姿势沿用初始姿势。

要得到与操纵台设计相关的监视操纵模式，还需过滤掉与监视类仪表无关的路况、站台监视操作，由此可以确定监视任务的过滤规则为

$$[11100110000000000000000000000000]^T$$

7.4.5 操纵形式规则

操纵动作形式是一个规则的集合，通过定义操作动作的动作类型及操作方式反映了完成基本操作单元的操作规则与操作逻辑：

$$OF = \{OTY,\ OHY\}$$

式中，OTY 为操作动作类型；OH 为操作方式。

操纵动作类型规则是一个关系规则，此类规则用于确定操作的动作类型，定义为根据基本操作任务的操作需求选择操作动作类型，记为

$$R_{oty}(T) = \{r_{oty1}(t_1),\ r_{oty2}(t_2),\ \cdots,\ r_{otyi}(t_i),\ \cdots,\ r_{otyn}(t_n)\}$$

式中，R 为规则集合，OTY 为 operation type 操作动作类型；T 为界面层任务；n，i 为规则序号；otyi 为第 i 个操作动作类型实例；t_i 为第 i 个界面层任务实例。列车司机在操纵列车时，通过操作控制器件完成所需作业，这些操作是由系列的动作来组合完成的，在进行操纵模式研究前，有必要对司机的运动动作类型进行定义。根据上述的驾驶操作任务分析，可以得到驾驶作业动作的类型。

7.4.5.1 动作类型

（1）离散动作，是到达某一固定目标的单一动作，在上述驾驶操作动作中司机伸手进行进路确认按键操作、通过脚踏板触发风笛开关等都属于该类型。作离散动作可能需要视觉控制，也可能不要，如操作进路"确认签收"按钮，由于按钮较小且周围布置了其他按钮，因此需要视觉控制；而使用脚踏开关进行鸣笛操作，由于熟知风笛开关位置且周围没有其他控制器件干扰，可以不用视觉的参与。

（2）持续动作，在动作过程中需要肌肉控制调整角度的动作，如使用司机控制器进行牵引力调整。

（3）静态定位，在一段时间内身体保持某一部位在特定的位置。这是一种没有动作的动作，如司机在进行车机联控时手持话筒进行通话时的动作，或者在没有其他操纵时手部放置在司控器或操纵台面时的状态。

（4）顺序动作，由一系列到达固定目标的离散动作组成的动作，如发车时，首先使用无线电话进行车机联控，然后操作进路确认按钮，再通过换向手柄设置前进方向，通过制动手

柄缓解制动，通过风笛按钮鸣笛，最后通过牵引手柄启动列车。

操纵方式规则是一个关系规则，此类规则用于确定手部的操作方式，定义为根据控制器类型查找对应的手部操作方式，记为

$$R_{OH}(CT) = \{r_{oh1}(ct_1), r_{oh2}(ct_2), \cdots, r_{ohn}(ct_n)\}$$

式中，R 为规则集合；OH 为手部操作方式；CT 为控制器类型；n 为规则序号；oh_i 为第 i 个手部操作方式实例；ct_i 为第 i 个控制器类型实例。

7.4.5.2 控制器类型

经过对 CRH1 型、CRH2 型、CRH3 型、CRH5 型、CRH380A 型、CIT400 型动车组司机操纵台上设备的调研分析，结合《机车规范化司机室各项设备技术条件》，可以整理得到列车驾驶界面上基本的控制器类型。

1. 司机控制器

司机控制器为列车司机进行速度控制的主令控制装置，它是一个操作组件，包括牵引和制动所需控制单元以及控制牵引车辆的辅助功能。因此，可以有不同类型的司机控制器设置，又可分为牵引制动组合式司机控制器和牵引制动分置式司机控制器。

（1）牵引制动组合式司机控制器。牵引制动组合式司机控制器将牵引与制动功能集成在一个手柄上，使用不同的扇区完成牵引与制动设置。图 7-4 为 CRH5 型车的司机控制器。

（2）牵引制动分置式司机控制器。牵引制动分置式司机控制器将牵引控制与制动控制器分为两部分并布置在不同位置，分别由左右手完成各自的控制功能图 7-5 为 CRH2 型车的司机控制器。

图 7-4 CRH5 型动车组的司机控制器

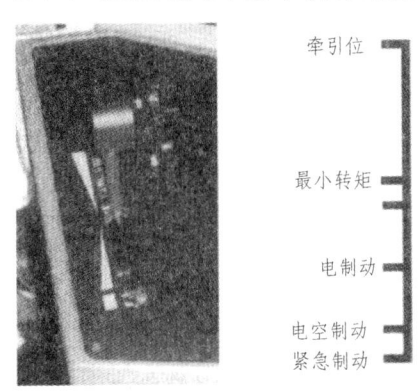

图 7-5 CRH2 型动车组的司机控制器

2．按钮开关

按钮是通过按压操作控制电路接通与否的控制器件。在司机操纵台上，经常用到的按钮可以分为机械式按钮与薄膜式按钮，按钮通常采用平面式安装方式，需要列车司机使用手指进行操作，避免了手部在移动或扶持操纵台时由于不小心而导致的误操作。

3．扳钮开关

扳钮是通过拨动方式进行操作的控制器件，在司机操纵台上，扳钮通常设置为前后方向进行拨动操作，并且设置形式为朝后（朝司机侧）为开启，以防止由于不小心触碰而导致的误操作。

4．转换开关

万能转换开关由手柄、带铭牌的触头盒等构成。它具有多个档位，多对触头，转换开关通过旋转方式进行操作。

5．话筒

无线电台、PIS 系统均带有通话系统，使用手柄状话筒进行语音传递，话筒般设置为脱离基座即自动接通对讲功能，无需拨号或按钮操作。

7.4.5.3　手部功能模式

手部功能模式往往是多关节复合运动，在腕关节的控制下，拇指有内收、外展、屈伸、伸展和对掌的功能。手在四指、手部两个横弓和一个纵弓的参与下，实现多种操作方式，如图 7-6 所示。手活动时，物体的基本形状决定了手的操作方式。通过观察，整理得到如表 7-6 所示的手部功能模式。

（a）勾状抓握　　（b）球形抓握　　（c）圆柱形抓握

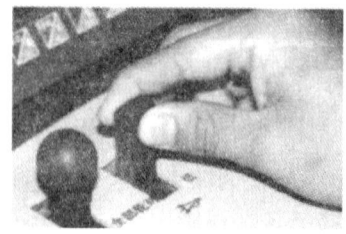

（d）侧捏　　（e）远端指腹—指腹　　（f）指尖按压

图 7-6　手部功能模式

表 7-6 手部功能模式

功能模式	功能
勾状抓握	四指屈曲、无拇指参与
球形抓握	四指屈曲、掌指关节对掌，对球形物体的抓握
圆柱形抓握	四指屈曲、拇指对指，对圆柱形物体抓握
侧捏	拇指指腹与食指桡侧对指
远端指腹—指腹	拇指与食指指腹对指
指尖按压	食指指尖按压

7.4.5.4 手部操作方式

在操纵动作方式上，每种控制器件类型都会对应手部功能模式的某一项，因此可以建立操作方式与控制器类型之间的对应关系，如表 7-7 所示。

表 7-7 操作方式与控制器类型

操作方式	控制器类型					
	司控器（牵引）	司控器（制动）	按钮	扳钮	转换开关	话筒
勾状抓握	1	1	0	0	0	0
球形抓握	1	1	0	0	0	0
圆柱形抓握	1	1	0	0	0	1
侧捏	0	0	0	0	1	0
远端指腹—指腹	0	0	0	1	0	0
指尖按压	0	0	1	0	0	0

表 7-7 可以形式化描述为列车控制器类型形成有限类型集合 CT（ct_1, ct_2, $\cdots$, ct_n），操作方法形成有限方法集合 OH（oh_1, oh_2, $\cdots$, oh_n），以 CT 为行，OH 为列建立关联矩阵：

$$A_{\text{OH-CT}} = [a_{ij}]$$

$$a_{ij} = \begin{cases} 1 & \langle ct_i, oh_i \rangle \in R_{\text{oh}}(ct) \\ 0 & \langle ct_i, oh_i \rangle \notin R_{\text{oh}}(ct) \end{cases}$$

式中，$<ct_i, oh_i> \in R_{\text{oh}}(ct)$ 为第 i 种控制器与第 j 种操作方式相关；$\langle ct_i, oh_i \rangle \notin R_{\text{oh}}(ct)$ 为第 i 种控制器与第 j 种操作方式不相关。

7.4.6 操纵时间规则

定义操纵时间规则为司机在操纵控制器时手部操纵运动的时间，记为

$$OT = f(LS)$$

式中，LS 为控制器在操纵台的设置与布置；OT 为操纵动作时间。

典型的控制包括两种移动，一种是用手或手指去碰控制器，一种是将控制器朝某个方向

移动。在列车的驾驶作业中，操作的移动都是属于使用手或手指去碰控制器（司机控制器的移动包含的是调整反馈过程，不是肢体的移动动作），虽然在操纵台上，控制器的布置有固定的位置，并且司机在熟悉了操纵台的布置后，会很清楚控制器的位置与手部动作的移动目标，但是这类移动还是需要花费一定时间，该时间即为驾驶操纵动作时间。

在列车驾驶操纵动作时间规则的定义上，引入 Fitts 定律，即驾驶操纵司机将手部移动到控制器上的时间受移动距离和目标的大小所带来的准确度要求的影响，距离越长，目标越小，运动所需要的时间越长：

$$OT = a + b\log_2 \frac{2D}{W}$$

式中，OT 为动作时间；a，b 为常数；D 为起点到目标中心的距离；W 为目标宽度。

Fitts 定律中的 $\log_2 \frac{2D}{W}$ 亦可称为难度指数，反应当目标大小保持不变时，动作时间与距离的对函数关系，当距离不变时，动作时间与目标大小的对函数关系因此，通过 Fitts 定律可以定义操纵动作时间与控制器设置与布置的函数关系。

Fitts 定律反映了身体的动作机制与控制目标的视觉反馈的紧密关系，因此操纵控制器的过程伴随视觉的过程，可以通过转义规则同时定义头颈部的转动动作过程、头颈部的动作时间与操纵动作时间。

7.4.7 操纵空间规则

定义操纵空间规则为司机在操纵控制器时手部操纵运动的空间路径与速度分布关系，记为

$$OS = f(LS, OT)$$

式中，$OS = \{OP, OV\}$ 为包含操纵路径 OP 与速度分布 OV 的操纵空间分布；LS 为控制器在操纵台的设置与布置；OT 为操纵动作时间。

显然操纵空间规则可以描述为在操纵控制器的操作动作时间 OT 内任一时间点的手部位置及速度。操纵空间规则的确定除了知道上述关系式中的控制器设置与布置、操纵动作时间，还需要知道手部在进行该项操作时的起始位置。根据列车操纵的相关规章，列车司机在驾驶运行过程中，手部不得离开操纵台面或主令控制器（牵引控制器和制动控制器），由此可确定操纵动作的起始位置为操纵台面或主令控制器处。

7.5 列车驾驶界面人因适配性模型

微课：列车驾驶界面人因适配性模型　　微课：列车驾驶界面人因适配性评估方法　　微课：案例研究

驾驶界面人因适配性讨论的是司机与驾驶界面各要素间的几何适配关系，因此，需要首先建立列车司机人体模型和列车驾驶界面产品模型。在此基础上再构建相应的人因适配性模型。

要对列车驾驶界面进行有效的人机适配性分析，最有效的方法是制作实物模型，并利用该模型进行相应的分析及评估。由于模型制作阶段已经是设计活动的中后期，因此利用该方法有周期长、费用高等缺点。这里讨论的重点是如何为产品设计的前期阶段提供设计手段，以达到避免设计方案的反复改进、缩短产品设计与开发周期的目的。为此，可以采用虚拟现实技术构建数字化列车司机人体模型及列车驾驶界面的产品模型。虚拟现实技术是一种可以创建和体验虚拟世界的计算机系统，它本质上是一种综合仿真技术，利用它可以得到一个列车驾驶舱及驾驶界面的虚拟环境，从而进行相应的人机适配性分析。

7.5.1 列车司机人体模型

人体模型是人体运动分析及建立人体姿势预测的基础。如果把人体当成运动机构，其机构模型及完成的各种动作具有复杂性和多样性，如果要直接对司机进行运动学分析是很困难的，因此需要针对列车的驾驶工作环境下司机人体模型进行简化，在保证人体各部分之间相互作用正确性的基础上降低系统的复杂性。

为了正确说明人体的运动方向和人体各部位之间的位置关系，引入三个平面为水平面、冠状面和矢状面及这三个平面的相交轴线为垂轴、纵轴（矢状轴）和横轴（冠状轴），如图7-7所示。

垂轴：冠状面和矢状面相交形成的、从头顶至足底上下贯穿人体的轴线，垂轴垂直于水平面，也垂直于纵轴和横轴。

纵轴（矢状轴）：矢状面与水平面相交形成的、自背侧面至腹侧面在水平方向前后贯穿人体的轴线，纵轴垂直于冠状面，也垂直于垂轴和横轴。

横轴（冠状轴）：冠状面与水平面相交形成的、左右两侧等高点之间、与水平面平行的轴线，横轴垂直于矢状面，也垂直于垂轴和纵轴。

水平面：与地面平行的面，把人体分为上下两部分的横切面，即通过横轴和纵轴的平面。

冠状面：于左右方向将人体分为前后两部分的纵切面，即通过横轴和垂轴的平面。

矢状面：于前后方向将人体分为左右两部分的纵切面，即通过垂轴和纵轴的平面，将人体分为左右对称的两部分矢状面称为正中矢状面。

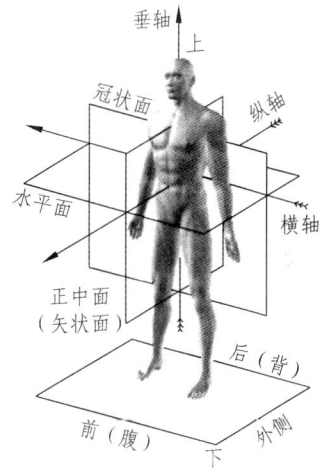

图 7-7 人体平面及人体轴

7.5.1.1 司机人体尺寸数据

驾驶人因适配性设计选用的人体尺寸，应符合中国成年人人体尺寸的有关规定，在进行司机室各部空间尺寸设计以及显示器、控制器、操纵装置、通信设备布置时，满足度应达到90%。在列车驾驶界面评估中，根据中国铁路的实际情况，仅考虑成年男性司机，同时要尽可能满足身材矮小及身材高大者的作业需求，设计满意度设定为90%，所以选取第5百分位到95百分位的成年男子人体尺寸进行司机室人因工程学评估（见表7-8）。表7-9所示为中国成年人人体尺寸数据和UIC651《机车、动车、动车组和驾驶拖车的司机室设计》中的人体尺寸数据。

表7-8 操作方式与控制器类型

类型	第5百分位(最小值)	第95百分位(最大值)
中国成年男子（1988年）	1583	1775
中国成年男子（2009年）	1591	1797
国际铁路联盟建议尺寸（UIC651）	1600	1900

对比以上数据，可以看出中国成年男子的身高尺寸在20年间有显著增长，其中第95百分位的成年人身高均矮于欧洲人，相差100 mm左右，但第5百分位的成年男子与欧洲人相差不大，尤其是2009年的成年男子身高尺寸与欧洲人仅相差9 mm，相对应的坐姿眼高相差5 mm，臂长相差4 mm。考虑到中国人人体尺寸在未来处于增高的趋势，且中国列车朝国际化市场的发展方向，因此，这里采用范围更大的国际铁路联盟建议人体尺寸数据。其坐姿状态下的关键尺寸如表7-9及图7-8所示。

表7-9 考虑到最矮和最高司机的人体主要测量数据

	a	$a^{(1)}$	$b^{(1)}$	c	d	e	$f^{(1)}$	$g^{(1)}$
最小值	1 600	1 630	1 530	840	740	555	530	425
最大值	1 900	1 930	1 805	980	855	660	635	505
	h	i	$j^{(1)}$	k	l	m	n	O
最小值	120	440	110	365	390	425	265	230
最大值	180	520	125	455	470	495	310	265
	p	q	r	s	t	u	x	
最小值	175	78	77	108	107	305	240	
最大值	220	90	100	120	130I	385	260	

注：（1）包括鞋（30 mm）的修正值。

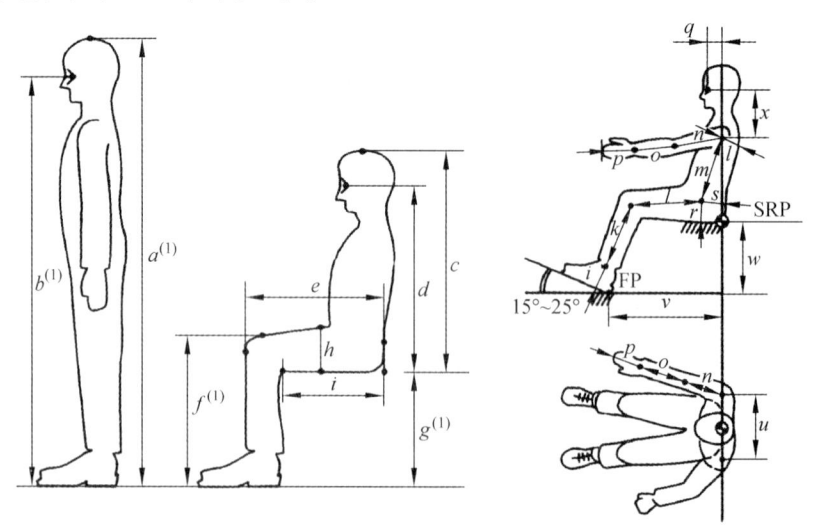

图7-8 考虑到最矮和最高司机的人体主要测量数据

在上述人体手部尺寸的应用中,根据操作方式与控制器类型规则定义,操作器件的不同,列车司机手部作业方式的不同,不同操作方式导致的手部尺寸也不相同,因此,针对不同类型器件的操作,列车司机手部尺寸应进行修正,具体如表 7-10 所示。

表 7-10 列车司机手部尺寸修正值

功能模式	尺寸修正量/mm
勾状抓握	-127
球形抓握	
圆柱形抓握	
侧捏	-76
远端指腹—指腹	

7.5.1.2 坐姿人体模型及坐标定义

列车的驾驶姿势是坐姿,使用下肢操纵的器件仅有风笛开关,其余操纵作业任务均使用上肢操作完成,因此,驾驶界面适配性研究的人体模型采用坐姿上身模型。

坐姿驾驶姿态中,人体坐定在座椅椅面上方,与座椅和整个驾驶界面间具有固定的相对位置关系,可以定义一个固定坐标系。将原点设在司机坐姿状态下人体躯干与大腿的交接点处,这个点同时也是座椅的 H 点。该固定坐标系的 X 轴指向前方,与人体的纵轴平行;Y 轴指向上方,与人体轴的垂直轴平行;Z 轴指向右边,与人体的横轴平行。记该坐标系为 Σ_W,并以此为参考基准描述操纵台及司机室内各设备与设施的位置,该坐标系为坐姿人体及驾驶界面的全局坐标系或称为世界坐标系,该坐标系的定义如图 7-9 所示。由于驾驶界面要素亦使用此坐标系,经过数学计算就可以判断手部是否可以触及某个操纵器件。

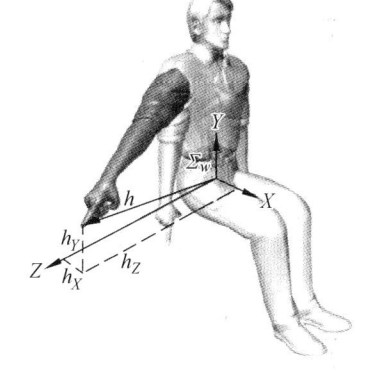

图 7-9 坐姿人体的世界坐标系

物体在全局坐标系中描述的位置称为绝对位置。在图 7-7 中,手的绝对位置用三维矢量表示为

$$h = \begin{bmatrix} h_X \\ h_Y \\ h_Z \end{bmatrix}$$

人体可以看成由很多连杆和关节构成的树形层级结构,这里主要讨论坐姿,系统中使用的关节及连接关系定义如图 7-10 所示。

人体模型中使用简化的关节、骨骼蒙皮结构。其中的躯干部分,考虑到姿势评估中对身躯的评价要求,将脊柱的部分简化为一个连接杆结构,而对于手腕部关节,经过前期的驾驶任务视频分析,发现在司机的操纵中会避免手腕的屈伸与翻转动

图 7-10 坐姿人体的树形层级结构

作，因此，在适配性设计人体模型中亦进行简化处理，假设其始终处于伸展姿态。这样就可以得到如图 7-11 所示的司机坐姿模型，图中给出了各关节坐标的设定。衣领关节是为简化模型而假设的关节点，定义在肩关节连接线与身躯连接线的交汇处。连接关节的肢体可以简化为一个连杆结构，每一个肢体都是一个刚体，刚体的运动是由各关节的活动引起的，为了更好地描述各个肢体的活动，定义与每个肢体固定的局部坐标系为 Σ。与固定于座椅 H 点的世界坐标系不同，局部坐标系随其依附的肢体位姿变化而变化，是一个动坐标系。

肢体的局部坐标系定义在近心端关节处，如上臂局部坐标系 Σ_s 的原点设定在肩关节位置，坐标系还包括表示 X，Y，Z 三个坐标轴的单位矢量，在手臂下垂的初始状态下，三个单位矢量分别与 Σ_w 坐标系的三个坐标轴平行。

7.5.2 人体运动学

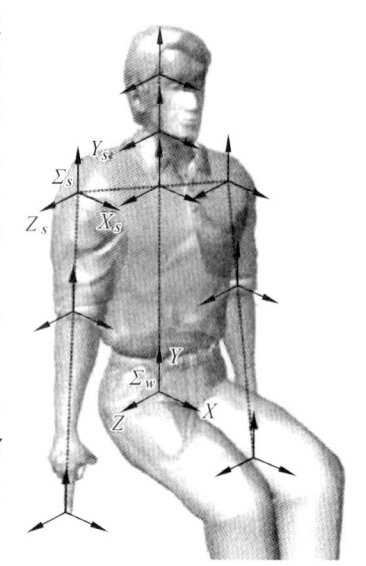

图 7-11 人体模型及关节坐标

模型运动学（kinesiology）是理论力学的一个分支，是运用几何学的方法来研究物体运动的学科。人体运动学是研究人体活动的科学，是通过位置速度和加速度等物理量描述与研究人体和器械的位置随时间变化的规律或在运动过程中所经过的轨迹，而不考虑人体和器械运动状态改变的原因。在坐姿状态下，人体的运动是由上身的各关节运动产生的，因此，对人体关节运动形式的分析可通过建立坐姿人体的运动学模型来进行。

7.5.2.1 上身关节及其运动形式

人体关节的运动形式根据其在不同人体轴和人体平面的运动来进行划分的，包括屈曲和伸展，主要是以横轴为中心，在矢状面上的运动；内收和外展，主要是以纵轴为中心，在冠状面上的运动；内旋和外旋，主要是以垂轴为中心，在水平面上的运动。另外前臂还有旋前和旋后运动。关节联结人体各部位，是运动的枢纽，上身包括上肢、脊柱、颈部、胸部、腰部等活动关节，其中上肢关节包括肩、肘腕和指关节，由于驾驶适配性人体模型将脊柱、胸腰部分简化为单一的衣领关节，腕关节和指关节简化为统一的手部，这里讨论主要关节如肩关节、肘关节、颈部关节等的运动特征。

1．肩关节

广义的肩关节由肩肱关节、第二肩关节、肩锁关节、喙突锁骨间机制、肩胛胸廓关节和胸锁关节六个关节共同组成。日常所指的肩关节是指狭义的肩关节，即肩肱关节，它是人体中运动最灵活的关节。肩关节是个典型的球窝关节，能绕三个基本运动轴运动，它可以完成前屈、后伸、外展、内收、内旋、外旋六个运动，并且可以完成由上述六个活动组成的复合运动—旋转运动，从而成为人体运动范围最大的关节。

2．肘关节

肘关节是一个复合关节，由肱尺关节、肱桡关节和桡尺近侧关节这 3 个单关节共同包在一个关节囊内构成。肘关节从整体来看,有横轴和垂轴两个运动轴,横轴为肱尺部和肱桡部共有,上臂和前臂可绕此轴作屈伸运动;垂轴为桡尺部和肱桡部共有,前臂可绕此轴作内旋、外旋运动。由于肱尺部只有横轴,尺骨不能作外展、内收运动。

3. 脊柱

脊柱由形态特殊的椎骨和椎间盘连接而成,它是身体的支柱,位于背部正中上端接颅骨,中部与肋骨相连,下端和髋骨组成骨盆。自上而下可分为颈、胸、腰、骶及尾五段。脊柱有六个自由度,即绕横轴、纵轴和垂轴的旋转及上述各轴的活动。虽然在相邻两椎骨间运动范围很小,但脊柱多个椎骨间的运动角度或范围的叠加,可使脊柱进行较大幅度的运动。

4. 颈椎

颈部脊柱由 7 块颈椎骨、6 块椎间盘和所属的韧带构成。颈椎的运动可分为前屈、后伸、左右侧屈和旋转运动。

7.5.2.2 司机人体运动模型

在上述人体关节及运动形式分析的基础上,针对前面对坐姿人体模型的定义,可以确定司机人体运动学模型,具体的各关节定义如表 7-11 所示。其中的根关节即人体躯干与大腿的交接点 H 点,反应脊柱运动的 3 个反向旋转自由度;颈椎部的多个椎骨简化为一个颈关节,并根据实际的观察结果只保留 Y、Z 轴上的旋转运动;肘关节的内旋与外旋为了便于后期的计算,将之移动到手部,并且由于它的运动不会影响对最终姿势评价的结果,后面的工作中可以不予计算。表 7-11 中还定义了各关节的角度约束范围。

表 7-11 上身关节的运动形式及角度约束

关节	方向	角度约束范围	关节类型
根关节	X	−50°~50°	球铰
	Y	−50°~50°	
	Z	−100°~0°	
颈关节	Y	−55°~55°	万向节
	Z	−40°~35°	
肩关节	X	−180°~45°	球铰
	Y	−180°~30°	
	Z	−40°~140°	
肘关节	Z	0°~145°	旋转铰

通过上述分析,可以得到三种基本的人体关节类型,分别是球铰、万向节和旋转铰。球铰具有 3 个方向的旋转自由度,万向节具有两个方向的自由度,而旋转铰只能绕一个轴进行旋转。关节的旋转带动各肢体刚体的运动,从而形成整个身体的运动。因此,上肢关节的运动最基本的运动是绕 X、Y、Z 三个坐标轴的旋转运动,分别称为滚动(rol)、偏摆(yaw)和俯仰(pitch),如图 7-12 所示。

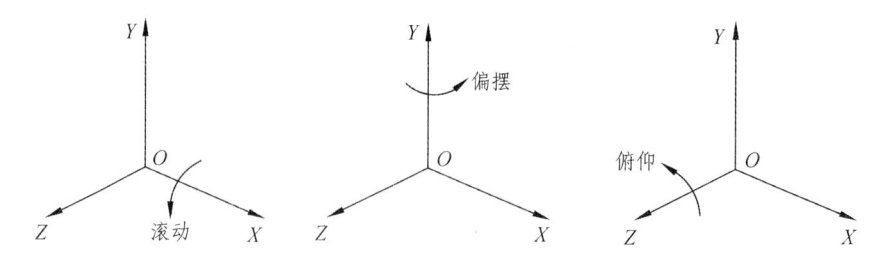

图 7-12 绕 X，Y，Z 轴的滚动、偏摆和俯仰

表 7-12 分别列出了司机人体运动模型中的转动轴、名称和所使用的符号。

表 7-12 转动轴、名称和所使用的符号

转动轴	名称	所用符号
X轴	滚动	α
Y轴	偏摆	β
Z轴	俯仰	γ

对上述的转动，可以使用旋转矩阵的形式进行描述，对应于滚动、偏摆和俯仰的旋转矩阵依次为：

绕 X 轴旋转 α 角度的旋转矩阵：

$$R_X(\partial) = \begin{bmatrix} 1 & 0 & 0 & 0 \\ 0 & \cos\alpha & -\sin\alpha & 0 \\ 0 & \sin\alpha & \cos\alpha & 0 \\ 0 & 0 & 0 & 1 \end{bmatrix}$$

绕 Y 轴旋转 β 角度的旋转矩阵：

$$R_Y(\partial) = \begin{bmatrix} \cos\beta & 0 & \sin\beta & 0 \\ 0 & 1 & 0 & 0 \\ -\sin\beta & 0 & \cos\beta & 0 \\ 0 & 0 & 0 & 1 \end{bmatrix}$$

绕 Z 轴旋转 γ 角度的旋转矩阵：

$$R_Z(\gamma) = \begin{bmatrix} \cos\gamma & -\cos\gamma & 0 & 0 \\ \sin\gamma & \cos\lambda & 0 & 0 \\ 0 & 0 & 1 & 0 \\ 0 & 0 & 0 & 1 \end{bmatrix}$$

关节和关节之间的位置则可用相对于本身坐标系的平移变换矩阵来描述。

$$T(X,Y,Z) = \begin{bmatrix} 1 & 0 & 0 & X \\ 0 & 1 & 0 & Y \\ 0 & 0 & 1 & Z \\ 0 & 0 & 0 & 1 \end{bmatrix}$$

上述变换矩阵的定义是基于近心坐标系基础上的变换矩阵。近心坐标系与远心坐标系的定义如下：某节点处的局部坐标系在旋转变换前的位置叫作该关节点的近心坐标系；旋转后的局部坐标系的位置发生了变化，此时关节所在的坐标系叫作该关节的远心坐标系。

通过上述坐姿人体模型及人体运动学模型即可得到完整的列车司机人体模型。

7.5.3 列车驾驶界面产品模型

产品模型由列车驾驶界面即操纵台的几何形状及视觉特征等方面的内容所构成，几何形状包括物体的形状与尺寸，视觉特征包括物体的色彩、纹理和照明等信息。列车驾驶界面的产品模型采用 Pro/ENGINEER 软件完成设计及建模工作，然后再导入系统中，这样可以保证最终模拟环境中的模型具有精确的尺寸。

模型包括了列车司机操纵台、显示与控制设备和司机座椅等详细模型。图 7-13 现了在模拟环境中看到的驾驶界面。

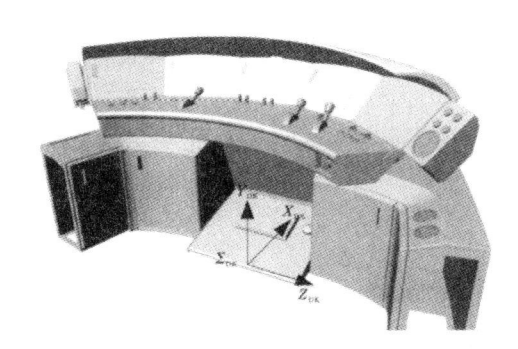

图 7-13 模拟环境中的驾驶界面

列车驾驶界面产品模型导入时的局部坐标 Σ_K 须设定在脚踏近司机侧上部位置，即司机下肢摆放后的踵点位置，如图 7-13 所示。产品模型的局部坐标 Σ_{DK} 与世界坐标系 Σ_W 间有如下关系

$$\Sigma_{DK} = \frac{DK}{W} T \Sigma_W$$

式中，$\frac{DK}{W}T$ 为从 Σ_W 到 Σ_{DK} 的平移变换矩阵。

7.5.4 列车驾驶界面适配性模型的构建

7.5.4.1 模型的初始化

列车适配性预测计算模型结合列车司机人体模型与列车驾驶界面产品模型，组成了列车驾驶界面几何适配性模型，人体模型与操纵台具有如图 7-14 所示的相对位置关系，以踵点（HP 点）为人体布置基准，分别将最矮（第 5 百分位）和最高（第 95 百分位）司机的人体模型摆放在司机室内，使人体的躯干和下肢处于最佳的活动范围和角度。

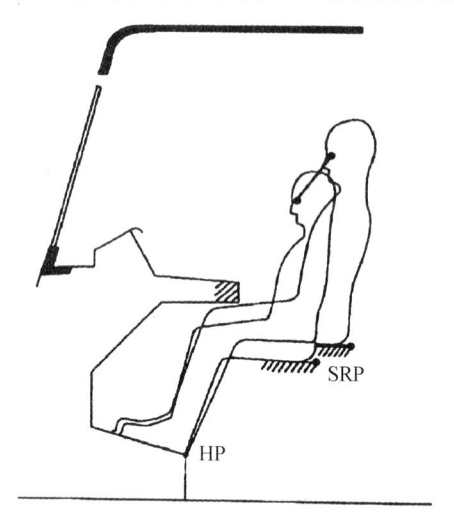

图 7-14　列车驾驶界面模型与人体模型的位置关系

确定人体与操纵台的相对位置关系后，此时将全局坐标系设置在人体 H 点处，并根据操纵台的位置定义手部操作的起始位置，根据列车操纵的相关规章，列车司机在驾驶运行过程中，手部不得离开操纵台面或主令控制器（牵引控制器和制动控制器），这里描述的列车驾驶界面适配性模型中，将操纵动作的起始位置设在牵引与制动控制器后靠司机侧台面上，如此即可确定列车驾驶界面适配性模型的初始条件。图 7-14（a）所示是现场环境中司机手部无操作时位置，图 7-14（b）所示是驾驶适配性模型的初始位置，注意踵点位置在脚踏的边缘。

（a）现场无操作时手部位置 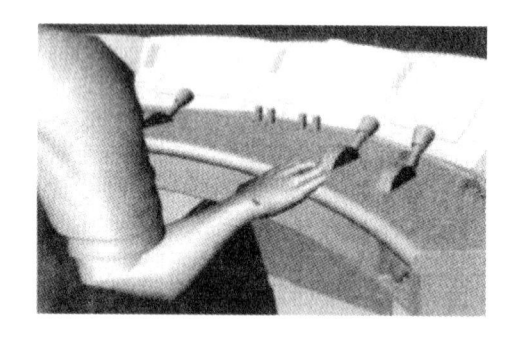　　　　　　　（b）适配性模型的初始设置

图 7-15　驾驶适配性界面的初始设置

7.5.4.2　末端效应器的设置与求解

1. 末端效应器的设置

根据驾驶操纵模式可以确定一个动作的运动轨迹、运动时间及速度分布，驾驶界面适配性模型需根据上述条件设置适配性预测模型中每一时刻反向运动学求解末端效应器目标的位置，以便为人体上身位姿求解提供输入条件，如图 7-16 所示。由于速度分布曲线与运动轨迹

是确定的,末端效应器目标位置的设置算法步骤如下。

(1) 根据运动时间,以 20 ms 的间隔初始化总的求解帧数量。

(2) 根据末端效应器的起始位置初始化起始帧位置。

(3) 根据运动时间函数积分求解当前帧自起始点的轨迹长度。

(4) 由轨迹方程根据轨迹长度计算当前位置。

(5) 将当前位置赋值给末端效应器,完成反向运动学的求解,输出当前肢体位姿,判断是否到达结束帧,如果到达,结束该操纵任务模式,如还未到达,则重复步骤(3)~步骤(5)。

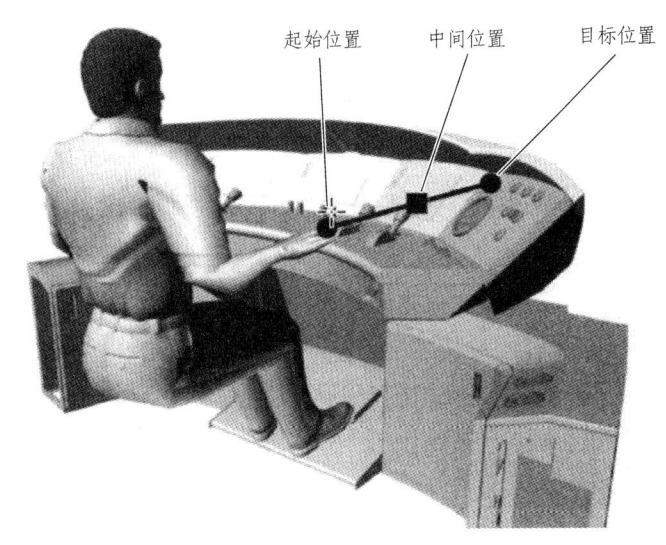

图 7-16 末端效应器的设置

2. 末端效应器位置的求解

在这里讨论两种情况,一是末端效应器 $Z_R O_R Y_R$ 平面投影为直线的情形,此时位置的求解相对简单,只需根据速度函数进行积分,得到距离再反求相应坐标即可;二是末端效应器在 $Z_R O_R Y_R$ 平面投影为抛物线,此时计算就相对较复杂一些下面讨论末端效应器在 $Z_R O_R Y_R$ 平面投影为抛物线的末端效应器位置求解算法。

已知目标点 A 世界坐标 (X_1, Y_1, Z_1),初始点 B 世界坐标 (X_2, Y_2, Z_2),目标宽度 W,末端执行器运动轨迹最高点高度 h(见图 7-17)。

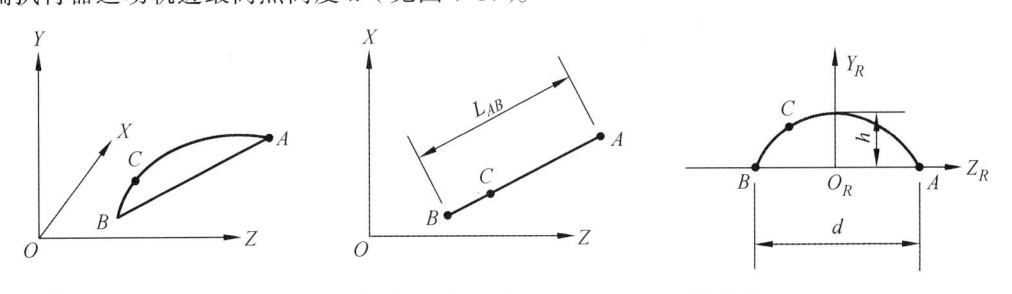

图 7-17 轨迹在 ZOX 平面、$Z_R O_R Y_R$ 平面的投影

此时有 $Y_1 - Y_2 = 0$,设 t 时刻,末端执行器在整体坐标系下的坐标值为 $C(X_t, Y_t, Z_t)$,将该运动轨迹投影到 ZOX 平面、$Z_R O_R Y_R$ 平面。

XOX 平面：

$$X_t = \frac{X_1 - X_2}{Z_1 - Z_2}(Z_t - Z_2) + X_2$$

$Z_R O_R Y_R$ 平面，将坐标 Y_R 轴置于抛物线最高点位置，如图 7-15 所示。

$$Y_R = Y_t - \frac{Y_1 + Y_2}{2}$$

$$Z_R = \frac{2cZ_t - Z_1 + Z_2}{2c}$$

式中，$c = \cos\left\{\arctan\left[\dfrac{X_1 - X_2}{Z_1 - Z_2}\right]\right\}$

此时，A 点坐标（Y_{1R}, Z_{1R}），B 点坐标（Y_{2R}, Z_{2R}），C 点坐标（Y_{tR}, Z_{tR}）末端执行器运动轨迹在 $Z_R O_R Y_R$ 坐标系的表达式为

$$Y_R = -\frac{4h}{d^2}(Z_R{}^2) + h$$

A、B 两点轨迹距离为

$$L_{AB} = d = \sqrt{(X_1 - X_2)^2 + (Z_1 - Z_2)^2}$$

B、C 两点轨迹距离为

$$L_{AB} = \int_{-\frac{d}{2}}^{\frac{d}{2}} \sqrt{1 + (Y_R')^2}\, dZ_R$$

利用上述模型可以求出在 t 时刻，末端执行器在整体坐标系下的坐标值：

$$X_t = \frac{(X_1 - X_2)}{(Z_1 - Z_2)}(Z_t - Z_2) + X_2$$

$$Y_t = -\frac{4h}{d^2}(Z_{tR})^2 + h + Y_2$$

$$Z_t = Z_{tRC} + \frac{Z_1 + Z_2}{2}$$

可以看到，求解 Z_{tR} 是整个问题求解的关键，然而该超越方程求解非常困难。考虑速度分布在 OT 为定值的情况下，$V(t)$ 只与运动轨迹 L 有关。对在运动轨迹 $\overset{\frown}{AB}$ 上的速度进行分解，轨迹上任意时刻 t 的速度可以分解为 Y_R 方向的速度 $V(t)_{YR}$，Z_R 方向的速度 $V(t)_{ZR}$，如图 7-18 所示。当 $\Delta \to 0$ 可以认为末端执行器在作 Y_R 方向与 Z_R 方向的直线运动，即对于末端执

行器在 t 时刻下，Z_R 方向坐标的求解，可以化简为求解 t 时刻，末端执行器在 Z_R 方向的移动距离 L_{BC}。

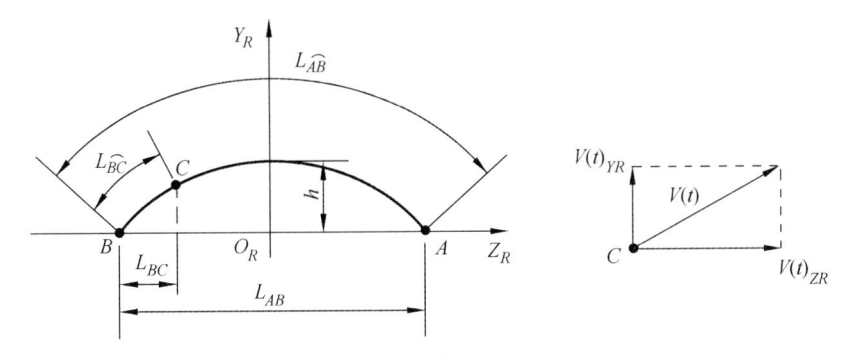

图 7-18 速度的 Y、Z 分量

因此，有

$$Z_{tR} = -\frac{d}{2} + L_{BC}$$

$$L_{BC} = \int_0^t V(t)_{ZR} \, \mathrm{d}t$$

$$V(t)_{ZR} = \frac{v_{\max}}{2}\left[1+\sin\left(\frac{2t\pi}{OT}-\frac{\pi}{2}\right)\right]\cos[\arctan(-8hZ_R/d^2)]$$

在这里，采用末端执行器在轨迹 $\overline{AB}$ 上的速度分布 $V(t)$ 作为运动轨迹 $\widehat{AB}$ 在 Z_R 方向的速度分布 $V(t)_{ZR}$。

此时

$$V(t)_{\widehat{AB}} = \frac{v_{\max \widehat{AB}}}{2}\left[1+\sin\left(\frac{2t\pi}{OT}-\frac{\pi}{2}\right)\right]$$

$$v_{\max \widehat{AB}} = \frac{2L_{\widehat{AB}}}{OT}$$

为了验证该方法的合理性，利用：

$$\Delta L_{\widehat{BC}} = \left|\int_{-\frac{d}{2}}^{Z_{tR}} \sqrt{1+(y'_R)^2}\,\mathrm{d}Z_R - \int_0^{t_0} V(t)\mathrm{d}t\right|$$

应用数值方法进行验证，设初始位置 B 为[418.1，316.2，243.8]，目标位置 A 为[476.8，316.2，501.7]，H 为 30 mm，此时 OT = 767 ms，$v_{\max}$ = 0.711 9 m/s，$v_{\max \widehat{AB}}$ = 0.711 9 m/s。分别利用速度积分及 Z 值积分求得同一时刻弧长，得到如图 7-19 所示的结果。可以看到使用后者计算得到的位置误差最大为 3 mm，平均小于 0.05 mm，从而验证该方法的可行性。

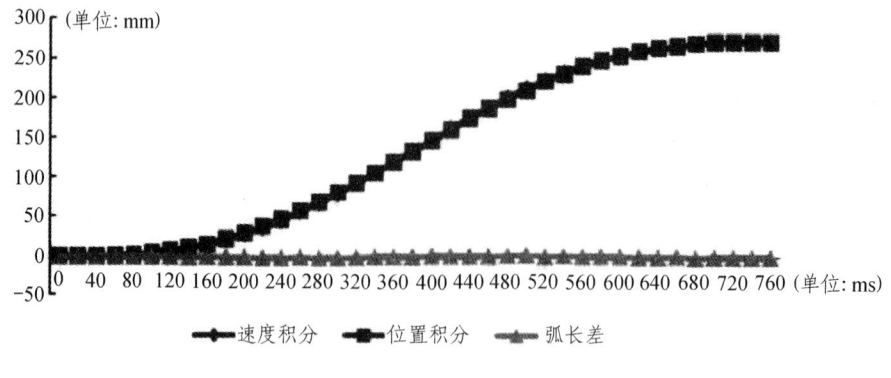

图 7-19 速度公式的数值检验

7.6 思考题

1. 列车驾驶作业任务分析方法有哪些?
2. 列车驾驶界面人机适配的概念是什么?
3. 列车驾驶界面人因适配性如何评估?

第 8 章　问题解决与创造力

8.1　问题解决

微课：问题解决

人在生活和工作中总要面对许多问题。问题解决是一种重要的思维活动，它在人们的实际生活中占有特殊的地位。与概念形成、推理等思维活动相比，问题解决显得更加宽阔，甚至可以将它看作思维活动的一个最普遍的形式，因为概念形成和推理等都直接或间接地具有问题解决的形式，并且问题解决突出地表明人的心理活动的智慧性和创造性，与人的智力有密切关系。

问题解决早就得到心理学的重视和研究，有不少相关学说，其中影响较大的有联想理论和格式塔理论。联想理论将问题解决过程看作一种联想学习过程，带有渐进的性质。在这种学习过程中，适宜的联系得以建立并通过强化而巩固，反之，不适宜的联系则逐渐消退。这种学习可具有尝试错误的方式。格式塔心理学提出与之不同的观点。它强调问题情境的结构的重要性，认为问题解决是形成问题情境的新的结构，即把握问题情境中诸事物的关系，并且这是以突然的方式实现的，表现为"顿悟"。这两个传统的理论曾经推动了问题解决的研究，它们的一些看法也得到研究结果的支持。但是，它们都未能成功地解释整个问题解决过程。

问题解决的研究在 20 世纪 50 年代认知心理学兴起以后，出现新的转折。认知心理学从信息加工观点出发，将人看作主动的信息加工者，将问题解决看作是对问题空间的搜索，并用计算机来模拟人的问题解决过程，以此来检验和进一步发展对人的问题解决的研究。这些新的观点是 Newell，Shaw 和 Simon（1956，1959）首先提出的，为问题解决的研究开拓了新的方向，并取得了引人注目的成就。在当前心理学对问题解决的研究中，信息加工观点占据主导的地位。

8.1.1　问题与问题解决

8.1.1.1　问题的心理学描述

在直觉的水平上，每个人都知道什么是问题。我们大家都经常需要解决问题。例如：医生要诊断出患者的疾病；建筑工程师要设计出一座水坝；作家要写出一部好的剧本；小学生要解答一道应用题；棋手要选择一步好棋，等等。在现实生活中，问题是多种多样的，内容和形式千差万别。但是，一般来说，当人们面临一项任务而又没有直接手段去完成时，就有了问题。一旦找到了完成任务的手段或方法，问题就可以得到解决。尽管问题是多种多样的，心理学家们对"问题"的表述也不尽相同，但是多数心理学家都认为，所有的问题都含有 3 个基本成分：

（1）给定：一组已知的关于问题条件的描述，即问题的起始状态。

（2）目标：关于构成问题结论的描述，即问题要求的答案或目标状态。

（3）障碍：正确的解决方法不是直接显而易见的，必须间接通过一定的思维活动才能找到答案，达到目标状态。

任何一个真正的"问题"都是由这 3 个成分组成的，它们有机地结合在一起。问题的条件和目标之间有着内在的联系，但是把握这种联系，由起始状态达到目标状态都不是简单地通过知觉或回忆而能实现的，其间存在着障碍，需要进行思维活动。在复杂的问题中，在达到正确的结论之前，可能出现错误和曲折，要有许多中介步骤，达到目标常常需要时间，少则几秒钟，多则几分钟、几小时，甚至几年。

8.1.1.2　3 种问题类型

现实生活中的问题是各式各样的。Greeno（1978）区分出 3 种重要的问题类型。

1．归纳结构问题

给予几个成分，而问题解决者必须发现隐含在这些成分中的结构形式。属于这类问题的有类推问题，像 A 对 B 犹如 C 对□。还有系列延续问题，如 12834656□，等等。

2．转换问题

给予一个最初的状态，而问题解决者必须发现一系列达到目标状态的操作。属于这一类的有著名的 Hanoi 塔问题（见图 8-1）：在一块板上有 3 根柱子（1、2、3），在 1 柱上有自上而下大小渐增的 3 个圆盘 A、B、C（数目可视研究需要而增加），构成塔状。要求将 1 柱上的全部圆盘移到 3 柱上去，仍需保持原来放置的大小顺序，每次只能移动一个圆盘，且大盘不能放到小盘上去，在移动时可利用 2 柱。完成上述 3 盘 Hanoi 塔作业的最少移动次数为 7 次。不管圆盘的数目多少，完成 Hanoi 塔作业的最少移动次数可按 $2^n - 1$ 的公式来计算，其中 n 为圆盘数目。若圆盘数为 3，则 $2^3 - 1 = 7$。若圆盘数为 4，则 $2^4 - 1 = 15$。除上述 Hanoi 塔问题以外，其他如传教士与野人过河问题、水罐问题等常见的问题也属于此类。

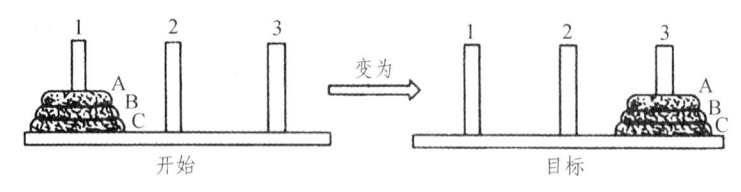

图 8-1　Hanoi 塔问题

3．排列问题

给予所需的成分，问题解决者必须以一定的方式排列它们，以达到规定的目标状态。像著名的密码算题就属此类。这些问题类型的区分可以揭示出一些问题的结构。然而，正如 Greeno 所指出的，并不是所有的问题都能简单地归入这 3 类中的某一类。还有许多问题不包括在这些类别之中，有些问题则是这 3 类问题的混合，如下棋既包含转换，也包含排列。

Reitman（1964）从另外一个角度，即根据问题是怎样规定的，将问题分为两大类。一类是清楚规定的问题，此类问题对给定的条件和目标均有清楚说明。例如："从杭州乘火车到重庆，最好的路线怎么走？""中国象棋的开局，对方放当头炮，你走哪一步？"这类问题的一个典型的例子是代数问题。例如：解方程 $ax - b = 0$，给定的信息对任何学过代数的学生来说是清楚的，操作的规则和目标也都是清楚的。另一类是含糊规定的问题，此类问题对给定的条件或目标没有清楚说明，或对两者都没有明确说明，这类问题具有更大的不确定性，亦称之为不确定性问题。例如，"要修好这部汽车"，这个问题的目标是清楚的，但其起始状态，即汽车发生了什么故障未加清楚说明，又如"在市中心盖一座漂亮的建筑"，这个问题的给定条件是清楚的，但是目标缺乏明确的规定；而"创造一个有永恒价值的艺术品"，这个问题的给定条件和目标均未清楚地规定。在我们的日常生活和工作中，经常碰到这类不确定性问题，而在实验研究中则多采用清楚规定的问题。一般来说，含糊规定的问题要难于清楚规定的问题，因为含糊规定的问题无法划出有关信息的范围，缺少据以采取有效的步骤，以及评价是否达到目标的标准。总之，含糊规定的问题较难表征或理解，难于构成问题空间。而在含糊规定的问题中，由于情况不同，问题的困难和工作重点也不一样。如果问题的给定条件不清楚，那么主要的困难在于分析这些条件，如找出汽车出了什么故障，如果目标不清楚，重点就转为具体说明目标的确切的性质，如确定何为"漂亮的建筑"。

综上所述，我们可以看出，Reitman（1964）根据问题表述的确定程度而区分出两类问题。Greeno（1980）则从问题的结构来划分 3 种问题类型。他们的着眼点虽然不同，但这些看法对揭示不同问题的解决过程的特点是有帮助的。

8.1.1.3 问题解决的特征

现实生活中的问题是多种多样的，并且问题解决的过程也不尽相同，但是，所有问题的解决都有共同的基本特征。Anderson（1980）提出关于问题解决的 3 个基本特征：

1．目的指向性

问题解决具有明确的目的性，问题解决活动必须是目的指向的活动，它总要达到某个特定的终结状态。冥想由于缺乏明确的目标，所以就不被认为是问题解决。

2．操作序列

问题解决必须包括心理过程的序列。有的活动虽然也具有明确目的性，如回忆朋友的电话号码，但是这种活动只需要简单的记忆提取，因此不被认为是问题解决。

3．认知操作

问题解决的活动必须由认知操作来进行。有些活动，如打领结、分扑克牌，虽然也含有目的和一系列操作，但这些活动基本上没有重要的认知操作的参与，因而也不属于问题解决之列。

总之，照 Anderson 看来，问题解决是目的指向性的认知操作序列。一项活动必须全部符合这 3 条标准才可称为问题解决。对问题解决的这种看法目前在认知心理学中被广泛引用，具有一定的影响。但是 Anderson 提出的这 3 项标准并不是同样确定的，其中第二项，尤其是第三项应用起来是会有困难的。不过，总起来看，这个看法含有合理的成分，它强调问题解决是一种有目的的复杂的思维活动，包括一系列的认知操作阶段。这与具体的研究是比较吻合的。

问题解决有两种类型：创造性问题解决和常规问题解决。要求发展新方法的问题解决称为创造性问题解决，使用现成方法的问题解决称为常规问题解决。但是，创造性问题解决和常规性问题解决的差别是相对的。可以把这两类问题解决设想为一个连续体的两端，其间则有常规性或创造性的连续变化。

8.1.2 问题解决过程

8.1.2.1 问题空间与问题解决

在本章的开始部分，我们即已指出，与传统的联想理论和格式塔理论不同，认知心理学从信息加工观点出发，将问题解决过程看作是对问题空间（Problem Space）的搜索过程。这种看法是 Newell，Shaw 和 Simon（1958）最早提出的，并成为认知心理学关于问题解决的主导看法。其中，问题空间是问题解决的一个基本范畴。所谓问题空间是问题解决者对一个问题所达到的全部认识状态。前面说过，任何一个问题总要包含给定条件和目标，即提出一定的任务领域或范围（Task Domain）。人要解决问题必须先要理解这个问题，对它进行表征，也即构成问题空间。以密码算题为例，算题的字母算式是问题的起始状态（Initial State），将数字代入后得出的符合要求的数字算式是目标状态（Goal State）。算题还包含一些操作和限定，如加法规则等。这些操作称为算子（Operator）。人在解题过程中，要利用各种算子来改变问题的起始状态，经过各种中间状态，逐步达到目标状态，从而解决问题。人在问题解决过程中，所达到的所有这些状态（包括算子在内）称为问题空间或状态空间（State Space），将任务领域转化为人的问题空间就实现了对问题的表征和理解，而问题解决就是应用各种算子来改变问题的起始状态，使之转变为目标状态，换句话说，就是对问题空间的搜索，以找到一条从问题的起始状态达到目标状态的通路。问题的类型和内容可有不同，但其解决过程总是这样的。

8.1.2.2 问题解决的阶段

从大的范围来说，问题解决过程可分成 4 个阶段。

1．问题表征

在这个起始阶段，问题解决者将任务转化为问题空间，实现对问题的表征和理解。问题空间也就是人对问题的内部表征。应当强调指出，问题空间不是作为现成的东西随着问题而提供的，问题解决者要利用问题所包含的信息和已贮存的信息主动地来构成它。人的知识经验影响问题空间的构成。对同一问题，不同的人可能形成不同的问题空间。对同一个人来说，在问题得到解决以前，问题空间也在变化着。而人面对不同的问题则形成不同的问题空间。相对而言，对清楚规定的问题、简单的问题比对含糊规定的问题、复杂的问题较易形成适宜的问题空间。问题空间是否适宜，对问题解决有直接影响。

2．选择算子

在这个阶段，问题解决者需要选择用来改变问题起始状态的算子。有些算子与问题空间的构成联系密切，因而易于得到，有些算子则需要进行选择。当问题空间较小时，如 3 个盘的 Hanoi 塔，就较易选择到正确的算子；而问题空间较大时，如象棋或围棋，则难于选择正确的算子。但是，问题解决需应用一系列的操作或算子，究竟选择哪些算子，将它们组成什么样的序列，这些都依赖于采取哪种问题解决的方案或计划。问题解决的方案、计划或办法都称作问题解决的策略。它决定着问题解决的具体步骤，选择算子与确定问题解决策略密不可分。问题解决总是由一定策略来引导搜索的，可以将选择算子阶段同时看作确定问题解决策略阶段。

3．应用算子

实际运用所选定的算子来改变问题的起始状态或当前的状态，使之逐渐接近并达到目标状态。这个阶段也即执行策略阶段。在某些情况下，如在简单问题的解决过程中，选定的算子和策略可顺利地实施，但在比较复杂的情况下，会出现困难，不能顺利地实施，甚至无法实施。

4．评价当前状态

这里包括对算子和策略是否适宜、当前状态是否接近目标、问题是否已得到解决等做出评估。在问题获得解决以前，对算子和策略的有效性的评估起着重要作用。在一些情况下，经过评估，可以更换算子和改变策略。有时甚至需要对问题的起始状态和目标状态重新进行表征，使问题空间发生剧烈的变化。

问题解决的这些阶段在大的范围内保持上述顺序。但是，在进行过程中，却不必严格遵守这个顺序，可以而且需要从后一阶段再返回到前一阶段。这种现象在局部范围内是常见的，在应用一个算子之后，往往需要对它所导致的状态进行评价，然后再运用下一个算子。

8.1.2.3　问题表征对问题解决的影响

对问题做出什么样的表征，这种表征是否适宜，对问题解决有重大的直接影响。不同的表征形式也有不同的效果。现在来看这样的问题：在长桌前坐着 4 个人，从左至右依次是甲、乙、丙、丁；根据下述信息，指出谁拥有小轿车。

（1）甲穿蓝衬衫。
（2）穿红衬衫的人拥有自行车。
（3）丁拥有摩托车。
（4）丙靠着穿绿衬衫的人。
（5）乙靠着拥有小轿车的人。
（6）穿白衬衫的人靠着拥有摩托车的人。
（7）拥有三轮车的人距拥有摩托车的人最远。

如果要求人在听完上述问题之后写出他们对此问题的表征，则可发现不同的表征方式。图 8-2 表明在听完问题之后，第一句至第三句的信息表征可有的 3 种形式：列表式、网络式、矩阵式。其中列表式是最简单的表征形式，网络式可将全部项目包括进去，并可用连线表明项目之间的联系，矩阵式则将项目间可能的与不可能的联系都表征出来。例如，既然甲穿蓝衬衫，那么他就不可能穿别的颜色的衬衫，其他任何人也不可能穿蓝衬衫。在听完第四句到第六句后，矩阵式就可排除若干项目间的联系，如丙——绿衬衫，乙——小轿车，白衬衫——

摩托车。这个问题的正确答案是穿白衬衫的丙拥有小轿车。实验结果表明（Schwartz，1971），应用矩阵式表征对解决这种问题显得最有效。

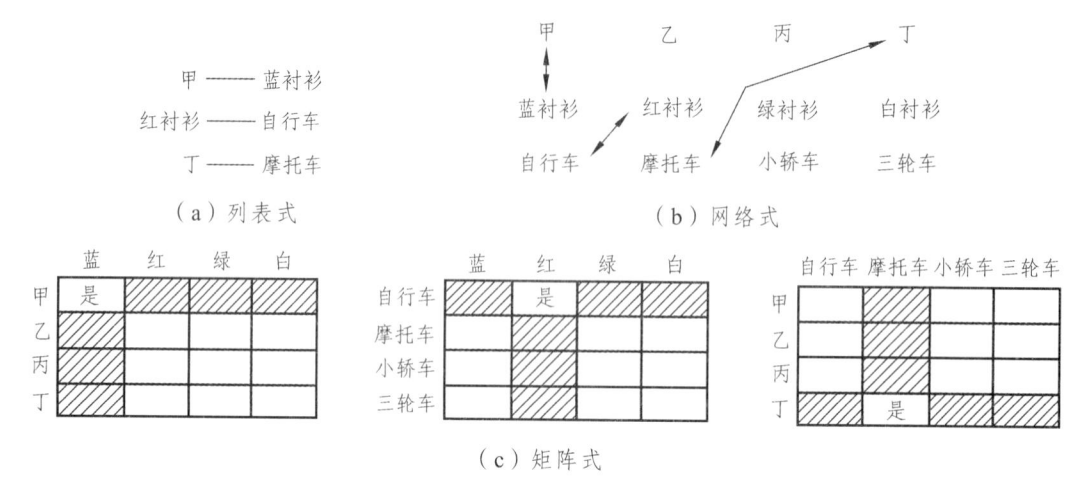

（a）列表式　　　　　　　　（b）网络式

（c）矩阵式

图 8-2　一个问题的 3 种不同表征形式

如果问题得不到适宜的表征，那么问题就难以解决或无法解决。一个著名的例子是所谓残缺棋盘问题：一个棋盘有 8×8 共 64 个黑白相间的方格，另有 32 个长方块，每个长方块可盖住棋盘上的两个方格，用这 32 个长方块正好可将棋盘盖满；现从棋盘的对角切掉两个黑方格（见图 8-3），剩下 62 个方格，问能否用 31 个长方块恰好盖住棋盘上剩下的全部 62 个方格？研究结果表明，很少人能解决这个问题。这个问题的答案是否定的，不能用 31 个长方块恰好盖住全部剩下的 62 个方格。因为棋盘的方格是黑白相间的，一个长方块规定盖住两个方格，其中必有一黑一白。要用 31 个长方块恰好盖住 62 个方格，必须要有黑白方格各 31 个。如今切掉两个黑方格，只有 30 个黑方格对 32 个白方格，因而用 31 个长方块就不能恰好盖住余下的 62 个方格。许多人之所以不能解决这个问题，显然是由于他们对问题作出不适宜的表征，只将长方块表征为盖住两个方格，而忽略棋盘上方格是黑白相间的。如果能够表征一个长方块盖住一个黑方格数目，就能解决问题。对一个问题作出的表征不是固定不变的，在问题解决过程中，随着信息积累，可以从不适宜的表征过渡到适宜的表征。

图 8-3　残缺棋盘问题

问题的表征依赖于人的知识经验，也受到注意、记忆和思维等心理过程的制约。上述残缺棋盘问题的表征与注意机制有关，是否注意到棋盘方格的颜色结构，制约着能否作出适宜的表征。而"谁有小轿车"的问题的矩阵式表征之所以有效，与它可减轻短时记忆负担、有利于推理是分不开的。人们已贮存的知识经验可帮助选择有关的信息，引导人们提取有关的算子，形成问题解决的策略等。需要指出，问题本身的提法对人做出的表征也有影响。在上述残缺棋盘问题中，如改问"在剩下的 62 格棋盘上，还能使 31 个长方块中的每块都盖住一个白的方格和一个黑的方格吗？"情况就将会完全改观。问题本身的提法现在也被称为问题的表征。但这种表征对一个问题解决者来说是一种外部的或客观的表征，不同于问题解决者对此问题所形成的表征，它是内部的、主观的表征，或称心理表征。问题的外部表征形式对人形成什么样的内部表征无疑有重要的作用。心理学中著名的蜡烛问题即是一个很好的例子。当要求人用火柴、盒子和图钉将蜡烛附在墙上时，如果将一个空盒子呈现给被试，其结果就优于呈现盛着东西如图钉的盒子，因为在两种情况下的问题表征不同。

8.1.3 问题解决的策略

我们已经知道，问题解决是对问题空间进行搜索，以找到一条从问题的起始状态到达目标状态的通路，也就是要找到一定的算子序列，而搜索或选择算子要靠策略的引导。以解决DONALD + GERALD 的密码算题来说，凡不熟悉这种算题的人在开始时，常应用尝试-错误的策略，即假设某一个字母代表某一个数码，尝试将不同的数码代入不同的字母，然后测试结果是否符合问题的要求，如果不符合要求，接着假设这些字母代表其他数码，然后再进行评价。如此继续进行下去。这种策略在开始时易于使用，但其效率是很低的，因为有 10 个字母，每个字母代表 1 个数码，可能作出的尝试的数量是很大的，在已知 $D = 5$ 的情况下，各种可能的尝试可达 3×10^5，即 30 万次。但是，在这个过程中逐渐积累一些信息以后，人可以改变策略，从尝试-错误的策略转向某个更有效的策略，如指向性分析策略，这时人利用现在获得的和已贮存的信息来进行有明确方向的推理，以逐个确定每个字母所代表的数码。例如，已知 $D = 5$，$D + D = T$，则 T 为零，要向左列进 1；第 2 列 $L + L = R$，由于进 1，R 必为奇数，且大于 5，因 $D + G = R$，G 大于零；第 5 列 $O + E = O$，只有当 O 与零或 1 ϕ声相加方可，但 T 已是零，因此 E 必定为 9，再加上进 1 才能满足条件，所以 E = 9，由此可知 R 必为 7。前面列出的 DONALD + GERALD 的简捷解法是这种指向性分析策略的例证。这种策略可以缩小搜索范围，具有明确的分析方向，能更有效地利用各种信息，从而提高搜索效率。任何一个问题要得到解决，总要应用某个策略，策略是否适宜常决定问题解决的成败，所谓创造性问题解决和常规问题解决的分野也常在于策略的区别。人在解决问题时，常常从长时记忆中提取以前解类似问题所用的策略，或者形成一个新的策略，并常出现策略的转换。

8.1.3.1 算法和启发法

问题解决的策略多种多样。一个问题可用不同的策略来解决，应用哪种策略既依赖于问题的性质和内容，也依赖于人的知识和经验。总的说来，人所应用的问题解决策略可分两类，即算法（Algorithm）和启发法（Heuristics）。算法是一套解题规则，它精确地指明解题的步骤。如果一个问题有算法，那么只要按照其规则进行操作，就能获得问题的解。例如：银行储蓄的月利率为 R，现储蓄 P 元，为期 T 个月，问共得利息（I）若干？此题按公式 $I = P \times R \times T$ 即可解决。这个公式就是解题的算法。许多学科中的公式也都是算法。但算法不一定都有公式的形式。例如，Hanoi 塔问题也有算法：在奇数序号（第 1、3 等）步移动最小的圆盘，在偶数序号（第 2、4 等）步移动所轮到的次小的圆盘；如果圆盘的总数是奇数，则最小的圆盘先从原柱移到靶子柱上，再移到其他柱子上；如果圆盘的总数是偶数，则最小的圆盘先移到其他柱上，再移到靶子柱上，如此反复进行（Simon, 1975）。不管圆盘数目多少，按以上规则来移动盘子，只要记住步子的序号和最小圆盘移动的方向，都可顺利解决任何 Hanoi 塔问题。但是有些问题的算法并不像前面所说的那样简便易行，而要系统地进行所有可能的尝试。例如，在解前面所说的那道密码算题时，按照算法来解，就需系统地将每个不同的数码（除

$D = 5$ 以外）分别代入每个不同的字母，逐一进行尝试和评估，以获得答案。这种算法体现在前面提到的搜索树中。搜索树实际上就是应用算法进行的搜索。严格说来，搜索树所表明的问题空间是算法空间。不同的问题有不同的算法，但是无论是简便的公式还是穷尽一切可能的尝试，算法总能保证问题得到解决，这是算法的根本特点。

启发法是凭借经验的解题方法，也可称为经验规则。例如，弈中国象棋常用的"控制河口""制造双将""抽吃棋子"等都属于启发法。前面谈到的解 DONALD + GERALD 的指向性分析策略（参见上节简便解法）也属于启发法。它的主要规则有 3 项（Simon，1986）：

（1）把每个字母都配上一个数码。

（2）每选一列进行运算时，要树立一个目标，利用过去掌握的算术原理得出结论。

（3）把已知的数字代进字母，并找到限制性最大的那一列进行运算。如果这一步解决了，再找另一个限制性最大的进行运算。

应用第一条规则，可将迄今已知的各个数字代入相应字母，如已知 $D = 5$ 和 T 为零，将 5 和 ϕ 分别取代所有的 D 和 T。关于第二条规则，可应用已有的算术知识进行推理获得新的信息，把解题推进一步，如 $2L$ 是偶数，$2L + 1$ 是奇数，因此，R 必为奇数。第三项规则最富有启发法的特色，寻找限制性最大的列也即从最容易的地方入手，一个列的限制性最大，就意味着该列有最多的推理依据，较易进行准确推理。例如，第 5 列的 $O + E = O$，要使该列成立，一种可能是 $E = d$，但第 2 列的 T 已经为零，这种可能性应被排除；另一种可能性是 $E = 9$，从后一列进 1 以与 9（E）相加方可使该列成立，由此可以判断 E 必为 9。利用这种启发法可以有效地解决密码算题以及其他问题。启发法与算法不同，它不能保证问题一定得到解决，但却常常有效地解决问题。

算法与启发法是两类性质不同的问题解决策略。虽然算法可以保证问题得到解决，但它不能取代启发法，这里有几个方面的原因。首先，不是所有问题都一定有自己的算法，有些问题也许没有算法，或者尚未发现其算法，如心理学中著名的"绳子问题"（Maier，1940）。其次，一些问题虽有算法，但应用启发法可以更迅速地解决问题。例如，若要打开保险箱的密码转锁，设有 10 个转盘，每个转盘又有 10 个数码。如果不知道密码，而要应用算法来系统地对每种数字组合进行尝试，那就要尝试 10^{10} 次，即 100 亿次。这是一个天文数字。然而，一个有经验的人可将寻找数字组合的尝试集中于某个似乎最有希望的范围内，也许可以较快地发现密码，特别是当老式保险箱的某个转盘转到合适位置时会发出咔嗒声响，富有经验的人利用这种声音信息可以大大减少尝试的次数。这种情况在许多其他领域也存在。再则，许多问题的算法过于繁杂，往往费时过多，实际上无法加以应用。仍以弈棋为例，如果应用算法，在一开始走步时就考虑所有可能的棋步以及对方可能的回步、己方的下一步等，以此选择能获胜的一步棋，那么虽然从理论上看这种下法可以保证获胜，但在实际上是无法运用的。可见，人们如果应用算法来下棋就无异于取消棋类活动，我们是运用启发法来下棋的。现在，一个极有影响的看法认为，人类解决问题，特别是解决复杂问题，主要是应用启发法。

8.1.3.2 几种重要的启发式策略

启发法也有多种。不同的问题可用不同的启发法，一个问题也可用几种不同的启发法。有些启发法只适用于某种特定类别问题，应用的范围有限。另一些启发法则有一定的普遍性，可运用于一些不同类别的问题，如前面提到过的尝试-错误法，指向性分析法等。目前，已经确定几种比较有效的应用范围较广的启发法，如手段-目的分析（Means-end Analysis）、逆向工作（Backward Working）、计划（Planning）等。

1．手段-目的分析

最早研究这种启发法的是 Newell 和 Simon（1972）。它的核心是要发现问题的当前状态与目标状态的差别，并应用算子来缩小这种差别，这样做还要先满足某些条件，即消除应用算子与当前状态的差别，如此进行下去，以逐步接近和达到目标状态。换句话说，就是将需要达到的问题的目标状态或总目标分成若干子目标，通过实现一系列的子目标最终达到总目标，即解决问题。Newell 和 Simon（1972）曾经举例加以说明，例如，我要送我的孩子去幼儿园。我现在的状况和我所要求的状况之间差别是什么呢？主要是两者之间的距离。用什么来改变距离呢？用我的汽车。可是我的汽车不能开动了。需要更换什么才能使它开动呢？蓄电池。什么地方有新的蓄电池呢？汽车修理铺。我要修理铺给我换蓄电池，但修理铺不知道，这里的困难是什么？通知他们。用什么才能通知它们呢？电话……从这个例子可以看到，为了解决送孩子去幼儿园的问题，即达到问题的目标状态，需要发现当前状态与目标状态的差别（距离），由此采取某种适当的步骤或手段（汽车）来消除距离这个差别（子目标），应用汽车这个手段需要一定条件（如蓄电池），但蓄电池坏了，无法开动汽车，又出现差别，消除这个差别又成为子目标（通知修车铺），如此继续进行，直到修车铺送来新的蓄电池再开车送孩子。因此，手段-目的分析是一种有明确方向、通过设置子目标来逐步缩小起始状态和目标状态之间的差别的策略。

从前面所述可见，手段-目的分析有两种分析方式。一种方式是把当前状态转化为目标状态；另一种方式是寻找消除差别的算子。这两种方式可用信息流程图（见图 8-4）表示。

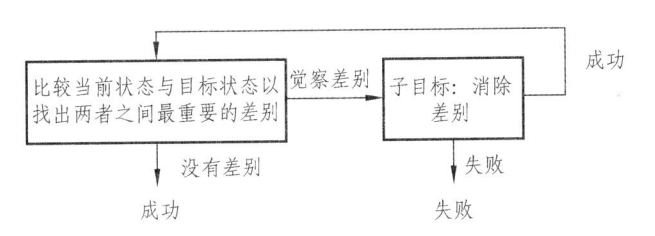

（a）目标：把当前状态转化为目标状态

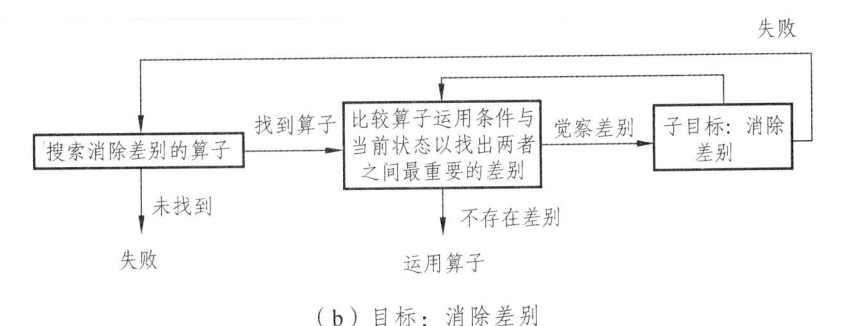

（b）目标：消除差别

图 8-4　手段-目的分析的信息流程图

手段-目的分析可应用于多种问题，这个目标把我们引入第一个流程图，从而发现起始状态与目标状态的一个最重要的差异。于是建立消除这个差异的一个子目标。这样就把我们引入第二个流程图。

手段-目的分析是一种不断减少当前状态与目标状态之间的差别而逐步前进的解题策略。但是有时某些差异很难消除时，应不惜引入困难较小的新差异或暂时扩大某种差异，以有利于消除困难大的差异（Newell&Simon，1972）。下面以著名的"传教士和野人过河"的问题（又称"悭吝人和花花公子过河"问题）为例（Greeno，1974；Jeffries，1972）进行说明。设有3个传教士和3个野人同在河的左岸，他们都要到对岸去；河里只有一条渡船，他们都会划船，但每次渡船至多只能乘两人；如果在任何一边河岸上，野人的数量超过传教士，野人就要吃掉传教士，问怎样才能用船将3个传教士和3个野人从左岸都渡到右岸，又不会发生传教士被吃的事件呢？解决这道题的方法可分为如下几步（见图8-5）。

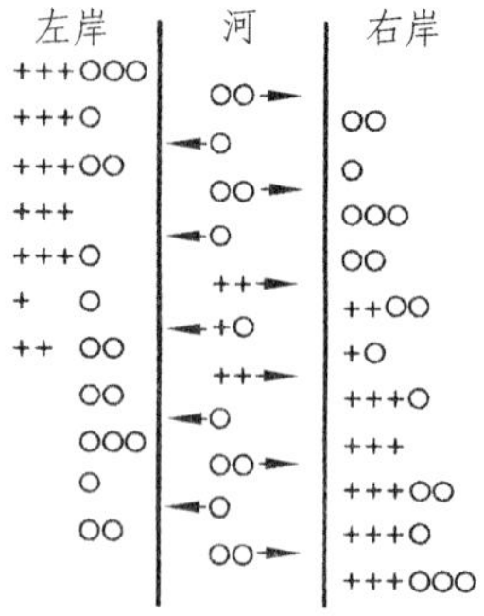

操作步骤如下：
（1）两个野人先划船过河。
（2）一个野人划船返回左岸。
（3）再有两个野人划船到右岸。
（4）一个野人又划船返回左岸。
（5）两个传教士划船到右岸。
（6）一个传教士和一个野人划船返回左岸。这是关键的一步，只有想到这一步，以后各步就能顺利进行。

图8-5 传教士与野人过河的正确步骤

实验研究表明，在解这道题时，困难往往发生在第六步，多数人在这里出错。事情在于，应用手段-目的分析会导致人采取使更多人到达对岸以及使最少的人再返回原岸的步骤。因而，人们难以想到要使两个人（传教士和野人各一人）再返回左岸。实际上，此时所要的恰好是暂时扩大当前状态与目标状态的差异。否则，就会增加许多额外操作，甚至导致失败。这个例子也说明，手段-目的分析的运用需要一定的灵活性。传教士和野人过河问题虽与Hanoi塔问题同为转换问题，但传教士和野人问题没有明确规定的子目标，而只有笼统的子目标，即使如此，手段-目的分析也是有效的。

2．逆向工作

前面所述的手段-目的分析是从问题的起始状态或当前状态出发，逐步接近并达到目标状态，这可以说是一种正向工作法。但是在解决某些问题时，也可以从问题的目标状态往回走，倒退到起始状态，而且显得很有效。例如，在下象棋时，棋手常常事先设想要达到的某个有利的棋势，然后由此在思想上移动棋子逐步退回到当前的棋势，即设置一个目标状态，由此出发，想出相应步骤退回到当前状态，但在实际走步时的推论却反过来，从当前状态出发，按照正向的方式来进行。人们查看地图来确定到达目的地的交通路线也常应用逆向工作方法，即从目的地退回到出发点的路线。在工程设计、制订各种计划时也经常是从目的出发来工作的。

逆向工作和手段-目的分析一样，也要考虑目标和实现目标需要哪些算子，但手段-目的分析必须考虑目标和当前状态的差异，而逆向工作却不要考虑这种差异，所以，手段-目的分析是一种更受约束的搜索问题空间的方法。它要考虑的假设途径较少，因而能更快地导致问题解决。如果从起始状态出发，达到目标的途径有多种，一般用手段-目的分析能较好地解决问题，然而，如果从起始状态到达目标状态只有少数途径，那么这类问题宜用逆向工作。解几何题用逆向方法是有效的。

3．计划

在解决问题中，人们常可先抛开某些方面或部分，而抓住一些主要结构，把问题抽象成较简单的形式，先解决这个简单的问题，然后利用这个解答来帮助或指导更复杂的整个问题的解决，这种启发法称作计划或简化计划（planning by simplification）。Hayes（1978）提供了一个应用简化计划的例子。

假定我们已知下面 5 个方程，要求找出 X 和 Y 的函数关系：

$$R = Z^2, \ X = R + 3, \ 2M = 3L + 6, \ Y = M + 1, \ R = 3L$$

解决这个问题，可以先对这 5 个方程进行简化，这有助于看出变量之间的关系：

$$R——Z, \ X——R, \ M——L, \ Y——M, \ R——L$$

在这个抽象的表述里，找出 X——Y 的函数关系便简化为找到一条联结 X 和 Y 的途径。这条途径是：

$$X——R——L——M——Y$$

这个抽象的联结途径现在就可用来指导原来问题的解决。只要把上面的方程代进去，问题就可得到解决：

$$X = R + 3 = 3L + 3 = 2M - 6 + 3 = 2(Y-1) - 6 + 3 = 2Y - 5$$

人们在现实生活中，常应用这种策略来解决各式各样的问题。例如，下棋时可先撇开对方可能的回步来考虑本方的步子；在前述"谁拥有小汽车"的问题中，可先不考虑各人与车子的联系，而寻找各人与衬衫颜色的联系，等等。

8.2　创造力

微课：创造力

创造（creativity）是一种能让人以新的方法看待问题或情境的认知活动。这个定义不限制创新过程的实用性，尽管那些有创造力的人几乎总是因为他们创造的有用的发明、著作或者理论而为人所知。

8.2.1　创造的过程

具有讽刺意味的是，在过去的 20 年里，可以用来统合那些相差甚远、甚至互相矛盾的创造力研究的权威理论竟然一个也没出现过。统合理论的缺失反映出该命题固有的难度和缺乏广泛的科学关注。尽管如此，创造力仍被公认为日常生活和教育的重要部分。

在认知心理学的历史上，沃拉斯（Wallas，1926）很久以前就将创造的过程概括为以下四个阶段：

（1）准备期（preparation）：表述问题，初步尝试解决。
（2）酝酿期（incubation）：放下问题，考虑别的事情。
（3）灵感期（illumination）：产生解决问题的灵感。
（4）验证期（verification）：检验或实施问题的解决方法。

尽管能证明沃拉斯四个阶段的经验性证据几乎没有，但是心理学的文献中有大量的有关天生就能进行创造性思维的人的内省报告。最值得一提的是法国数学家庞加莱（Poincare，1913），他发现了富克斯函数的性质，经过一段时间的公式运算，他得到了一些重要发现（准备期），然后他决定出去旅行。在旅行的途中，他"忘了"他的数学工作（酝酿期）。庞加莱连忙记下了神奇的灵感一瞬："到了库塘小镇后，我们乘上了一辆公共马车打算到处看看。就在我踩上马车踏板的一瞬间，灵感突然来了，而我之前的思考当中似乎没有任何能为灵感作铺垫的东西，我原本是用非欧几何学中的数学变换来定义富克斯函数的。"作者继续告诉我们，他回到家后验证了旅行中得到的结果。

沃拉斯的四阶段模型，让我们对分析创造力有了概念性的框架。现在我们简单看看每个步骤。

8.2.1.1 阶段1：准备期

庞加莱在笔记中提到，他已经为了这个问题高强度地工作了15天。在这期间，他想了几个试验性的方法，都因为这样或者那样的原因舍弃了。但是，如果只认为准备期就是这15天那就错了。他作为数学家的专业生涯，也许还有相当多的童年时光，都可以认为是准备期的一部分。

名人的传记有一个共同的主题：早在童年时期，他们就开始发展思想，不断汲取知识，对某个专业方向的试验性的想法已经初见端倪。这些早期的想法常常造就了有创造力的人的最后命运。关于创造过程仍有许多不解之谜，其中一个是：为什么拥有相似的环境刺激（或者，在很多情况下被剥夺了刺激），其他个体却不能发挥出创造天分？也许应该更关注创造性的基因基础。

8.2.1.2 阶段2：酝酿期

为什么创造性的突破通常发生在把问题搁置一边的时期？也许最没有内涵的答案是，我们生活的大部分时间是在娱乐、看电视、潜水、玩德州扑克、旅行、躺着晒太阳，或者看天上的云，而不是坚如磐石地思考着一个需要创造性加以解决的问题。所以创造活动更可能在工作以外的其他时间出现，因为这占据了我们的大部分时间。

波斯纳（Posner，1973）提出了一些关于酝酿期的假设。其中一个假设认为，潜伏期使我们从解决问题引起的疲劳中恢复过来。而且打断一个困难的任务也许能使我们忘掉不适合的方案。我们已经知道，功能固着对解决问题起到阻碍作用。也许在酝酿期人们能忘掉旧有的、不成功的方案。另外一个原因是，在这个时期，我们也许确实在无意识地工作。这个解释和威廉詹姆斯的著名格言很相似，"我们在冬天学会游泳，在夏天学会滑冰。"最后，打断问题解决的过程也许使材料得以重组。

8.2.1.3 阶段3：灵感期

酝酿期不一定都会发展到灵感期。不过，一旦灵感来了，感觉就不会错。就像灯泡突然亮了，人会有一股兴奋感，所有的问题统统迎刃而解。所有合用的想法互相补充，而离题的思考则弃之不用。历史上创造性的突破总在酝酿期反复上演。DNA分子结构的发现、苯环的结构的提出、电话的发明、交响乐的创作、小说的构思等等这些例子全都说明，酝酿期在某一时刻怎样突然冲破了思维的禁锢，为那百思不得其解的问题带来创造性的解法。

8.2.1.4 阶段4：验证期

验证期是伴随着陶醉感，有时还带着富有洞察力的发现，对结果进行验证的阶段，这是创造过程的整理阶段。要对创造性成果进行仔细检验，求证它的正确性。仔细验证之下，第一感觉所认为的创造性解法通常仅仅是智力上看似金子的黄铜。这个阶段可以相当短，只是重新核对计算过程，或是看看某项发明能否起作用；但有的时候，验证要用一生的时间去研究和反复验证。

8.2.2 创造的投资理论

在科学、艺术、文学、音乐和更多其他领域，创造性的人才都可能出现"买低卖高"的现象。就是说，在他们努力的初始阶段，会被人认为是愚蠢的、有毛病甚至更糟。如果他的想法有价值，其他人就会跟进，但我们不能说其他人的行为是很有创新性的。这些敢于最先尝试新事物的人才是有创造性的。有创造性的人常常会"卖高"，这意味着当他的理念逐步流行后，他们就会转向其他问题了。

斯腾伯格和鲁巴特（Sternberg&.Lubart，1996）运用多重变量的方法发展了一个创造力的理论。该理论包括六大属性，分别是：

- 智力的加工过程
- 智力风格
- 知识
- 人格
- 动机
- 环境

真正的创造性行为很少，不是因为人们缺少以上任何一个属性，而是很难同时齐备六大属性。这些属性几乎可以看作是商业公司投资组合。创造性属性的组合是创造行为的基础。这六方面的组合可以在生命的任何阶段产生创造性行为；而智力环境，例如学校和家庭生活，对创造力有重要的早期影响。

斯腾伯格和鲁巴特的工作的重要性在于提供了创造力的一般理论，它明确列出了可供分析研究和纵向研究的具体属性。很明显，创造力不是一个单一的特质、技能或者能力，而是由几个能被识别和分析的因素综合而成。更进一步说，评估创造力不是确定每个属性的量，再把它们加在一起得出某种创造力指数这么简单。更多的是确定和评估属性间的交互作用的强度。属性强度以及交互作用的数量，两者结合起来可以形成连科学家都会感到迷惑的复杂网络。事实上，整个理念似乎复杂得有点愚蠢。该理论的作者也许在进行别人所谓的风险投资。对其他人来说，斯腾伯格和鲁巴特就是"买低"了。

8.2.3 创造的适应功能

虽然创造力以及对创造性艺术作品的鉴赏力被认为是进化而来的，但是关于"创造力是否具有适应性功能"（Tooby&.Cosmides，2000，2001）或"创造力是否仅仅是其他功能特性（像理解语言或解释视觉画面）的副产品"（Pinker，1997），目前仍然处于争论之中。尽管存在大量逻辑证据支持副产品假说，托比和考斯米德（Tooby&Cosmides）针对创造力的适应性功能提出了一条非常有说服力的论据，他们认为创造、观看和阅读虚拟的世界（通过艺术、文学作品、电影等等）实际上可以帮助人类"练习"应对他们可能遇到的真实事件，反过来，创作和观看创作出来的作品的欲望能够帮助我们执行其他功能行为。

8.3 创造性与问题解决

微课：创造性与问题解决

8.3.1 创造性的判定

不管是不是有贴标签的嫌疑，美国人喜欢判定创造性行为和个人。从最新的意大利跑车到最近斯皮尔伯格的电影，再到滑冰比赛的表演，他们都会为原创和创新性评级。很多场合，创新行为的评定是很主观的事情。有时候标准由领域权威制定，如设计大师、影评家、前奥运会选手或者一个非常了解情况的人。这种方法在心理学家看起来，更像是艺术而不是科学。可以理解，许多信奉科学的心理学家宁愿穿上白大褂，去实验室，测量猫观看直线时在示波器上产生的影像，而不是试图去评价一个创造性的行为或者个人。但有些勇敢的人却冲进了他们的同事不敢涉足的领域。

一些心理学家认为，通过测量被试找出两个似乎不相关的词之间新联系的能力，可以反映出这个人的创造力。在这些测试中，由梅德尼克（Mednick，1967）发明的远程联想测验（RAT）比较突出。它要求被试产生一个词，该词要与三个词有逻辑关系。看下面的两组三个词：*READ，BRIDGE，ANGRY* 和 *HEAD，SICK，PORT*。如果你说"*CROSS*"是第一组的答案，你就对了。第二组的答案是什么呢？

RAT 至少测量了创造力的一个成分，但是它也很可能测量了其他的东西。另外，一些非常有创造力的人可能在这个测试上遭遇滑铁卢，这说明了创造力这一概念的棘手之处，有没有这种可能，我们的创造力是无意识的，即对于刺激词，我们可以产生很多联想，比如一个单词、一个视觉画面或者一个音乐作品，但却不能意识到它们？鲍尔斯和他的同事（Bowers et al.，1990）将远程联想测验扩展成一项叫作"两组三项组合"的任务。该任务的一个部分像 RAT，单词是具有一致性的三项组合，就像我们之前呈现的那些，或者像 *GOAT，PASS，GREEN* 这样的三项组合，这些单词都围绕着一个共同的单词 *MOUNTAIN*。但是，三项组合 *BIRD，PIPE，ROAD* 被认为不具有一致性，因为显而易见，它们没有（很可能没有）共同的元素。在该研究中，向被试呈现具有和不具有一致性的三项组合，要求他们尽可能找出共同元素。另外，他们还需要判断哪些三项组合具有一致性。结果显示，即使被试想不出答案，但是他们能够判断出具有一致性的三项组合。也就是说，被试知道存在一个共同元素，只是不太能说出来到底是什么。在解决远程联想任务时，人们可能只想到了解决方法的一部分，而这可能是产生创造性解决方法的一个阶段。这种观点与"直觉"（牛津英语词典将其定义为"不经过任何推理过程的干预，在脑中对事物作出最直接的理解"）这一概念有关。"直觉"也是科学文献中经常被鄙视的词。但是，人类的直觉可能确实是创造性行为发现阶段的一个重要部分。

在职业生涯中，吉尔福特（J.P.Gulford，1967）开发了各项心理能力的理论和测验，其中包括创造力。他区分了两种思维：聚合思维（convergent thinking）和发散思维（divergent thinking）。聚合思维直接到达具体结论。大部分教育方法强调聚合思维，学生要回想事实性信息。例如：

保加利亚的首都是哪里？

发散思维要求一个人对一个问题产生多种不同的答案，而答案的"正确性"有点主观。例如：你能用一块砖做多少不同的事情？

聚合的答案也许是"建房子或者烟囱"，较发散的答案是"做书架"或者"做烛台"；更离谱的答案是"做救急的胭脂"或者"作为太空旅行的礼物——给那些首次去月球的人当鞋穿"。简单产生的答案不是创造性思维，比如用砖头盖糖果铺、面包房、工厂、鞋厂、手工木具店以及汽车加油站，等等。发散或者更创新的答案应该在更抽象的层面上发现事物或思想的用途。发散思考者的思维更具灵活性。

如果多产是创新的有效测量的话，量的评估就可以通过记录回答的数量来完成，但前面的例子证明事实不是这样的，那么就必须使用主观评估。我想大部分人会觉得用砖做月球鞋比造建筑物更有创意。但后一个答案更加实际。

8.3.2 创造力的教学

既然创造力受我们的文化和教育的影响，那么，创造力有教会的可能吗？这要看怎么定义创造力。我们可以训练人们更灵活地思考，在创造力测验中拿更高地得分，更有创意地解决谜题，更深刻地探索科学和哲学命题。但是很难用经验证明，只要通过训练，像罗西尼、狄更斯、梵高、爱因斯坦、毕加索、戴昆西或者弗洛伊德那样的人就可以脱颖而出。

海耶斯（Hayes，1978）认为，创造力可以从下面几方面加强：

（1）增加知识储备。在科学、文学、艺术和数学方面，丰富的背景知识可以让创造性人才有更大的信息存储空间，从而发挥他们的创造性天赋。先前提到的每个创造性人才都花了很多年搜集资料，完善基本技能。在对艺术家和科学家的研究中，安·罗（Anne Roe，1946，1953）发现，这些人中唯一的共同点是他们都异常勤奋地工作。掉在牛顿头上并激发他发展出重力的一般规律的那个苹果，砸到的是一个装满知识的脑袋。

（2）为创造制造合适的气氛。几年前，头脑风暴技术开始流行。它的重点就是一组人在不受到他人批评的情况下尽可能多地想出各种主意。这样不仅可以为一个问题想出很多的主意或解决方法，同时这种方法也可在一个人时使用，以促进创造性想法的产生。我们常常会被别人或自己限制住，想不出奇异的方法。

（3）寻找类比。一些研究表明，当一个新的问题与原来的问题相似，且原问题已经知道答案时，人们往往意识不到这种相似性。（Hayes&Simon，1976；Hinsley，Hayes&Simon，1977）在形成解决方案的时候，考虑以前的类似例子很重要。在把乒乓球从4英寸长的管子里拿出的问题中，一种方法是用麦片作胶水。如果你曾经碰到过这类问题，或许你就能通过类比思维想到这个与管子、乒乓球、麦片和胶水有关的解决方案。

8.3.3 创造性问题解决

费奥尔和司库勒（Stephen Fiore & Joanthan Schooler）关于创造性问题解决有一些有趣的见解。他们认为创造性问题解决和大脑的右半球功能有关，尤其是顿悟，可能和某种已知的源于大脑右半球的认知加工有关。创造性问题解决的前奏——顿悟体验，通常是难于言传的"啊哈"时刻。还记得在《荒岛余生》中，汤姆试图生火却不成功。在敲碎椰子壳的时候，他就遇到了一个"啊哈"时刻。他意识到他应该用木头刮擦木头生火（而不是像之前那样钻木取火）。接着，他用自己的新发现解决了生火的问题。费奥尔和司库勒总结说，虽然该证据是情境性的，但是这反映出右半球特别善于用这样的方式加工信息，从而导致对创造性问题解决有帮助的顿悟。

8.4 思考题

1. 问题解决的含义是什么？
2. 问题解决的特征有哪些？
3. 创造力的含义是什么？

参考文献

[1] 郭伏，杨学涵. 人因工程学[M]. 沈阳：东北大学出版社，2001.

[2] 朱祖祥. 人类工效学[M]. 杭州：浙江教育出版社，1994.

[3] 丁玉兰. 人机工程学[M]. 2版. 北京：北京理工大学出版社，2000.

[4] 沈荣芳. 中国人类工效学学会简介[J]. 人类工效学，1995，1（1）.

[5] 杨学涵. 管理工效学[M]. 沈阳：东北工学院出版社，1988.

[6] 王恒毅. 工效学[M]. 北京：机械工业出版社，1994.

[7] 常全忠，胡德辉，宋江山. 生理学[M]. 上海：第二军医大学出版社，2005.

[8] 郭争鸣，冯志强. 生理学[M]. 北京：人民卫生出版社，2005.

[9] 孙林岩. 人因工程[M]. 北京：中国科学技术出版社，2001.

[10] ARROYO S, LESSER R P, GORDON B, UEMATSU S, JACKSON D, WEBBER R. Functional significance of the murhythm of human cortex：An electrophysiologicalstudy with subdural electrodes[J]. Electroencephalography and Clinical Neurophysiology，1993，76-87.

[11] BADDELEY A. Working memory[J]. Science，1992，255，556-559.

[12] BARLOW J S. Artifact processing rejection and reduction in EEG data processing.In F.H.Lopes da Silva：W.Storm van Leeuwen，A.Remond（Eds.）Handbook of elec-troencephalography and clinical neurophysiology，1986，（2）15-65.

[13] BERG P, SCHERG M. A multiple source approach to the correction of eyeartifacts[J]. Electroencephalography and Clinical Neurophysiology，1994，90，229-241.

[14] BERGER H. Uber das Elektroenzephalogramm des Menschen[J]. Archives of Psychiatry，87（Nervenk），1929，527-570.

[15] BRAVER T S, COHEN J D, NYSTROM L E, JONIDES J, SMITH E E, NOLL D C. A parametric study of prefrontal cortex involvement in human working memory[J]. NeuroImage，1997，5，49-62.

[16] 崔玉秀，田洪钧，崔炜. 基于ADAMS软件的3-RRC并联机器人运动学正解仿真分析[J]. 机械制造与研究，2008，1（3）：68-70.

[17] 邓野. CTCS-3 测试仿真环境可视化关键技术的研究[D]. 北京：北京交通大学，2010.

[18] 杜薇. 基于 MDA 的 ATP 人机界面仿真研究[D]. 北京：北京交通大学，2009.

[19] 郭北苑，方卫宁. 分布式仿真半实物机车驾驶工效学实验系统[J]. 实验技术与管理，2005，22（7）：41-44.

[20] 郭旭伟，王知行. 基于 ADAMS 的并联机床运动学和动力学仿真[J]. 现代设计与制造，2003，7（4）：119-122.